中国经济文库
应用经济学精品系列

河北省社会科学基金项目"近代中国经济变迁中空间扩散的动力机制研究"（HB19LS016）研究成果
河北经贸大学学术著作出版基金资助

近代中国工业空间扩散的动力机制研究（1840—1937）

张美岭◎著

STUDY ON THE DYNAMIC MECHANISM OF INDUSTRIAL SPATIAL DIFFUSION IN MODERN CHINA（1840-1937）

中国经济出版社
CHINA ECONOMIC PUBLISHING HOUSE
·北京·

图书在版编目（CIP）数据

近代中国工业空间扩散的动力机制研究：1840——1937 / 张美岭著. --北京：中国经济出版社，2023.4
ISBN 978-7-5136-7258-0

Ⅰ.①近… Ⅱ.①张… Ⅲ.①工业史-研究-中国-1840-1937 Ⅳ.①F429.05

中国国家版本馆 CIP 数据核字（2023）第 041826 号

责任编辑　夏军城
责任印制　马小宾
封面设计　任燕飞

出版发行　中国经济出版社
印 刷 者　北京艾普海德印刷有限公司
经 销 者　各地新华书店
开　　本　710mm×1000mm　1/16
印　　张　16.25
字　　数　266 千字
版　　次　2023 年 4 月第 1 版
印　　次　2023 年 4 月第 1 次
定　　价　88.00 元
广告经营许可证　京西工商广字第 8179 号

中国经济出版社 **网址** www.economyph.com **社址** 北京市东城区安定门外大街 58 号 **邮编** 100011
本版图书如存在印装质量问题，请与本社销售中心联系调换（联系电话：010-57512564）

序

PREFACE

中国经济从传统向近代变迁过程中产生了区域差异，尤其是沿海口岸成为经济变迁最快的地区，并于20世纪30年代形成了中国经济发展的基本格局，在一定程度上决定了当前中国经济的区域不平衡。因此，探讨近代中国经济变迁尤其是工业化的空间演变和扩散动力，成为本书的主要内容。

本书基于近代河北（直隶）、江苏、广东等重要省份的工业空间扩散路径及特征分析，从通商口岸、铁路建设、水运等方面深度揭示了近代中国工业空间扩散的内在动力，探讨了近代中国工业空间格局及扩散特征，并对不同因素的影响进行实证分析。在此基础上，归纳总结了近代中国工业发展的集聚效应及扩散效应。

本书共分10章，除第1章绪论、第10章结论与启示外，其余8章都是对近代中国工业及空间扩散的论述。全书大致分为3个板块：第一个板块是近代中国工业发展的基本情况、空间演变和扩散特征，该板块在回溯近代中国工业发展历程后，对工业发展的特点、演变进程及分布特征进行了细致分析，并基于对区域内部工业空间扩散路径的探讨，形成了工业空间扩散动力的基本认识。第二个板块阐述了近代中国工业空间扩散的动力机制，主要从通商口岸、铁路修建、水运交通和矿产资源分布4个方面进行分析。第三个板块重点进行实证分析，对近代中国工业空间扩散动力以及产业集聚效应展开深入研究。

本书吸收了各学科的研究成果与方法，深入探究了近代中国工业空间扩散的动力机制。但由于近代中国经济变迁和工业化的复杂性，以及笔者水平有限，本书在研究深度、广度和理论基础方面尚有许多不足之处，真诚希望读者朋友批评指正，以便及时改正，并不断完善。

目录
CONTENTS

第1章 绪 论

1.1 研究缘起

进入新发展阶段，人民日益增长的美好生活需要和不平衡不充分的发展之间的矛盾成为我国社会的主要矛盾，而区域发展不平衡又是主要矛盾的具体体现之一（乔晓楠等，2022）。区域发展不平衡是中国面临的实际问题，中央政府切实关注并不断致力于缩小区域间的差距。探讨不平衡发展的根源，无论是对学术研究还是政策实施都具有重要意义。在实现高质量发展的同时扎实推动共同富裕，需要不断增强区域发展的平衡性。已有诸多文献从多角度对区域发展不平衡的原因进行了探讨，陈钊和陆铭（2002）指出，人力资本差距是影响区域发展不平衡的重要因素。王小鲁和樊纲（2004）从资本流动、外资优惠政策、人力资本、市场化程度等方面解释区域经济发展不平衡的成因。覃成林等（2011）从产业角度分析区域经济发展不平衡的原因，指出工业发展差距的影响最大。通过对文献的分析可以看出，已有研究基本上是基于短期的探讨。然而，区域发展不平衡并非短期内形成的，而是经历一个演变和积淀的过程。因而，探讨区域发展不平衡的历史根源就显得极其重要。中国现代经济的起点在近代，近代经济转型推动了上海、广州、天津等沿海城市及区域的发展，也是新中国成立后区域经济发展的基础。目前，也有很多的文献关注历史流域研究（王尚义等，2015）。因此，追溯现代经济区域形成的根源，有助于厘清区域发展不平衡的历史逻辑。

近代中国处于经济的转型时期，由传统的农业社会向近代的工业社会转变。同时，由于各地区在人文环境、自然资源、交通布局、经济基础等方面都存在差异，从传统向现代转型的过程中所引起的经济现象的空间分布也存在巨大的差异。工业化是近代中国经济变迁的重要内容，工业的空间结构决定着近代中国经济的基本空间格局及发展态势，并影响着改革开放后中国工业发展的基本格局。因此，从空间演变的角度研究近代中国的经济变迁或工业化具有重要的意义。

近年来，世界主要国家的区域工业化是国际经济史学界的一个研究热点。各国学者主要关注 18 世纪以来工业化在各国内部不同区域层面上起源和扩散的具体过程、路径以及原因等问题（Bas van Leeuwen et al.，2021）。随着近年来数据库的建设和 GIS 技术的不断发展和应用，各国近现代区域工业化研究展现了新的活力，从空间演变和扩散路径上研究各国工业化的发展成为可能。在工业化发展进程中，很早便有人开始关注工业企业的选址和空间分布的演变。19 世纪韦伯就关注了工业企业的分布，并提出工业区位论，之后廖什提出市场区位论，并开始具体阐释工业布局的一般性规律、区域工业空间组织等。研究工业企业的空间布局对于区域工业化和经济发展具有重要的意义。

近代中国被迫开放口岸，西方的现代因素开始进入中国，开启了近代中国化的进程。由于中国幅员辽阔，各地区的经济基础、历史传统、地理环境不同，逐渐形成了近代经济发展独特的空间差异，并在 20 世纪 30 年代形成了近代的经济地理格局。近代中国经济发展的空间差异性或多或少地影响了当前中国经济的区域发展不平衡。因此，探讨近代中国经济空间不平衡的起源和演变，尤其是工业化的空间演化对理解当前中国工业的发展至关重要。

要理解日前的区域格局就需要研究起源，这就需要回溯到近代经济转型时期。但是不同区域近代化的主导因素、空间演化的模式和扩散的动力等均存在较大差异。因此，只有从区域演化的角度，审视不同空间区域工业发展的影响因素和空间扩散动力，才能从整体上对近代中国经济变迁，尤其是工业化的空间进程形成较为准确的认识。中国近代的工业化进程是一个极其复杂的时空现象，在近代中国工业史研究中“增加”空间维度，无疑可以深化我们对近代工业的认知（刘静，2019）。本书试图对近代中国工业化进程中空间扩散的动力机制进行研究，以近代河北、江苏、广东为主要研究区域，通过历史追溯重新审视这一空间演革及其扩散动力，分析不同地区工业空间演进路径，探讨其空间扩散的动力机制，并进行多角度的对比分析，以期为当前区域协调发展战略提供借鉴和启示。

1.2 文献综述

近代中国工业史是近代经济史研究的重要领域，早在民国时期，我国工业问题即曾受到一些学者的关注，学者们对其开展了初步调查与研究，形成了一系列研究成果（龚骏，1933；刘大均等，1946）。随着研究的深入，学者开始分区域探讨不同地区的工业发展情况，甚至进行区域间的对比分析。随着对"空间性"概念的深入理解，从空间布局和空间演变的角度研究近代工业的发展也成为研究的热点。在数据库可得性和数字技术不断发展的今天，对近代工业发展的空间可视化和回归分析日益增多。

1.2.1 近代中国工业史的研究进展

研究近代中国工业史的著作和资料集较为丰富。孙毓棠（1957）的《中国近代工业史资料（1840—1895）》，整理了1840—1895年近代中国工业史发展的基本情况，并就这一时期外国资本在中国的工业投资，清政府及其官僚集团经营的军用工业和采矿、炼铁与纺织工业，近代民族资本工业，以及近代中国工业、工人初期发展情况等，提供基本史料，展现了这一时期中国工业历史发展的大体轮廓。汪敬虞（1957）的《中国近代工业史资料（1895—1914）》，编制了1895—1914年近代中国工业史，并就这一时期帝国主义在华工业投资、国内封建政府的工业活动、民族工业的初步发展及发展过程中的若干特点、中国工人阶级状况等，提供基本资料。陈真、姚洛（1961）编著的《中国近代工业史资料》共4辑，对中国工业在各个时期的发展、民族资本的创办、帝国主义在华企业设立状况，以及各行业的概况等进行了介绍，资料丰富、内容翔实，为研究近代中国工业提供了很好的参考和借鉴。祝慈寿（1989）的《中国近代工业史》，记录了1840—1949年近代中国工业的发生、发展和演变历程，简述了近代手工业的演变、革命根据地和解放区的工业及其发展。

对于近代中国工业，以上著作均有涉及，尤其是对近代棉纺织业、面粉业、火柴业、缫丝业等行业涉及较多。例如，严中平（1955）编著的《中国棉纺织史稿（1289—1937）》，叙述了1289—1937年中国棉纺织业的发展，着重分析1840—1937年中国棉纺织业的发展史。由于棉纺织业在近代工业发展中的特殊地位，许多学者都对其进行了研究，如方显廷（2011）的《中国之棉纺织业》及森时彦（2010）的《中国近代棉纺织业史研究》等，为进一步研究棉纺织业提供了丰富的历史资料和数据。徐新吾（1990）收集了大量史料，对近代中国缫丝工业资料做了比较全面系统的整理编写，对蚕丝的历年产销数量亦作了估算。上海市工商行政管理局、上海第一机电工业局机器工业史料组（1966）编著的《上海民族机器工业》，收集了1866—1949年上海民族资本机器工业的有关资料，系统论述了近代机器工业的发生发展历程。此外，《上海民族毛纺织工业》《上海民族橡胶工业》《旧中国机制面粉工业统计资料》《中国近代面粉工业史》等著作都收集了大量翔实的历史资料和数据，记录了相应行业发生发展的过程，可为系统研究某一行业提供借鉴。

近代出现了很多代表性的企业，为研究这一时期我国民族资本主义发展和工业化进程提供了微观视角。吴承明（2004）的《中国企业史近代卷》，全面系统地介绍了上至清道光二十年（1840年），下至1949年近代中国企业发展、变化的历程。在近代发展起来的工业企业中，最具代表性的有荣氏企业集团、南洋兄弟烟草公司、启新洋灰公司等。这些企业是近代民族企业的一个缩影，详细研究这些企业可以从一个侧面反映这一时期我国民族工业发展和衰落过程。上海社会科学院经济研究所（1980）编著的《荣家企业史料》以企业档案资料为主，按时间顺序详细记录了荣氏企业产生、发展等兴衰成败的过程。许维雍、黄汉民（1980）所著的《荣家企业发展史》也比较完整地反映了这家企业的兴衰。中国科学院上海经济研究所等（1958）编著的《南洋兄弟烟草公司史料》《恒丰纱厂的发展和改造》，上海社会科学院经济研究所（1980）编著的《大隆机器厂的产生发展和改造》《刘鸿生企业史料》（1981）以企业的档案资料和私人资本家的私人信件为主，按时间顺序编著，分别分析了相关企业在各时间段的发展过程。南开大学经济研究所（1963）编著的《启新洋灰公司史料》，内容包括启新洋灰公司的创办经过，与帝国主义、封建势力和官僚资本的关系，工厂的位置和生产技术设备，水泥的生产和销售，管理组织机构垄断与竞争，资本积累，职工生活状况和工人运动，以及新中国成立后公司的社会主义改造等。上海市纺织工业局（1964）编著的《永安纺织印染公司》、湖北省档案馆（1994）编著的《汉冶萍公司档案史料选编》等都详尽记录了企业的发生发展过程，是研究近代中国企业及工业的重要参考依据。

1.2.2 近代中国工业的空间布局研究

（1）近代中国工业空间布局的基本情况与特点

工业布局问题早在民国时期就已经有学者进行研究，张其昀（1929）对民国时期（1927年前）中国的食品、纺织、交通、煤、钢铁、电力等行业的地理分布进行了大概描述；龚骏（1933）介绍了当时主要城市的工业分布与集中情况；胡焕庸（1948）介绍了民国时期中国的棉纺织、丝织、糖、盐、煤、铁等行业的地理分布状况；陈振汉（1941）对当时中国工业分布的情况进行了分析。在这一时期，学者对工业地区分布情况的研究着重于一般性描述。

新中国成立后，学者对近代中国工业布局进行了深入分析，尤其是2000年以后不仅成果增加，而且研究的方法和视角逐渐多元。许绍李（1956）的《谈谈我国工业地理分布》是早期的关于我国近代工业分布的专题性研究成果。对近代中国工业空间布局的研究主要集中在3个方面：一是全国层面的工业研究，如魏心镇（1982）的《工业地理学（工业布局原理）》一书将近代中国工业的发展进行了历史分期，分为萌芽（1840—1894年）、初步发展（1895—1913年）、大发展（1914—1922年）、发展缓慢（1923—1936年）、衰败与破坏（1937—1949年）5个阶段对不同时期的工业地理分布情况进行了描述。祝慈寿（1989）在《中国近代工业史》一书中将中国分为华东地区和台湾地区、中南地区、东北地区、华北地区、西南地区5大区域，分别论述了不同区域工业的发展和分布情况。戴鞍钢、闫建宁（2000）将近代中国工业发展分为4个阶段，考察了鸦片战争后中国工业（包括手工业）的地理分布及其变化。

二是对主要行业的地理分布进行分析。谢放（2000）分析了1840—1927年民用工业在城市中的分布特点，以及棉纺织、面粉、机器、火柴、电力、自来水等行业在城市中的布局特点等。袁为鹏（2007）对近代中国工业区位分布相关文献进行了系统总结，重点选取煤炭、钢铁与棉纺织业作为近代中国重、轻工业部门最具代表性行业，较为深入地对近代中国工业布局的时空演变、影响因素等进行了探讨和分析。向玉成（1997）论述了近代中国军事工业布局的发展变化，并分析了江南制造局和湖北枪炮厂的选址决策过程与战略、经济效果。杨敬敏（2014）以进口替代为线索，论述了近代中国棉纺织工业的发展及其空间分布状况。

三是对近代地区工业空间分布的探讨。比如郑志忠（2012）论述了民国时期关中地区棉纺织业、采煤业、食品与日用化工业、机器与陶瓷、化学等工业的发展与分布。杨东煜（2012）梳理了近代长江三峡地区主要工矿行业的分布状况和发展的脉络。严艳（2005）分析了抗战爆发后1937—1950年陕甘宁边区经济发展与产业布局，并研究了这一时期的工业布局特征。此外，还有从省域范围进行近代工业空间布局的分析。如尤欢（2017）从抗战前与抗战后的工厂沦陷、内迁及国统区工业重建4个部分对浙江工业分布与变迁情况进行了分析。李伟红（2016）重点考察了1900—1937年河南省工业企业的分布状况、工业布局的时空演变特征及影响因素。孔军（2016）讨论了近代安徽矿区开发的分布特征，姜新（2001）研究近代苏北工业的发展情况等。从城市层面看，陈为忠（2014）分析了上海产业区的形成与演化，探讨了近代商埠区、产丝区、产棉区的城市转型和地域分工。吴焕良（2011）则以华商纱厂联合发布的《全国纱厂一览表》为主要材料，梳理了1889—1936年上海城市棉纱业的空间分布格局及演变特征；Henriot（2012，2017）关注了上海的工业空间动态布局；鲍德威（2010）探讨了济南的城市变迁；罗威廉（2008）从长时间段分析了汉口的发展；任云英（2010）对民国时期西安产业空间转型的特征、机理及影响要素等问题进行了探讨；季宏（2014）对天津工业格局的演变历程和特征进行了简要分析。此外，赵晶晶（2013）、翁春萌（2017）等先后探讨了武汉近代工业发展、工业扩散等问题；车松虎（2010）、刘健（2014）等先后对长春、唐山等城市的工业空间发展情况进行了分析；而董鉴泓（2004）主编的《中国城市建设史》一书介绍了唐山、郑州、蚌埠、石家庄、无锡、南通等近代工业空间分布和城市发展等情况。

学者们通过对近代中国工业基本情况的分析，得出了近代工业空间分布的特点。一般学者认为近代工业分布极不平衡，过多集中在沿海、沿江的大城市（许绍李，1956；陈真，1958；等）。许绍李（1956）认为近代中国“工业畸形地集中在东北和沿海地区，广大内地几无工业可言”。戴鞍钢、闫建宁（2000）通过对近代工业地区分布的研究也指出近代工业始终没有突破偏于沿海沿江地带的基本格局。徐毅等（2022）通过对20世纪30年代中国工业空间布局的研究，认为总体上呈现东部沿海制造工厂“连片发展”、中西部省区接受东部产业转移而形成制造工厂“散点分布”的态势。

（2）影响近代中国工业空间分布的因素

关于影响近代中国工业空间分布因素的研究，已有文献多有论及，并形成较为丰富的研究成果，大致可以分为如下3类：一是意识形态因素。早期的工业布局的研究较多从意识形态的角度出发，分析近代工业分布的不平衡。这种观点在此后的研究中被长期沿袭。许绍李（1956）认为，“这种不合理的状态正是反映了旧中国半封建半殖民地社会性质特点，它是由这种社会性质所决定的”；魏心镇（1982）认为，“沦为半殖民地的旧中国，经济上为帝国主义所控制”，“造成大部分工业偏居东部沿海”，“西南、西北地区除采矿业外”，“长期处于与工业相脱离的落后状态”，“工业分布的不合理状态在不同行业和沿海内部地区亦是如此”，“工业脱离原料地和广大消费区，并形成巨大运输耗费，同时严重影响内地的经济开发和各种资源的合理利用”；祝慈寿（1989）指出，“帝国主义、封建主义和官僚资本主义的统治，给旧中国工业深深打上了半封建半殖民地社会的烙印，使工业地理分布极具不平衡性”。

二是政治因素及战略思想的影响。向玉成（1997）对近代中国军事工业布局进行了研究，通过分析不同时期军事工业的布局情况，指出洋务派在大型军事工业企业布局中战略思想的变化对区位调整的影响；袁为鹏（2007）认为政治因素对近代中国工业企业，尤其是对一些重大的工业企业的影响极大，在探讨晚清军事工业布局时，在一定程度上揭示了政治因素对工业企业选址的重要影响。

三是经济因素的影响。陈振汉（1941）基于近代中国轻重工业的区位考察，提出“战前我国重要的几种轻工业的区位，看似不合理，实际上并不悖于区位经济的原则”；袁为鹏（2007）认为，社会经济因素，尤其是市场与交通条件、产业集聚效应是工业布局的最终决定性因素；陈为忠（2014）在对上海产业区的形成和演化进行分析时，指出集聚与扩散效应对工业格局的影响；张美岭（2016）认为，口岸和交通等区位优势可以促进工业企业的地区分布，集聚与扩散效应在工业空间布局中具有重要的影响。

1.2.3 近代中国工业空间扩散路径与扩散动力研究

（1）近代中国工业空间扩散路径研究

近代中国工业在发展过程中存在一定的空间扩散现象。有学者对近代中国工业的空间扩散路径进行了相当多的研究。祝慈寿（1989）从工业区域演变角度对近代工业发展中不同区域工业演变的基本情况进行了分析，认为1840—1894年东南地区开始形成大工业中心；1895—1913年开始向北方扩散，北方的大工业开始创建；1914—1936年存在一个工业明显向北方移动的现象；而1937—1945年东北工业集聚，华北重工业抬头，东南工业衰落，工业向西边局部移动。向玉成（1997）分析了近代军事工业布局演变，指出19世纪60年代军事工业布局遵循“海口理论”，70年代转向内地兴办军事工业企业，80年代将军事战略与经济因素相结合，开始在经济发展较好的地区进行布局。袁为鹏（2016）也通过对晚清军事工业空间布局的分析，指出军事工业在空间分布上经历了从沿海通商口岸向内地扩散、继续扩充沿海生产以及统筹南、北、中重点军事工厂。吴松弟（2007）、戴鞍钢（1998）等提出“港口—腹地”的演变路径，并且在这一演变机制下，诸多学者讨论了不同区域经济的空间演变进程以及港口—腹地互动关系（樊如森，2010；方书生，2004；武强，2012；等）。戴鞍钢、闫建宁（2000）指出近代工业发展之初，基本上分布于上海、广州等大城市，随着近代工业的发展，工业企业在区位分布上呈现从通商口岸及沿海大城市向内地扩散分布的特点，并逐步向全国延伸（樊百川，1983）。

近代中国工业先在沿海口岸发展，进而沿江或者沿交通路线向内地扩散，但是基本上集中于沿海大城市。无论是空间视角还是产业角度，学界已经基本上厘清了19世纪中叶以后中国工业分布的长期变化趋势，即发轫于19世纪60年代东部沿海口岸城市的工业，从20世纪以来便不断扩散到周边县（市）和广大的中西部地区（刘静，2019）。

（2）近代中国工业空间扩散动力研究

近代中国工业在空间扩散过程中，形成了以沿海口岸为开端，沿海沿江等扩散的路径。近代工业作为现代化因素，通过通商口岸进入中国（墨菲，1986），以各种途径向内地扩散，进而形成“港口—腹地”这种由点到面的格局（吴松弟等，2007）。然而，关于扩散的动力，不同的文献则存在不同的观点。由于口岸是现代化的窗口，口岸开埠通商后近代经济首先从沿海沿江口岸逐渐向内地扩散，已有文献对近代中国经济变迁的研究是从沿海口岸开始的。马士（H. B. Morse）（1910）、戴恩赛（En-sai Tai）（1918）都是较早对近代经济进行研究的学者。费正清（1956）提出“冲击—反应”机制，来解释沿海口岸的演变与发展。之后，越来越多的学者关注口岸贸易、经济发展的研究，并透过口岸城市，探讨口岸与区域经济甚至与近代中国的关系。

目前，对近代中国工业扩散动力的研究尚不足，虽然有文献认为现代化因素通过口岸传入中国，并通过各种途径传播到内地。但是，这类研究大多还是以史料为基础，进行初步复原与解释，对于空间演进路径缺乏相应的数据支持，对演变的内在机制缺乏系统分析。武强（2012，2017）、王列辉（2012）分别利用数据进行了量化分析，但也只是考察了近代工业发展的时空演变过程及趋势、港城关系，港口之间的空间关系变化，依然没有展现空间演变的内在动力及影响因素。倘若能够辨认出经济成长的动力属于哪一种类型，我们就能更精确地集中探讨该项动力是如何促进经济发展的，并且有望发现经济进一步变化的证据（王国斌，2010）。王哲等（2010）关注了通商口岸体系中以各城市为代表的点与点之间的关系，从“源”与“流”的角度探讨近代中国经济资源的流动。方书生（2012）以长江三角洲为例，探讨了近代经济增长的动力，认为要素从流通领域向生产领域扩散，通过市场化与工业化的路径推动经济增长。之后，他运用经济地理模型从地理、规制、市场3大因素考察了两宋至民国港口变迁的内在动力（方书生，2017），为探索空间变迁的内在动力进行了尝试。许多学者也从开埠通商与先进生产力传入视角考察了近代中国的经济变迁和工业化进程。李嘉楠、代谦、庄嘉霖（2019）以开埠作为开放的准自然试验，发现开埠不仅促进了国内市场整合，而且影响了近代中国的经济空间变迁。从扩散路径看一个是沿海沿江地带，一个是内陆地带（吴松弟等，2015）。一方面水运对近代经济社会变迁具有重要的影响（田永秀，1999；武强，2012；戴建兵等，2013；等）；另一方面铁路是内陆地区连接的重要枢纽，张卫东（2018）探讨了粤赣铁路对近代区域经济社会变迁的影响，梁若冰（2015）则探讨了铁路对近代工业的促进作用。张美岭（2016）认为，地区的贸易优势可以成为工业发展的区位优势，以吸引企业的设立与集聚。然而，产业的过度集聚也会降低工业的区位优势，促使产业向集聚区外扩散。

有关近代中国工业史研究的论著颇丰，并对其空间分布达成共识。近代中国工业发展的一个突出特点是地区分布的不平衡，近代工业大多数集中在城市，特别是沿海沿江的大城市。然而，近代中国工业化进程是一个极其复杂的时空现象，已有学者对近代工业的基本情况、特征和扩散路径进行了一定的研究。随着“港口—腹地”这一演化路径的提出，人们对近代经济空间演进有了更加直观的了解。但是，已有文献对空间演进的动力机制的研究仍缺乏更为清晰的解释，同时现有文献对近代中国不同区域经济空间演进缺乏系统的比较。然而，一方面，在近代工业化展开路径上，由于存在空间异质性，在不同区域空间展开程度和路径可能存在差异；另一方面，由于近代数据获得的不易，对近代工业演进的动力机制的研究仅限于史料分析，对于因素的影响程度缺乏量化研究。有鉴于此，本书致力于在已有研究的基础之上，对近代不同区域工业空间演化进程展开系统分析，并进行深入比较；同时分析近代工业空间扩散的动力，探讨其作用机制。在此基础上，运用收集到的区位条件、交通、自然禀赋、工业等相关数据，对近代中国工业空间扩散动力进行计量分析。

1.3 研究对象界定

1.3.1 空间范围界定

本书将探讨近代中国工业的空间扩散问题，因此对考察对象所涉及的地理范围进行空间界定，是首要的基础性工作。通过对已有文献的分析，文献中对空间范围的界定主要有如下两个方面：一是经济层面的区域空间的界定。邹逸麟（2001）探讨了我国古代经济区划分的原则和意义，顾朝林（1991）初步研究了我国城市经济区划分等。但是从具体的研究来看，其界定也是非常复杂。这种经济层面的空间范围界定并不是一成不变的，随着经济要素于不同历史时段的位移而发生变化，是一种动态变化中的经济空间。经济层面区域空间的界定根据研究者的具体研究内容和划分标准而有所不同，比如施坚雅把 19 世纪末的中国划分为 9 大宏观区域。二是以行政区划为基础的空间界定。这种主要是对行政区域的经济运行状况进行分析，比如近代山东省的经济发展等。

从区域的选择上，不同学者根据不同的研究主题，依据不同的理论进行探讨和划分，如以经济区或行政区划为单位。本书主要是以行政区划为单位来进行分析和探讨不同行政区划范围内工业空间扩散的动力。我国的区域发展政策以及相关研究多关注跨行政区的区域协调发展，如“四大板块”与“三大战略”的提出。相对而言，基于省/区内部的区域空间发展研究则相对不足，而省内发展不平衡是诸多省/区发展的典型现象，也是我国区域发展不平衡的重要表现。因此，基于省/区内部的区域发展研究是对我国区域研究的深化，对于深入理解中国经济地理问题具有重要意义。本书在分析中重点探讨了不同省份内部空间扩散的路径及差异，并深入分析空间扩散的动力。因此，从空间范围而言，本书以行政区划为单位进行分析。然而，由于近代中国行政区划上存在较大变动，给研究带来了一定的困难。在分析中，本书将重点以近代河北、江苏和广东为研究对象，系统分析这3个区域的工业空间演变及扩散动力。具体的空间范围选择将在本书第4章给出详细界定。

1.3.2 时间范围界定

"近代"一词早已存在于中国古代的典籍中，表示"过去不远之时代"①，近代中国史学界对"近代"划分的一般准则是1840—1949年。近代中国历史的起点是鸦片战争爆发，终点是1949年新中国成立。与近代前相比，近代中国一个最显著的特征是从传统农业文明转向现代工商业文明，这是中国文明史上一次重大的转折。

本书研究探讨的时间区间是1840—1937年，鸦片战争是近代中国史的开端，也是近代中国工业化进程的"起点"。本书涉及的时间终点是1937年，原因主要出于如下两个方面的考虑：一是因为抗日战争的爆发打断了中国工业化的进程，外部冲击对中国造成的影响甚大，战时中国工业的空间布局更多的是受战争的影响。因此，本书未对之后的历史进行分析。二是从数据上来看，这一时期相对来说可以找到比较完整连续的数据，能够进行更为深入的分析。因此，本书研究的时间范围界定为1840—1937年。

1.4 研究资料与数据

针对近代中国工业史的研究有相当多的文献和史料，本书在有限的时间和条件许可范围内，尽力收集相关文献资料并运用于本研究。本书使用的主要文献资料包括了近代中国工业史资料、专著，近代工业数据，口岸、铁路、航运等史料资料。

近代工业发展史方面的资料，选取相对齐全且引用率高的近代工业史及资料集作为梳理全国近代工业发展情况的主要文献资料，具体包括：中国科学院经济研究所主编的"近代中国经济史参考资料丛刊"中孙毓棠编的《中国近代工业史资料》第1辑1840—1895年（上、下册），以及汪敬虞编《中国近代工业史资料》第2辑1895—1914年（上、下册）等；许涤新、吴承明著《中国资本主义发展史》（全三卷）；陈真、姚洛、逄先知合编《中国近代

① 西晋东晋年间葛洪的《抱朴子》所录："历览前载，逮乎近代，道微俗弊，莫剧汉末也。"

工业史资料》第 1～4 辑。同时辅以祝慈寿著《中国近代工业史》，范西成、陆保珍著《中国近代工业发展史（1840—1927）》，龚骏著《中国新工业发展史大纲》及其他资料进行分析。

近代工业数据方面，本书使用近代工业数据进行工业空间布局演变分析，但是有关近代中国经济和工业的连续性统计资料几乎不存在。除了棉纺织业由于华商纱厂联合会曾进行收集与编制有较多的数据外，其他工矿业统计都欠完备。虽然《农商统计表》调查数据涉及时间较长，记录了 1912—1921 年的农林、工商、矿业情况，且范围较广，但是数据资料存在较多不足，特别是 1916 年后的数据缺失多。我国到 1930 年才开始有具体的调查机构，拥有较为详细的调查数据。上海曾经进行过四五次工业普查，但是由于历次普查的范围以及工业分类的方法均不完全一致，统计结果也有所不同，故难以进行比较。1933 年由刘大均主持的经济统计研究所调查数据被认为是近代较为完整的全国性工业统计。虽然《中国实业志》中的调查方法和准确程度不如《中国工业调查报告》，但其包含的内容更多，也更详细，尽管这个资料最终只涉及 5 个省份。民国时期 7 次出版了《中国矿业纪要》，较好地记录了矿业生产情况，但是无法全面了解近代工业的发展情况。此外，不同的时期对于工厂的定义也有不同的标准，1931 年，上海进行工业普查时，工厂的标准比较低，只要有 10 人以上即可，或者虽然人数不到 10 人，但是使用动力的，也在普查范围之内。1933 年普查时我国工厂法规定，工人在 30 人以上，并且使用动力。① 由于调查机构的多样以及调查内容和标准的不统一，在进行计量分析时，数据的可靠性和适用性是一大挑战。

本书在进行分析时主要使用两种数据：一是近代中国工业企业新设数量，因为没有完整连续的近代工业发展数据，使用近代新式工业企业设立数量进行替代，数据来源于《民族资本主义与旧中国政府（1840—1937）》及《中国的民族资本主义（1927—1937）》，这两部著作收录了 1840—1937 年每年新设的工业企业情况。二是《中国工业调查数据》中的相关数据，此数据较好地反映了 1933 年中国工业的情况。使用这两种数据的原因：一方面是这两种数据引用较多，具有一定的说服力；另一方面是这两种工业数据资料涉及地区最广、工业行业类型最为完备，是进行工业分析较为理想的数据。本书将在后面几个章节对两种数据分别进行分析。

---

① 陈真．中国近代工业史资料（第 4 辑）［M］．北京：生活·读书·新知三联书店，1961：16.

1.5 本书研究内容

本书主要对近代中国工业空间扩散的动力机制进行研究，分为5部分，共10章。第1部分为绪论，也是本书的第1章，主要阐明本书研究缘起，对已有文献进行综述，并厘清本书的研究对象；第2部分为近代中国工业发展的基本情况及空间格局，主要包括3章，即第2章至第4章。第2章对近代中国工业发展的历史进行回顾，包括近代工业演进历程及发展特点。第3章探讨近代中国工业的空间演变与分布特征，主要包括近代中国工业的空间格局、演变进程及空间分布特征。第4章分区域对近代河北、江苏、广东等地区的工业空间演变及扩散特征进行分析。第3部分是对近代中国工业空间扩散的动力机制的探讨，主要包括3章，即第5章至第7章。第5章探讨通商口岸与近代中国工业的空间格局，包括近代通商口岸开埠的历史，通商口岸与近代河北地区、江苏省及广东省的工业空间格局，通商口岸与近代工业空间扩散的相关性分析以及通商口岸对近代工业发展的作用机制。第6章探讨铁路修建与近代中国工业的空间格局，包括近代铁路修建的历史，铁路修建与近代河北地区、江苏省及广东省的工业空间格局，铁路与近代工业空间扩散的相关性分析以及铁路对近代工业发展的作用机制。第7章探讨水运交通与近代中国工业的空间格局，包括水运交通与近代河北地区、江苏省及广东省的工业空间格局，水运交通对近代中国工业空间扩散的影响及差异分析，水运交通促进近代工业发展的作用机制。第4部分为计量分析，主要包括两章，即第8章和第9章。第8章是对近代中国工业空间扩散动力的实证分析，主要包括口岸、铁路、水运交通及矿产资源等动力对近代中国工业发展影响的回归分析。第9章是对近代中国工业发展中的集聚与扩散效应的实证分析，主要包括探讨近代中国工业发展中的集聚现象，对近代中国工业发展中的集聚效应进行实证分析。第5部分为本书的结论与启示，主要包括本书的研究内容和结论进行总结，以及对当前中国区域经济空间格局和平衡发展的启示。具体研究内容如下：

第1章为绪论，首先为研究缘起；其次为文献综述，主要从近代中国工业发展史、近代中国工业的空间布局以及近代中国工业空间扩散路径和扩散动力3个方面进行综述；再次是本书的研究对象界定，主要包括空间范围界定和时间范围界定；此外，还对本书运用的基本资料和数据来源进行了梳理。最后介绍了本书的主要研究内容。

第 2 章是对近代中国工业发展的基本情况进行简要分析。首先是近代中国工业的演进历史与发展特点。主要包括：①将近代中国工业发展的演进历程分为 4 个阶段：清末工业的萌芽与起步阶段（1840—1894 年）、清末工业的加速发展阶段（1895—1911 年）、北洋政府时期工业的快速发展阶段（1912—1926 年）、1927—1937 年的工业发展阶段，分别对不同时期的工业发展历史进行回溯；②近代工业发展的基本特点，主要从新设工业企业数量、新设工业企业资本规模等方面进行分析。其次是近代中国工业发展的地区特征和行业特征。主要包括：①近代中国工业发展的地区特征，主要从近代中国工业的地区分布，包括新设企业数量、资本规模等方面分析不同地区工业发展的差异；②近代中国工业发展的行业特征，主要从行业的角度，对各行业新设工业企业数量、资本额等方面进行分析。最后为本章小结。

第 3 章探讨近代中国工业的空间演变与分布特征。首先探讨了近代中国工业的空间演变历程，主要从近代工业发展的 4 个阶段（1840—1894 年、1895—1911 年、1912—1926 年和 1927—1937 年）分别考察不同阶段各省份新式工业企业设立的数量、分布行业等。其次对近代中国工业的空间分布特征进行分析，主要从省域间的空间扩散、省内的空间扩散、行业的空间扩散和扩散中的集聚现象等 4 个方面进行分析。最后为本章小结。

第 4 章探讨近代特定区域工业空间演变与扩散特征。以近代河北地区、江苏省、广东省为主要研究区域，主要包括：①区域的选择，分别对本书研究的 3 个区域的空间范围进行界定；②从 4 个阶段（1840—1894 年、1895—1911 年、1912—1926 年和 1927—1937 年）分别梳理了河北地区、江苏省、广东省工业空间演变历程，主要包括工业企业设立的县的数量、各县新设工业企业数量及行业分布；③分别探讨近代河北地区、江苏省、广东省工业空间扩散的特征，主要包括扩散路径特征、扩散模式特征和扩散动力特征。最后为本章小结。

第 5 章探讨通商口岸与近代中国工业的空间格局。首先对近代通商口岸的开埠历史进行回顾，主要包括约开口岸和自开口岸的开埠情况以及近代通商口岸的空间分布。其次为通商口岸与近代工业空间布局，分别以近代河北地区、江苏省和广东省为研究区域进行研究，主要包括：①简析不同区域开埠口岸基本情况；②从 4 个阶段分别分析不同区域口岸开埠与工业空间分布的关系。再次为通商口岸与近代工业空间扩散的相关性分析。主要包括：①基于空间分布分析不同区域开埠口岸与工业空间扩散的关系；②通过简单的OLS回归方法分析开埠口岸与近代工业发展影响的关系；③通过散点图分析口岸开埠与近代不同区域工业发展的相关性。进而从3个方面分析通商口岸对近代工业发展的作用机制。最后为本章小结。

第6章探讨铁路修建与近代中国工业的空间格局。首先对近代铁路修建的历史进行回顾，将近代中国铁路修建历史划分为4个阶段进行回溯。其次为铁路修建与近代工业空间布局，分别以近代河北地区、江苏省和广东省为研究区域进行研究，主要包括：①对不同区域铁路修建的基本情况进行分析；②从4个阶段分别分析不同区域铁路修建与工业空间分布的关系。再次为铁路修建与近代工业空间扩散的相关性分析。主要包括：①基于空间分布分析不同区域铁路修建与工业空间扩散的关系；②通过简单的OLS回归方法分析铁路修建与近代工业发展的关系；③通过散点图分析铁路修建与近代不同区域工业发展的相关性。进而从4个方面分析铁路修建对近代工业发展的作用机制。最后为本章小结。

第7章探讨水运交通与近代中国工业的空间格局。首先分别对不同区域水运交通情况进行分析，并探讨水运交通与不同区域工业空间格局的关系。其次基于空间分布分析不同区域水运交通与工业空间扩散的关系，并分析差异原因。再次探讨水运交通促进近代工业发展的作用机制，先通过简单的OLS回归方法分析水运交通对近代工业发展的影响。进而从4个方面分析水运交通对近代工业发展的作用机制。最后为本章小结。

第8章是对近代中国工业空间扩散动力的实证分析。首先分析不同区域矿产资源与近代中国工业空间布局的关系。其次是对近代中国工业空间扩散动力的实证分析，主要包括：①对近代工业空间扩散动力口岸、铁路、水运交通及矿产资源的基本阐述；②对回归模型进行设定、对相关变量的选取进行解释、说明变量的数据来源；③对相关变量进行描述性统计和相关性分析；④先对数据进行全样本回归，并分阶段、分区域进行回归；⑤对回归结果进一步探讨，解释存在差异的原因。最后为本章小结。

第9章探讨近代中国工业发展中的集聚与扩散效应。首先分析近代中国工业发展中的集聚现象，主要包括：①近代中国工业的地区及行业占比情况，分别从工厂数量、资本额和工人数量方面进行分析；②近代中国工业发展的集中度分析，分别从地区集中度、行业集中度、地区行业集中度3个方面进行探讨。其次对近代中国工业的集聚效应进行实证分析，主要包括：①理论基础与基本假设，对本章中的理论基础进行阐述，并提出基本假设；②对回归模型进行设定、对相关变量的选取进行解释、说明变量的数据来源并进行描述性统计；③实证结果分析，主要包括基本回归和不同区域条件下的回归分析；④对回归结果的进一步分析。最后为本章小结。

第 10 章是全书的总结与启示。包括对前面各章的研究内容和主要结论进行梳理，使其能更明确地说明问题，以及对当前中国区域空间格局与平衡发展的启示。

第2章　近代中国工业发展的基本情况

中国的工业化起源于近代，伴随着口岸的开放发展起来，在经历了起步、缓慢增长和快速增长后，在20世纪30年代形成了近代中国工业的基本空间格局。本章将对近代中国工业的发展基本情况进行梳理，形成对近代工业的基本认识，为下文探讨近代中国工业的空间格局打下基础，也为后续探讨工业空间分布及扩散提供基本资料。

首先，本章对近代工业发展的基本情况进行简单回溯，着重对近代中国工业的演进历史进行梳理，归纳近代中国工业的发展阶段；其次，通过数据分析近代中国工业发展的基本特点；最后，对近代工业发展的地区特征和行业特征进行探讨。

书中对近代中国工业发展特点和地区特征及行业特征进行分析的数据来源：①近代中国新设工业企业数据来自杜恂诚的《民族资本主义与旧中国政府（1840—1937）》和《中国的民族资本主义（1927—1937）》；②近代中国工业发展情况如工厂数量、资本额、工人数量、产品价值等数据来自刘大均的《中国工业调查报告》。这两种数据也是后续本书进行相关工业统计分析及回归分析的主要数据来源。

2.1　近代中国工业的演进历史与发展特点

2.1.1　近代中国工业的演进历史

关于近代中国工业发展的历史已有学者进行过诸多论述，有的学者探讨了清末的工业发展，有的学者着重分析北洋政府时期的工业发展，有的学者对战后工业发展进行了详细讨论，也有学者在整体上就1840—1949年近代中国工业发展进行探讨。由于本书探讨的时间是针对1840—1937年，因此，接下来对清末工业的萌芽与起步、清末工业的加速发展、北洋政府时期工业的快速发展以及1927—1937年的工业发展进行简单回顾。具体情况如下：

（1）清末工业的萌芽与起步（1840—1894年）

鸦片战争以前，中国工业主要是手工业，以家庭手工业和个体手工业为主，其次是封建的官府手工业以及少数工场手工业。近代中国机器工业是在鸦片战争后伴随着口岸的开放，对外贸易的发展而产生的，具有明显的外生性。商品输入激增，外国资本对华投资增加，并在中国开设工厂，中国开始出现新式工业企业。①

鸦片战争后，一些有识之士，如林则徐、魏源等开始意识到兴办工业的重要性，最早提出了“师夷长技以制夷”的主张，希望在中国发展近代工业。然而，由于当时各种条件的限制，也仅仅止步于口头上的进步主张。太平天国运动的爆发，使得一些官僚意识到使用新式军事装备的重要性，决定兴办新式工业，如曾国藩、李鸿章等。李鸿章认为，“购买外洋枪炮，设局制造开花炮弹，以资攻剿，甚为得力”。还如“窃自同治初年臣鸿章孤军入沪，进规苏浙，辄以湘淮纪律，参用西洋火器，利赖颇多”。② 同治元年李鸿章向曾国藩上书亦提到：“鸿章曾往英法提督兵船，见其大炮之精纯，子药之细巧，器械之鲜明，队伍之雄整，实非中国所能及。……鸿章深以中国军器远逊外洋为耻，戒论将士虚心忍辱，学得西人一二秘法，期有增益。”③ 因此，最开始的几家工业企业都和镇压太平天国的军事行动有关，④ 1861年曾国藩在安徽安庆创办内军械所，开中国兴办军事工业企业的先河。但是，最初建立的企业没有起用洋人，也都为手工制造，效果并不太理想。曾国藩奏文：“同治二年间驻扎安庆，设局试造洋器，全用汉人，未用洋匠，虽造成一小轮船，而行使迟钝，不甚得法。”⑤ 1862年李鸿章又在上海设立洋炮局，到1863年李鸿章将洋炮局迁到苏州，成立苏州洋炮局，才购买外国机器进行制造，苏州洋炮局也成为中国第一个使用动力的近代军工企业。中国的近代机器工业，最初只是为军事需要而兴办的军工工业。太平天国运动被镇压后，清政府的一些官僚认识到科技强军对于强国的重要性，积极上奏朝廷继续发展军事工

① 本书中的近代工业是指区别于传统手工业的近代机器工业。
② 孙毓堂．中国近代工业史资料（1840—1895）（上册）［M］．北京：科学出版社，1957：252.
③ 孙毓堂．中国近代工业史资料（1840—1895）（上册）［M］．北京：科学出版社，1957：252.
④ 许涤新，吴承明．中国资本主义发展史（第二卷）［M］．北京：人民出版社，1990：333.
⑤ 孙毓堂．中国近代工业史资料（1840—1895）（上册）［M］．北京：科学出版社，1957：250.

业。例如，同治三年（1864）奕䜣等上奏兴办洋务时就指出只有国家强盛才能无恃外人的挑衅，“臣等每于公余之际，反复筹维，洋人之向背，莫不以中国之强弱为衡，……我能自强，可以彼此相安，潜慑其狡焉思逞计。否则我无可恃，恐难保无轻我之心”。[①] 左宗棠也认为中国要自强，除了精兵强将外，还需大力加强兵器制造，“至中国自强之策，除修明正事，精炼兵勇外，必应仿造轮船，以夺彼族之所恃”。[②] 李鸿章同时提到，中国欲自强，除了学习外国兵器外，还要学习外国制造兵器的方法，关键是大力培养自己的制器人才。如“鸿章以为中国要自强，则其如学习外国利器。欲学习外国利器，则如觅利器之器，师其法而不必尽用其人。欲觅制器之器，与制器之人，则或专设一科取士”。[③] 1865 年，李鸿章在上海设立江南制造局，是清政府所创办的规模最大的军事工业，主要制造轮船、枪炮、水雷、火药等。[④] 之后，在天津、北京、广州等多地相继创办军事工业。据统计，1862 年至 1894 年，清政府在各地共创办 19 家军事工业企业。[⑤]

近代中国产业自 19 世纪 60 年代由官办军事工业开始，19 世纪 70 年代以后，从近代军事工业扩展到民用工业，如轮船、煤矿、冶铁、纺织、铁路、电报等。创办民用工业的目的有以下几个，其一，解决军用工业所需的燃料、原料，因为军事工厂所需的原料、燃料大都依靠进口，且价格昂贵。李鸿章认为：“设有闭关绝市之时，不但各铁厂废工坐困，即已成轮船，无煤则寸步不行，可忧孰甚。”[⑥] 其二，求富，缓解财政负担。军费巨大的消耗使得军工工业的发展受到阻滞，“必先富而后能强”[⑦]。其三，打破洋人洋货垄断的局面，为中国工业及国货发展争得市场份额。例如，李鸿章创办的轮船招商局以及上海机器织布局等即抱有此种目的。李鸿章创设上海机器织布局时说“自非逐渐设法仿造，自为运销，不足以分其利权，盖土货多销一分，即洋货少销一分，庶漏卮可期渐塞。”[⑧] 由民族资本经营的近代工业，发展则较晚，

① 孙毓堂．中国近代工业史资料（1840—1895）（上册）［M］．北京：科学出版社，1957：265.
② 孙毓堂．中国近代工业史资料（1840—1895）（上册）［M］．北京：科学出版社，1957：267.
③ 孙毓堂．中国近代工业史资料（1840—1895）（上册）［M］．北京：科学出版社，1957：262.
④ 戴鞍钢，阎建宁．中国近代工业地理分布、变化及其影响［J］．中国历史地理论丛，2000，(1)：139-161.
⑤ 许涤新，吴承明．中国资本主义发展史（第二卷）［M］．北京：人民出版社，1990：341-342.
⑥ 许涤新，吴承明．中国资本主义发展史（第二卷）［M］．北京：人民出版社，1990：378.
⑦ 许涤新，吴承明．中国资本主义发展史（第二卷）［M］．北京：人民出版社，1990：379.
⑧ 李鸿章．李鸿章全集（第三册）［M］．海口：海南出版社，1997：1339.

迟至19世纪70年代左右，据现有资料来看，最早的是1869年创办的上海发昌机器厂。① 此外，1872年陈启源在广东南海设立机器缫丝厂，1882年黄佐卿在上海创办和永丝厂，1883年祝大椿在上海设立源昌机器五金厂，这些都是商人资本所创办的最大的机器工业。据统计，中日甲午战争（1894年）以前，中国共有新式工厂108家，其中官办工厂31家，商办工厂77家。② 近代工厂资本额共计18260.3万元，其中官办工厂资本额为17531.2万元，商办工厂资本额为729.1万元，③ 官办资本约占全部资本额的96%。

（2）清末工业的加速发展（1895—1911年）

中日甲午战争是近代中国工业发展的一个分水岭，中国新式工业的发展转入新的阶段。中日甲午战争后，随着1895年中日《马关条约》和1898年《中德胶澳租界条约》的签订，外国取得了在中国的设厂制造权、铁路修筑权和矿山开采权，外国在华投资扩大，外资企业迅速发展，新开设的厂、矿数量开始增加。然而，由于战争赔款使得清政府财政负担更为沉重，官办工业虽有所发展，却已大不如前，而民用工业则比中日甲午战争前有所发展。这受到多种外在因素的影响，如清政府陆续颁发了一些奖励实业的章程，采取了一系列“振兴工艺”的措施。④ 1901年清政府开始实施“新政”，设立商部，继续颁布奖励实业办法和工商业规章。20世纪初发生了抵制洋货的运动，1905年，因美国排斥在美华工，爆发了抵制美货运动。1907年至1910年，发生收回路权运动。这些也刺激和影响了一些有识之士创办工业企业，张謇在其大生纱厂的《厂约》中写道：“花往纱来，日盛一日，而祖肉继之。利之不保，我民日贫，国于何赖。”⑤ “设厂自救”呼声在商界产生一种动力，国人在民族主义情绪和利益的驱动下，纷纷创办新式工业，出现了民族资本第一个设厂高潮。这一时期所设的工矿企业无论是数量还是资本总额，与中日甲午战争前相比都有数倍增加。据汪敬虞先生（1957）统计，1895—1913年

① 戴鞍钢，阎建宁．中国近代工业地理分布、变化及其影响［J］．中国历史地理论丛，2000（1）：139-161.

② 陈真，姚洛．中国近代工业史资料（第一辑）［M］．北京：生活·读书·新知三联书店，1961：54.

③ 陈真，姚洛．中国近代工业史资料（第一辑）［M］．北京：生活·读书·新知三联书店，1961：54.

④ 1898年清政府实施戊戌维新变法，光绪帝发布了10条改革命令，包括奖励科学发明和奖励民办工业。9月21日，慈禧太后发动政变，维新运动失败，诏令告终，但是戊戌变法引起了新思潮。

⑤ 许涤新，吴承明．中国资本主义发展史（第二卷）［M］．北京：人民出版社，1990：632.

共设立工矿企业 549 家，资本额为 1. 2 亿元。[①] 据陈真等（1961）统计，第一次世界大战以前（1913 年以前）近代中国工厂资本额达 3. 3 亿元。[②] 工矿企业的增长主要是在 1905 年后的数年中，并且出现了一个短期高潮。就官僚资本企业而言，据许涤新等（1990）估计 1894 年资产值约为 0. 48 亿元，1911 年增加至 5. 23 亿元，1911 年的投资中工业占 16. 1%。[③] 就民族工业而言，汪敬虞等（1957）认为，1895—1913 年民族资本取得了初步发展，但是民族资本的发展是微弱的。有学者认为 1895 年之后的十余年，我国民族资本主义有较大发展是事实，但是与同期在华外资作比较，就绝对量或者发展速度来说，则又相形见绌，差距很大。对于这一时期民族资本发展慢的原因，有学者认为是民族资本主义存在弱点，如重工业得不到发展、生产规模慢和资本有机构成低、设备简陋、技术落后等。就民族工矿业投资来说，汪敬虞统计 1913 年工矿企业 501 家，资本额为 10316. 6 万元。许涤新等曾对这一数据进行了调整，调整之后为工矿企业 706 家，资本额为 11775. 2 万元。[④]

（3）北洋政府时期工业的快速发展（1912—1926 年）

北洋政府时期官僚资本企业没有太大发展，就官僚军事工业而言，从数量上来看主要是接办清政府的洋务派企业，这一时期创建的企业甚少；从发展速度上看，除了极少数企业，如汉冶萍公司、江南造船所有所发展外，多数企业陷于停滞状态，官僚军事工业没有什么发展。就官僚民用工业来看，也主要是接收清政府的企业，这一时期新建企业甚少。据统计，在 1912—1926 年官僚资本经营的民用工业共 29 家，总设资本额为 3200 万元，大多数规模不大，资本额最多的企业为 460 万元，最少者不过 10 万元。[⑤] 这些企业有的最后归于商办，有的甚至关停。就民族工业而言，这一时期为近代我国民族工业提供了一个发展契机，特别是轻工业在这一时期得到迅速发展，一般将这一时期称为民族工业发展的“黄金时期”。对于这一时期民族工业的发展，学界认为是由于“欧战”的爆发，西方发达国家忙于战争，无暇东顾，给了我国民族工业快速发展的机会，这一点从很多工业史论著中都可以看出。

---

① 汪敬虞．中国近代工业史资料（1895—1914 年）［M］．北京：科学出版社，1957：657.

② 陈真，姚洛．中国近代工业史资料（第一辑）［M］．北京：生活·读书·新知三联书店，1961：55.

③ 许涤新，吴承明．中国资本主义发展史（第二卷）［M］．北京：人民出版社，1990：11.

④ 许涤新，吴承明．中国资本主义发展史（第二卷）［M］．北京：人民出版社，1990：680.

⑤ 许涤新，吴承明．中国资本主义发展史（第二卷）［M］．北京：人民出版社，1990：791.

也有学者认为远洋运输费用的飞涨，又给中国的商业和工业带来了额外的刺激。或是铁路对工业的促进作用的凸显。总体而言，这一时期中国工业发展较为迅速，近代影响较大的民族工业企业也是在这一时期迅速发展起来的。据统计，1913—1915 年平均每年注册开设的工厂为 41.3 家，比 1903—1908 年平均每年开设工厂数增加一倍；1916—1919 年平均每年注册开设的工厂数达 124.6 家，较 1903—1908 年增加 5 倍。[①] 工业投资额也大为增加，1913 年全国累计为 4987.5 万元，1920 年则累计达到 15522.1 万元，较 7 年前增加了 2 倍以上。[②] 第一次世界大战后，帝国主义对华经济侵略再次加强——特别是商品输出，使我国民族资本主义工业受到一些挫折。一部分受外资打击，一部分互相竞争兼并。当然，从"一战"后到 1927 年，除少数工业部门和小部分民族资本企业外，大部分工业仍有不同程度的发展。

（4）1927—1937 年的工业发展

这个时期的工矿业得到一定的发展。对 1927—1937 年工业发展的研究，学者有不同的观点。有的学者认为 1927—1937 年，中国工业发展经历了发展、停滞以及衰退的过程。也有学者认为 1927—1937 年是黄金十年。对于这一时期的工业发展情况，学者普遍认为，这一时期工业发展可以划分为 3 个阶段：第 1 阶段是 1927—1930 年，对于这个时期工业发展的原因，不少文献也对其进行了分析和探讨，有学者认为这一时期政治上相对统一、同时金融得到很大发展、并且市场有所扩大。也有学者认为这一时期工农业产品差价的扩大是工业发展的一个重要原因，而这一时期汇率的变动，也就是银价不断下跌，为中国产品提供了良好的贸易条件，促进了这一时期工业品的出口，使民族企业得以复苏，部分行业有所发展。第 2 阶段是 1931—1935 年，这是经济发展的萧条时期，中国工业的发展也受到外界冲击，这一时期的重大冲击主要有世界经济危机、1931 年长江大水灾、1931 年九一八事变、1932 年一·二八事变，以及 1933 年美国白银收购政策导致的中国 1934—1935 年的金融危机。但是也有学者认为在这个时期虽然经历了一系列的冲击和挫折，但是整体上工业是不断发展的。第 3 阶段是 1935 年—1937 年 6 月，中国经济进入新的发展时期。

---

① 陈真，姚洛．中国近代工业史资料（第一辑）［M］．北京：生活·读书·新知三联书店，1961：14．

② 龚骏．中国新工业发展史大纲［M］．上海：商务印书馆，1933：118．

就这一时期的统计数据来看，1928—1936 年平均每年新建企业约 150 家。① 全国民间资本投资额 1931 年增至 6.34 亿元，1935 年再增至 6.97 亿元。② 据统计，1932—1937 年河南、湖南、山西 3 省 6 年内新设工厂 237 家，四川、云南、贵州、广西等地新设工厂 163 家，而陕西、甘肃等省，这一时期也有了 20 余家新式工厂，都比以前有非常明显的增多。③

2.1.2 近代中国工业发展的基本特点

新式工业包括纺织工业和其他轻工业、重工业和化学工业、采矿和冶炼业等 3 大部分。我国现代工业始于 1860 年前后，但是工业的发展非常缓慢。接下来，本书具体从以下几个方面分析 1840—1937 年近代中国新式工业发展的基本特点。

（1）新设工业企业数量缓慢上升

图 2-1 所统计的是 1858 年到 1937 年近代中国新式工业企业新设立数量，从新设企业的趋势来看，近代新式工业企业新设数量总体上呈不断上升态势。但是，具体从每年新设企业数量曲线来看，第一阶段为 1840—1894 年，每年新式工矿企业设立的数量非常少，尤其是 1886 年前，每年新增数量仅为个位数。1887 年后开始有上升的趋势，从数量上来看，每年新增工业企业数量超过 10 家。但总体来看，自第一家工矿企业设立后一直到 19 世纪末，近代工矿业的发展非常缓慢，在这个时期大多数年份每年新增企业数量平均为 10 家左右，如果再算上倒闭的企业数则可以想象这个时期工矿企业实存数之少。

第二阶段为 1895—1911 年，这一阶段每年新增新式工业企业数量有加速趋势，1895 年中日《马关条约》等一系列条约的签订，允许外资在国内投资设厂，民族工业企业每年新增数量也有明显增加，超过 30 家，多的达到 45 家。从 1905 年开始，每年新设工业企业数量开始不断增多，1904 年新设企业数为 40 余家，而 1905 年则迅速增长到 90 家，比 1904 年新设企业数增加 1 倍

---

① 杜恂诚．中国的民族资本主义（1927—1937）［M］．上海：上海财经大学出版社，2019：338-385.

② 潘君祥，沈祖炜．近代中国国情透视——关于近代中国经济、社会的研究［M］．上海：上海社会科学院出版社，1992：78.

③ 戴鞍钢，阎建宁．中国近代工业地理分布、变化及其影响［J］．中国历史地理论丛，2000，（1）：139-161.

多，在1907年达到这一时期新增工业企业数量的高峰。之后虽有所下降，但相对上一时期数量依然较多。1911—1912年，新设企业数量有所下降，这与政治变动有很大关系，但是1913年数量又开始回升。

第三阶段为1912—1926年，这一阶段新式工业企业新增数量进一步增加，每年新增数量均超过60家，到1921年达到这个时期新设企业的一个高峰，这一年新设企业数量达到200家之多。由于“欧战”以及民族资本的强势发展，这一时期工业的发展达到新的高峰。1921年后每年新增数量开始下降，1925年稍有回升。总的来看，1921—1926年这段时期新式工业企业新增数量均在100家以上。

第四阶段为1927—1937年，由于这一阶段未明确标明设立时间的企业较多，在具体的数据上可能存在较大误差，但总体来看，这十年新式工业企业有了新的发展，尤其在1933年达到高峰，同时也达到这一历史时期新设企业数量的高峰，之后开始回落。经历1931—1933年的新设企业数量上升后，1934年开始下降。

总体上，1840—1937年这一时期我国工业在曲折中缓慢发展。新式工业企业新增数量虽有所反复，但从整体来看是呈上升趋势的。1886年之前，新式工业企业数量增加非常少，而进入19世纪90年代后，开始上升，尤其是在1900年之后，新式工业企业的发展达到清末工业发展的高峰。进入北洋政府时期，民族资本主义有了进一步发展。1927—1937年，较稳定的国内环境也为近代工业的发展提供了条件。

接下来，本书对历史时期进行阶段划分以具体观察每个阶段工业企业的发展情况。以下对1840—1937年新式工业企业新设情况进行分析。

本书将这一历史时期划分为4个阶段，分别为1840—1894年、1895—1911年、1912—1926年、1927—1937年。各时期新设工业累计数量是对统计数据中不同年份相应阶段的新设企业数量的累计加总。平均每年新设企业数量，是将新设企业累计加总数/这一阶段的年数。其中1840—1894年这一阶段由于1858年才设立第一家新式工业企业，因此这一时期的年份从1858年开始计算。得到相关数据见表2-1。

第一阶段为1840—1894年，自第一家新式工业企业成立之后到清末发展比较缓慢，从1858年设立第一家新式工业企业算起，至1894年，新设工业企业累计设立数量为172家，平均每年新增仅4.6家。第二阶段为1895—1911年，新设工业企业累计977家，平均每年新设57.5家。这一阶段相较于

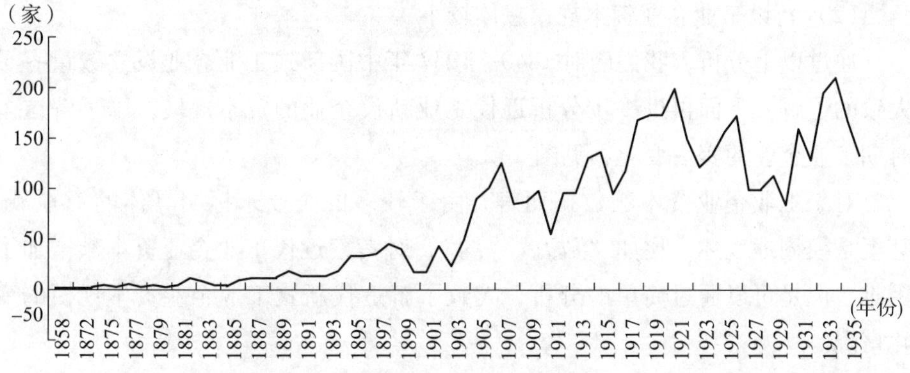

图 2-1　近代中国新式工业企业新设立数量（1858—1937 年）

资料来源：杜恂诚．民族资本主义与旧中国政府（1840—1937）［M］．上海：上海社会科学院出版社，1991：286-501.

杜恂诚．中国的民族资本主义（1927—1937）［M］．上海：上海财经大学出版社，2019：308-385.

注：1840—1927 年共有 3462 条工业企业数据，但其中未标明设立时间的企业共 86 家。1928—1935 年共有 1290 条工业企业数据，其中未标明设立时间的企业 214 家。

上一阶段有了明显的增加。在第三阶段 1912—1926 年，新设工业企业累计数量为 2131 家，平均每年新设企业数为 142 家。这一阶段与上一阶段相比，在相同的时间内，新增数量是其 2 倍多，平均每年新设企业数也是上一阶段的 2 倍多。无论从新设累计数还是平均每年新设企业数来看，1912—1926 年都是近代新式工业企业发展的黄金时期。1927—1937 年新设工业企业累计数达到 1629 家，平均每年新设数量为 163 家，在这一阶段，中国工业也有较好的发展，结合图 2-1 来看，工业企业的发展达到新的高度。

表 2-1　近代中国新式工业企业新设数量对比（1840—1937 年）

时间	新设工业企业累计数（家）	平均每年新设企业数（家）
1840—1894 年	172	4.6
1895—1911 年	977	57.5
1912—1926 年	2131	142
1927—1937 年	1629	163

资料来源：杜恂诚．民族资本主义与旧中国政府（1840—1937）［M］．上海：上海社会科学院出版社，1991：286-501.

杜恂诚．中国的民族资本主义（1927—1937）［M］．上海：上海财经大学出版社，2019：308-385.

注：其中 1927—1937 年的统计数据中包括未标明设立时间的 214 家企业，虽然这些企业未标明具体的年份，但可以确定的是它们均是在这一时期设立。

（2）新设工业企业资本规模总体较小

通过以上分析，我们已对1840—1937年中国新式工业企业设立数量有了大致的了解，下面再进一步分析近代工业新设企业的资本规模，以了解这个时期工业企业的实力变化，见图2-2。

对于工业企业资本额数据而言，由于较多的企业未标明具体的资本额，甚至是模糊地表述，比如“数万”“约”，对考察近代工业企业资本额增加了困难，但是可以通过简单的分析，大致了解近代新式工业企业资本规模的变化情况。

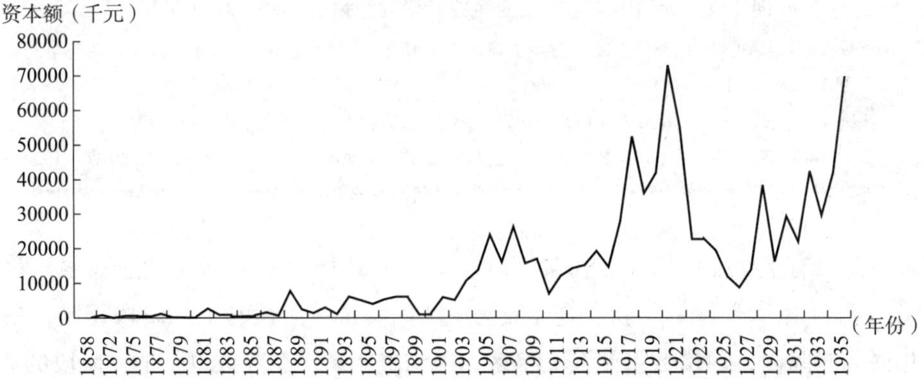

图2-2 近代中国新式工业每年新设立企业资本额（1840—1937年）

资料来源：杜恂诚．民族资本主义与旧中国政府（1840—1937）［M］．上海：上海社会科学院出版社，1991：286-501.

杜恂诚．中国的民族资本主义（1927—1937）［M］．上海：上海财经大学出版社，2019：308-385.

由图2-2可见，这一阶段每年新设企业资本总额的变化情况，从总体趋势来看，大致与新设企业数量的变化趋势是一致的。1858年到19世纪末的几十年里，新设企业数量变化不大，资本总额的变化趋势也不是很明显。1905年之后，随着新设企业数量的增加，资本总额也不断增长，1912年略微下降。进入北洋政府时期，开始迅速增长，到1921年新设企业资本总额数达到七千多万元，是这个时期的最高点，之后开始下降，1927年到达这一时期的最低点。从1928年开始，资本总额迅速增长。总体来看，新式工业企业的资本规模还是较小。

2.2 近代中国工业发展的地区特征与行业特征

2.2.1 近代中国工业发展的地区特征

为了研究近代中国工业的地区分布情况及特征，本书选取近代中国工业企业为研究对象。基础数据主要来自杜恂诚的《民族资本主义与旧中国政府（1840—1937）》以及《中国的民族资本主义（1927—1937）》，并使用刘大均的《中国工业调查报告》进行稳健性探讨。

对《民族资本主义与旧中国政府（1840—1937）》和《中国的民族资本主义（1927—1937）》中所列的近代中国新式工业企业设立情况进行分析，将1937年前中国不同省份新设工业企业的数量累计加总，得出表2-2数据。

表2-2 不同省份新设工业企业累计数量

省份	数量（家）	省份	数量（家）	省份	数量（家）
江苏	1879	湖南	105	贵州	13
广东	350	山西	85	甘肃	12
河北	348	安徽	84	热河	12
浙江	343	河南	82	绥远	8
山东	303	江西	74	新疆	4
湖北	275	广西	53	宁夏	2
吉林	225	黑龙江	53	青海	1
四川	187	云南	49	西藏	1
辽宁	151	陕西	28	西康	1
福建	113	察哈尔	19		

资料来源：杜恂诚．民族资本主义与旧中国政府（1840—1937）[M]．上海：上海社会科学院出版社，1991：286-501.

杜恂诚．中国的民族资本主义（1927—1937）[M]．上海：上海财经大学出版社，2019：308-385.

注：其中1858—1927年数据中有26家新式工业企业未注明具体省份，1928—1936年数据中2家企业未注明具体省份。

从表2-2数据可以看出，近代中国几乎每个省份均有新式工业企业的设立。从数量上看，累计设立数量最多的为江苏省，1879家，占新式工业企业累计设立数量的近39%。其次是广东省，350家。河北省、浙江省仅次之，分别为348家、343家。山东省新式工业企业设立数量累计也超过300家。整体来看，新式工业企业累计设立数量超过100家的有11个省，除上述省份外，还有湖北275家、吉林225家、四川187家、辽宁151家、福建113家和湖南105家。新式工业企业累计设立数量在50~100家的省份有6个，分别为山西85家、安徽84家、河南82家、江西74家、广西53家、黑龙江53家。新式工业企业累计设立数量为10~50家的有6个，分别为云南49家、陕西28家、察哈尔19家、贵州13家、甘肃12家、热河12家。新式工业企业累计设立数量不足10家的有绥远8家、新疆4家、宁夏2家、青海1家、西藏1家、西康1家。

从以上数据可以看出，近代中国新式工业企业设立较多的省份基本上处于沿海地区。中国沿海地区河北、辽宁、山东、江苏、浙江、福建、广东均超过100家。此外，中部的湖北、东北的吉林以及西部的四川新设工业企业数量也较多。新式工业企业设立较少的省份均位于西部，西北部的新疆、宁夏、青海，西南的西藏、西康，所设企业数量均不超5家。

从近代新式工业企业设立的地区情况来看，存在较大的地区差异，且以江苏、河北、山东、广东等沿海省份为主，而西部地区设立数量非常少。

从新设企业资本额看，本部分使用的依然是杜恂诚的《民族资本主义与旧中国政府（1840—1937）》和《中国的民族资本主义（1927—1937）》中的数据。由于很多企业未标明资本额，对测算各省份的资本实力情况带来了困难，但是为了观测资本额的地区差异，对资本额的分析依然有意义。

从表2-3中各省份新式工业企业资本总额可以看出，资本规模最多的省份是江苏省，达到32106.9万元，这与该省份新式工业企业设立数量有关，尤其是上海（当时上海为特别市，但为了分析方便将上海归为江苏省）。其次是河北省，不仅所设工业企业数量相对较多，而且设立较多资本规模较大的采矿企业和官僚资本企业，因此近代河北的资本规模仅次于江苏。此外，广东、浙江、山东、湖北等省份资本规模也均较大。然而，贵州、甘肃、绥远、宁夏、青海等省份资本规模偏小，而西藏和西康各设立的1家企业则无资本额数据。

整体上，从资本规模来看也存在较大的地区差异，基本情况与新设工业企业数量相似，沿海省份资本规模较大，而西部偏远地区规模较小。

表 2-3 不同省份新式工业企业资本总额（万元）

省份	资本额	省份	资本额	省份	资本额
江苏	32106.9	湖南	2198.1	贵州	98.4
广东	5798.0	山西	2328.1	甘肃	103.2
河北	12400.3	安徽	1418.6	热河	644.4
浙江	3873.3	河南	1729.3	绥远	186.0
山东	5660.4	江西	1231.4	新疆	867.0
湖北	6229.8	广西	658.4	宁夏	15.0
吉林	6058.8	黑龙江	635.1	青海	2.0
四川	2786.5	云南	3957.3	西藏	—
辽宁	3056.8	陕西	662.1	西康	—
福建	1681.5	察哈尔	232.3		

资料来源：杜恂诚．民族资本主义与旧中国政府（1840—1937）［M］．上海：上海社会科学院出版社，1991：286-501.

杜恂诚．中国的民族资本主义（1927—1937）［M］．上海：上海财经大学出版社，2019：308-385.

近代工业数据较为缺乏，同时调查机构和调查时间不同，所调查的地区也有所差异。例如，1930 年工商部的调查涉及江苏、浙江、安徽等 12 个省，并且每个省并非对全部城市都进行了调查，只是抽取部分城市。其中江苏省调查的城市最多，有 9 个，山东、广西等省份调查的城市最少，只有 1 个，调查内容包括资本额、原动力机每年出品总值。①② 由于只是抽样调查，难以真正了解各省工业发展情况。1935 年上半年也有部门对中国部分省市工厂及工人数进行过调查，这次调查范围为 11 个省（包括江苏、浙江、安徽、山东、河北、湖南、山西、陕西、云南、江西、河南）及 7 个市（包括南京、上海、青岛、北平、天津、汉口、威海卫）。③④ 同样难以观察全国范围的情况。为了进一步验证以上分析数据的可靠性，本书使用《中国工业调查报告》中相关数据进行分析，本书使用这一数据的原因为该资料调查范围广泛，且

① 申报年鉴社．申报年鉴全编（2）［M］．北京：国家图书馆出版社，2010：238-239.

② 根据所列示的数据资料进行整理。调查的范围包括江苏（9 个城市）、浙江（3 个城市）、安徽（2 个城市）、江西（2 个城市）、湖北（5 个城市）、山东（1 个城市）、辽宁（8 个城市）、吉林（5 个城市）、黑龙江（7 个城市）、广东（6 个城市）、广西（1 个城市）、福建（2 个城市）。

③ 申报年鉴社．申报年鉴全编（2）［M］．北京：国家图书馆出版社，2010：104.

④ 江苏的数据没有包括南京和上海、河北不包括天津和北平、山东不包括青岛和威海卫、湖北不包括汉口。

具有较强的可信度。该资料中调查数据包括全国 21 个省市 16 个行业劳动力、资本额、产品价值、工厂数等 171 项内容，是这一时期最具权威性和可靠性的工业调查数据。

表 2-4 是根据 1933 年《中国工业调查报告》计算出的不同地区工厂数、资本总额。从表 2-4 可以看出，不同地区工业发展情况存在较大差异。就工厂数而言，最多的是江苏省（包括上海市、南京市），为 6168 家，其次为河北省，为 2579 家（包括北平市、天津市），然而河北省工厂数量不足江苏省的一半。次之为四川省 2097 家，广东省（包括广州市）1851 家。设立工厂数最少的省份是察哈尔仅，有 6 家。

从资本总额看，最多的依然是江苏省，高达 25161. 82 万元，河北省资本总额为 6755. 90 万元，约为江苏省的 1/4。山东省资本总额为 3168. 58 万元，仅次于河北省，虽然山东省的工厂数不算多，但是从资本总额看相较其他省份均高，可见山东省工厂的资本实力较为雄厚。然而资本总额最少的察哈尔仅有 1. 38 万元，陕西省虽然从工厂数量来看不算少，但资本总额仅有 18. 11 万元，工厂的资本实力相对较弱。绥远资本总额为 95. 11 万元，也不足百万元。

从表 2-4 可以看出，20 世纪 30 年代中国地区间工业发展极不平衡，但是 20 世纪 30 年代中国工业基本上遍布全国各省。

表 2-4 各省工业发展情况（1933 年）

省份	工厂数（家）	资本总额（万元）
安徽	747	295. 87
察哈尔	6	1. 38
福建	397	800. 6
广东	1851	1675. 77
广西	127	192. 79
河北	2579	6755. 90
河南	254	897. 95
湖北	828	2618. 07
湖南	233	497. 88
江苏	6168	25161. 82
江西	289	546. 95

续表

省份	工厂数（家）	资本总额（万元）
山东	920	3168.58
山西	118	1627.18
陕西	104	18.11
四川	2097	1042.48
绥远	16	95.11
浙江	1801	1629.67

资料来源：刘大均．中国工业调查报告（中册）[Z]．经济统计研究所，1937.

注：南京国民政府成立后，先后设立南京特别市、上海特别市、北平特别市、天津特别市、青岛特别市和广州特别市。在刘大均的调查统计数据中也将这几个市单独计算，本书在进行分析时，为了分析的统一性，将其分别并入相应省份进行计算，南京、上海并入江苏省，北平、天津并入河北省，青岛并入山东省，广州并入广东省。刘大均数据中未统计东北三省。

表2-5是东、中、西部的工业发展情况。从数据上看，东、中、西部地区的工业发展情况相差甚大，东部省份工厂数为13716家，中部省份为2469家，西部省份为2350家。东部地区都是沿海省份，也是近代中国工业最发达的地区。从工厂数量来看，中、西部相差不是特别大。从资本额来看，东、中、西部相差甚大，其中东部地区资本额为39192.34万元，而中部地区资本额为6483.90万元，只占东部省份资本额的约1/6。西部地区资本额仅有1349.87万元，约是中部地区的1/5，东部省份的1/30。

从统计数据看，东、中、西部所涉省份数量大致相同，均为5个。东部地区包括河北、山东、浙江、福建、广东5省；中部地区包括山西、河南、湖北、湖南、江西5省；西部地区包括四川、陕西、广西、绥远和察哈尔。但是工业发展程度相差甚大，近代中国工业高度集中于东部沿海地区，而中、西部地区较少，资本额相差更大。近代工业总体呈东密西疏的空间结构特征。

表2-5　东中西部的工业发展情况（1933年）

区域	工厂数（家）	资本额（万元）
东部	13716	39192.34
中部	2469	6483.90
西部	2350	1349.87

资料来源：刘大均．中国工业调查报告（中册）[Z]．经济统计研究所，1937.

注：刘大均统计的数据未含东北三省。东部省份包括数据中的江苏、河北、山东、浙江、福建、

广东，以及北平特别市、天津特别市、南京特别市、上海特别市、青岛特别市和广州特别市。中部省份包括山西、河南、湖北、湖南、江西5省。西部地区包括统计数据中的四川、陕西、广西、绥远和察哈尔。

综上，本书进一步探讨了近代中国工业发展的地区特征，近代工业高度集中于东部沿海省份，而西部地区相对较少，区域分布严重不平衡。

2.2.2 近代中国工业发展的行业特征

接下来，进一步探讨近代中国工业发展的行业特征。本部分使用的数据为杜恂诚的《民族资本主义与旧中国政府（1840—1937）》和《中国的民族资本主义（1927—1937）》中所列的近代中国新式工业企业资料。由于《民族资本主义与旧中国政府（1840—1937）》和《中国的民族资本主义（1927—1937）》两本书所列的行业有所不同，因此将两种数据分开分析。

首先对《民族资本主义与旧中国政府（1840—1937）》中的工业企业资料进行分析，此资料为1840—1927年每年新设工业企业情况，所涉及的行业主要有37类，可见近代中国工业行业门类已经非常全面。通过对1840—1927年不同行业各年份设立企业数量进行累加，得到表2-6数据。

从数据可以看出，不同行业1840—1927年新设企业累计数量存在较大差异。数量最多的行业是缫丝业，为409家。其次是航运业，为405家，由于国际贸易迅速发展，随着通商口岸延伸到内地，沿江沿河地区的航运业也随之发展起来，航运业的发展带来了运输成本的大幅下降，促进了地区间贸易的增长。因此，航运业工业企业数量是非常多。水电业是进行城市建设和工业发展的基础，因此水电业企业数量也非常多，为359家。此外，纺纱业、染织业、面粉业、火柴业、榨油业等均是近代中国工业发展的重点行业，所设立数量也是较多。其他行业如饮料业、精盐业、制茶业、制搪瓷器皿等企业数量则均较少。

表2-6 各行业新设企业累计数量（1840—1927年）

行业	数量（家）	行业	数量（家）	行业	数量（家）
纺纱业	110	火柴业	152	精盐业	11
染织业	207	造纸业	56	杂种食品业	19
轧花业	12	印刷业	64	机器工业	92
织麻业	8	卷烟业	59	酸、碱、苏打晶等	15
呢绒业	34	榨油业	150	制搪瓷器皿	11

续表

行业	数量（家）	行业	数量（家）	行业	数量（家）
丝织业	81	制蛋业	22	涂料、染料、油墨等	15
其他纺织业	30	饮料业	9	烛皂业	72
服用品业	63	制茶业	13	制药业	37
缫丝业	409	制糖业	10	化妆品及其他化学工业	25
面粉业	250	酿酒业	19	制材业	40
碾米业	43	罐头业	19	水电业	359
杂项工业	51	燃料等采掘业	181	金属采掘及冶炼业	93
航运业	405				

资料来源：杜恂诚．民族资本主义与旧中国政府（1840—1937）［M］．上海：上海人民出版社，2014.

接下来，继续分析1928—1937年的数据。数据来自《中国的民族资本主义（1927—1937）》，工业所属行业类型略有不同，大致有30类，其中一些行业相较于以上数据有合并，也有新增加的行业类型，见表2-7。总的来看，这一时期行业种类更加完善。

从表2-7中，行业企业数量看，水电业是新设企业最多的行业，这与其工业基础性功能有关。其次是采矿冶炼业，新式工业的发展需要动力能源，煤是发展机器工业的重要资源，因此这一时期采矿业企业新增较多。水泥业、丝织业、制糖业等新增企业数量相对较少。其他行业新设企业数量也均有不同程度的增加。整体上看，近代工业存在较大的行业差异。

表2-7　各行业新设企业累计数量（1927—1937年）

行业	数量（家）	行业	数量（家）	行业	数量（家）
棉纺织业	62	砖瓦制瓷业	28	食品业	15
染织业	67	玻璃业	31	制材业	18
丝织业	13	造纸业	20	机器工业	51
缫丝业	24	出版印刷业	87	水电业	171
呢绒业	61	酸、碱、化学原料业	29	电器、电料、电化业	26
其他纺织服用品业	21	肥皂、化妆品及其他化学工业	30	电话、通信、市内交通	24
面粉碾米业	94	涂料、染料、油墨业	28	交通运输业	74
火柴业	78	橡胶业	66	制药业	32

续表

行业	数量（家）	行业	数量（家）	行业	数量（家）
卷烟业	44	制盐业	22	杂项工业	54
水泥业	8	制糖业	14	采矿冶炼业	156

资料来源：杜恂诚．中国的民族资本主义（1927—1937）［M］．上海：上海人民出版社，2019：308-385.

从行业资本规模来看，不同行业存在较大的差异。从表 2-8 1840—1927 年数据可以看出纺纱业的累计资本额是最多的，纺纱业是近代中国工业发展的重点行业，不仅数量较多，其资本规模也较大。此外，缫丝业、面粉业、航运业、燃料等采掘业、水电业资本额也均较多。对于资本额的分析存在一定的缺陷，很多企业资本额的数据缺失，或者相关描述模糊，因此无法准确地分析行业资本规模的情况，但是从现有的数据来看，较符合近代工业发展的行业特征。

表 2-8　各行业新设企业累计资本额（1840—1927 年）

行业	资本额（万元）	行业	资本额（万元）	行业	资本额（万元）
纺纱业	135988	火柴业	11573	精盐业	5190
染织业	12048	造纸业	20498	杂种食品业	4215
轧花业	985	印刷业	8588	机器工业	9540
织麻业	1420	卷烟业	9892	酸、碱、化学原料业	3951
呢绒业	15372	榨油业	16643	制搪瓷器皿	820
丝织业	5834	制蛋业	1572	涂料、染料、油墨业	770
其他纺织业	2115	饮料业	1003	烛皂业	4006
服用品业	4045	制茶业	1893	制药业	2030
缫丝业	29973	制糖业	7833	化妆品及其他化学工业	3301
面粉业	47515	酿酒业	3630	制材业	15413
碾米业	2144	罐头业	847	水电业	71619
杂项工业	3789	燃料等采掘业	81657	金属采掘及冶炼业	21774
航运业	43726				

资料来源：杜恂诚．民族资本主义与旧中国政府（1840—1937）［M］．上海：上海人民出版社，1991：286-501.

从表2-9 1927—1937年的各行业新设企业累计资本额看，水电业，棉纺织业，采矿冶炼业，电器、电料、电化业，制糖业等资本额均较高。相较而言，丝织业、缫丝业、制材业、玻璃业的资本额则相对较少。这一时期的投资重点依然是水电业、采矿冶炼业等基础行业，同时棉纺织业、化学工业也是重点行业。

表2-9　各行业新设企业累计资本额（1927—1937年）

行业	资本额（万元）	行业	资本额（万元）	行业	资本额（万元）
棉纺织业	38880	砖瓦制瓷业	2350	食品业	10133
染织业	6839	玻璃业	992	制材业	699
丝织业	512	造纸业	8953	机器业	16567
缫丝业	750	出版印刷业	5158	水电业	40369
呢绒业	4314	酸、碱、化学原料业	12897	电器、电料、电化业	29613
其他纺织服用品业	1059	肥皂、化妆品及其他化学工业	1186	电话、通信、市内交通	6296
面粉碾米业	18112	涂料、染料、油墨业	1962	交通运输业	27105
火柴业	6866	橡胶业	2726	制药业	1356
卷烟业	4581	制盐业	5299	杂项工业	3591
水泥业	8135	制糖业	24098	采矿冶炼业	49084

资料来源：杜恂诚．中国的民族资本主义（1927—1937）［M］．上海：上海人民出版社，2019：308-385.

以上通过对不同行业的新式企业数量和资本额的分析，可以看出，无论是从数量还是资本规模，近代中国工业均存在较大的行业差异。由于近代工业数据的缺乏，对其分析还有进一步探讨的空间。

2.3 本章小结

本章分析了晚清至1937年近代中国工业发展背景及发展过程，并对近代工业发展的特征进行了分析。这为之后分析近代中国工业的空间扩散提供了基本资料数据。从历史发展来看，本书将这一时段工业的发展分为4个阶段：1840—1894年、1895—1911年、1912—1926年、1927—1937年。从数据来看，本书主要使用杜恂诚的《民族资本主义与旧中国政府（1840—1937）》

和《中国的民族资本主义（1927—1937）》，以及刘大均的《中国工业调查报告》。

首先，本书对近代工业发展的演进历史进行了分析，第一阶段 1840—1894 年，在清政府签订一系列不平等条约后，外国资本开始在一些开埠通商口岸开设工厂。清政府在“自强求富”的口号下，创办了一些军事工业企业和民用企业。这期间虽然也有民族资本的身影，但是较少。总体而言，这一时期中国新式工业的发展相对缓慢。第二个阶段 1895—1911 年，对于近代工业而言，一般学者认为从 1895 年后我国民族工业开始发展并超过前期，尤其是 1905 年后，中国工业发展出现了一个短暂高潮。学者们认为影响这一时期工业发展的因素有：奖励实业的政策、爱国运动等。第三个阶段 1912—1926 年，学者们普遍认为“欧战”的爆发为这一时期工业的发展提供了有利的契机。“一战”期间，工业进一步发展壮大。民族工业在这一时期释放出活力，也有较大的增长。第四个阶段 1927—1937 年，这一时期近代新式工业有了加速增长，1931 年后由于内忧外患，近代中国工业发展受到影响。对于影响这个时期工业发展的因素，有学者认为关税自主在一定程度上保护了民族工业；有学者认为统税改革影响了工业的发展，也有学者认为市场的变化对工业的发展产生重要影响；政治环境、汇率以及物价的变动在这一时期也是影响工业发展的因素。

其次，分析了近代中国工业发展的特征，对这一时期新式工业企业设立的数量及资本额进行分析发现：①近代新式工业企业数量在曲折中增加。通过分析发现，虽然新式工业企业在发展过程中有起伏，但是依然有所增加与发展。从新式工业企业数量看，1895 年前新设数量非常少，尤其是 1886 年前工业发展相当缓慢。1895 年后新式工业企业数量开始上升，并且在 1905 年前后达到高峰。进入北洋政府时期，新式工业企业数量呈现较快增长，尤其到 1921 年达到近代工业发展的第二个高峰。1927—1937 年，近代工业因受到一些政治及国际环境的影响，存在波动，但总体趋势还是增加的。②近代中国工业资本规模总体偏低。在对新式工业企业资本规模进行分析后可以发现，其发展轨迹与新设企业数量基本一致，在曲折中增加，但总体来看资本规模偏小。

最后，本书分析了近代工业发展的地区特征和行业特征。从结果来看：①近代工业发展存在明显的地区差异，从工业发展的地区分布来看，工业基本上集中于沿海各省，江苏省、山东省、河北省、浙江省、广东省均有较多新式工业企业的设立，而西部地区的新疆、西藏、青海、宁夏等省份所设新式工业企业的数量非常少。②从行业来看，近代工业的发展存在较大的行业差异。不同行业的新式工业企业数量存在较大差异，在棉纺织业、航运业、水电业、面粉业、火柴业等行业均有较多企业设立，有一些行业设立企业数量相对较少。

第3章　近代中国工业的空间演变与分布特征

第2章主要对近代中国工业发展的历史进行了简要梳理，并初步分析了近代中国工业发展的基本特征。然而，近代中国工业发展过程中空间分布情况如何，演变特征是怎样的，是否存在空间的扩散现象，扩散的动力是什么，这些问题十分重要。因此，接下来进一步探讨近代中国工业的空间演变与分布特征。

本章首先将近代中国工业的空间演进历程分为4个时间段，考察不同时期近代工业企业的空间分布的基本情况，以助于形成对近代工业空间最基础的认知；其次对近代中国工业的空间分布特征进行探讨，为进一步分析近代工业的空间扩散模式和动力奠定基础。最后，对本章的内容进行小结。

对近代中国工业的空间分布情况与扩散特征的分析，需要选取能够代表近代工业发展的数据，以展现不同时期、各个地区工业空间分布情况。近代工业数据相对缺乏，没有对近代工业企业的连续的调查数据。虽然有《农商统计表》，以及相关的几次调查统计，但是时间上没有连续性，并且统计口径不同，调查统计的地区和行业也存在一定的差异。因而数据的可靠性和适用性是本书面临的一大挑战。

本书使用杜恂诚的《民族资本主义与旧中国政府（1840—1937）》及《中国的民族资本主义（1927—1937）》中新式工业企业设立的相关资料，使用此数据的原因：一方面是该数据引用较多，具有一定的说服力；另一方面是该数据资料涉及地区最广、工业行业类型最为完备，是进行工业分析较为理想的数据。需要说明的是：①这组数据所涉及企业为中国民用工矿业；②工矿企业系创办资本额在1万元以上者；③资本额不详，但是根据其他史料可以进行推断其资本额达到或者超过1万元的企业也统计在内；④统计数据中包括中外合办企业。这组数据所涉及内容包括新设企业名称、设立时间、所属行业、所在地、资本、经营性质等，跨越1858年至1937年江苏、浙江、河北、湖北、广东等29个省份的企业信息。本书在进行数据整理时，主要选取企业设立时间、所在地、所属行业来建立各地区1858—1937年每年新设企业数量的数据集。本书在对这部分数据进行处理时，将原数据中企业所在地匹配到20世纪20年代中国各县，将各地区每年新设企业进行合并，汇总得到每年各县新设企业数量。以县、省为单位对近代中国工业的空间演变和分布特征进行分析，以期获得较有价值的结论。

3.1 近代中国工业的空间演变

本书基于杜恂诚的《民族资本主义与旧中国政府（1840—1937）》及《中国的民族资本主义（1927—1937）》中新式工业企业设立的相关资料，构建近代工业企业的县级数据集，通过对近代不同时期工业分布情况的分析，来探讨近代工业的空间格局及演化过程。

近代中国工业发展客观上存在一定的历史阶段性，根据上一章对近代中国工业发展史的回顾，在本书研究的时期内，即1840—1937年，将近代中国工业发展划分为4个阶段。因此，本书在进行分析时以这4个阶段作为基准，动态展现不同时段近代工业空间演变及其特征。本书选取1895年、1912年、1926年、1937年作为企业空间演化特征分析的时间节点，对近代工业企业进行空间分析。1840—1894年为近代中国工业的萌芽及起步阶段。其中1840—1858年是近代中国工业的萌芽期，创办企业数据较少，且多为外资企业，因此并未单独进行分析。1858—1894年新设的工业企业数量有一定的增长，是近代工业的起步期。1895—1911年是清末中国工业的一个加速发展期。1912—1926年处于北洋政府时期，近代工业在这一时期出现快速发展。1927—1937年，这一时期新设工业企业数量处于稳步增加阶段。

3.1.1 1840—1894年中国工业空间分布

本书首先将1840—1894年各省份每年新设工厂数进行累加，通过将数据合并计算，得到表3-1。由表3-1可知，1895年前，全国新设工业企业数量累计为162家，分布于18个省份。其中江苏省和广东省新设工业企业数量最多，均为54家，两个省新设企业占比超过66%。其次为湖北省新设工业企业数量累计为11家，河北省（直隶）为9家，山东省为8家，其余各省新设企业数量均较少。

从新式工业企业分布情况看，主要分布在沿海省份，河北省、山东省、江苏省、浙江省、福建省、辽宁省均有设立。沿海省份新设工业企业数量为133家，占总数的82.1%。中部的安徽省、湖北省、山西省，新设工业企业数量为16家，占比为9.87%。西部的甘肃，西南部的广西、四川、云南、贵州，热河及吉林、黑龙江也有少数新设工业企业。新设工业企业数量共为13家，占比仅为8%。整体来看，这一时期中国工业主要分布于沿海省份，内陆地区仅有零散分布。

从各省内新式工业企业分布来看，广东省分布于6个县（市），包括广州、南海县、顺德县、中山县、汕头县及昌江县，其中顺德县新设工业企业数量最多为36家，其他各县数量均较少。河北省（直隶）分布于5个县（市），分别是北京、磁县、滦县、天津、临城县，由于这一时期河北省新设工业企业数量较少，因此每个县所设企业也均较少。江苏省分布于4个县（市），分别为上海、奉贤县、涟水县、铜山县，其中上海的新设工业企业数量最多，为50家。山东省、湖北省也分布于5个县，且各县所设数量均较少。其余各省均仅在一两个县有企业设立。因此，从这一时期各省工业分布来看，可以分为以下几种情况：①零散分布于若干县，且有一县数量较多，如广东省、江苏省。②零散分布于若干县，且数量均较少。如河北省、山东省、浙江省、湖北省。③仅分布于一两个县，且数量极少。如福建省、安徽省、广西省（现为广西壮族自治区）、山西省等。

从各省设立的新式工业企业所属行业看，江苏省所涉行业最多，有纺纱业、航运业、火柴业、机器工业、面粉业、燃料采掘业、缫丝业、轧花业、印刷业、造纸业、榨油业、制革业、制药业等；其次为广东省，有航运业、火柴业、金属采掘业、缫丝业、水电业、造纸业、榨油业、制糖业等。此外，湖北省、河北省、山东省、浙江省等所涉行业也较多。部分内陆省份，如云南、热河、贵州以及黑龙江和吉林企业所属行业单一，均为金属采掘业。

表 3-1 1840—1894 年各省份新设工业企业情况

省份	县（市）数（个）	企业数（家）	行业
河北（直隶）	5	9	燃料等采掘业、金属采掘业、面粉业、火柴业、水泥制造业（5种）
山东	5	8	航运业、金属采掘业、燃料采掘业、缫丝业（4种）

续表

省份	县（市）数（个）	企业数（家）	行业
江苏	4	54	纺纱业、航运业、火柴业、机器工业、面粉业、燃料采掘业、缫丝业、轧花业、印刷业、造纸业、榨油业、制革业、制药业（13种）
浙江	4	5	航运业、缫丝业、轧花业、制茶业（4种）
福建	1	2	金属采掘业、制茶业（2种）
广东	6	54	航运业、火柴业、金属采掘业、缫丝业、水电业、造纸业、榨油业、制糖业（8种）
安徽	2	4	航运业、金属采掘业、燃料采掘业（3种）
广西	2	2	燃料采掘业、金属采掘业（2种）
湖北	5	11	纺纱业、金属采掘业、燃料采掘业、缫丝业、轧花业、杂项工业、榨油业（7种）
山西	1	1	火柴业（1种）
四川	1	2	火柴业（1种）
黑龙江	1	1	金属采掘业（1种）
吉林	2	2	金属采掘业（1种）
辽宁	1	1	燃料采掘业（1种）
云南	1	1	金属采掘业（1种）
甘肃	1	1	呢绒业（1种）
贵州	1	1	金属采掘业（1种）
热河	2	3	金属采掘业（1种）

资料来源：杜恂诚．民族资本主义与旧中国政府（1840—1937）[M]．上海：上海社会科学院出版社，1991.

3.1.2 1895—1911年中国工业空间分布

这一时期中国新设工业企业数量累计为992家，是上一时期新设工业企业数量的6倍之多。分布于24个省，除沿海各省及东北三省外，亦向内陆扩散，湖南、河南、江西、陕西、新疆等地均有新式工业企业的设立（见表3-2）。

从各省份新设工业企业数量看，新设工业企业累计超过100家的省份有3个，分别为江苏省、广东省、湖北省。其中江苏省新设企业数量最多为291家，占比29.33%。与上一时期相比亦有明显增加，增长5倍之多。其次为广东省和湖北省，分别为108家和101家。新式工业企业新增数累计在50~100

家的有2个省，分别为浙江省和河北省，新设工业企业数量分别为83家和72家。新式工业企业新增数累计在10（含）~50家的省份有11个，分别为山东（36家）、四川（45家）、福建（39家）、湖南（22家）、山西（10家）、安徽（33家）、江西（27家）、河南（14家）、广西（16家）、辽宁（32家）、吉林（30家）。新式工业企业新增数不足10家的省份有8个，分别为黑龙江（7家），云南省、察哈尔、热河各6家，陕西省、贵州各3家，甘肃、新疆各1家。从新式工业企业分布上看，依然沿袭上一时期的基本格局，以沿海为主，并向内陆地区扩散；从数量上看，沿海省份新设工业企业数量较多，而内陆省份，尤其是西部地区新设数量均较少。

在近代新式工业向内陆省份扩散的同时，各省内也存在扩散现象。从各省工业企业分布情况看，有新式工业企业的县（市）数量也有较多增加。比如江苏省上一时期有新式工业企业设立的县（市）为4个，而这一时期则增加到26个，存在明显的省内扩散现象。河北上一时期5个县（市）有新式工业企业设立，而这一时期则增加到17个。省内有10个及以上县设立工业企业的省份有10个，除江苏省和河北省外，还有浙江（20个）、广东（11个）、山东（10个）、四川（13个）、福建（10个）、湖南（12个）、安徽（14个）、辽宁（12个）。因此，各省内新式工业企业的设立存在明显的扩散现象。此外，也有省份如甘肃、新疆的工业企业仅设在1个县，近代工业企业在扩散的过程中存在严重的不平衡现象。

从各省设立的新式工业企业所属行业来看，湖北所涉行业最多，有玻璃制造业、服用品业、航运业、化妆品及其他化学工业、火柴业、机器工业、金属采掘业、卷烟业、面粉业、呢绒业、碾米业、酿酒业、燃料等采掘业、染织业、水电业、水泥制造业、印刷业、杂项工业、造纸业、榨油业、织麻业、制材业、制茶业、制蛋业、烛皂业、砖瓦制造业等26种，较上一时期行业类型更加丰富齐全。其他省份所涉行业超过20种的有3个，分别为河北（22种）、江苏（22种）、广东（22种）。所设行业种类在10~20种的有浙江（17种）、山东（15种）、四川（18种）、福建（16种）、安徽（11种）、江西（11种）、辽宁（11种）、吉林（11种）。所设行业种类在5~10种的有湖南（7种）、河南（7种）、山西（5种）、广西（5种）、黑龙江（5种）。所设行业种类不足5种的有热河（4种）、云南（3种）、察哈尔（3种）、陕西（2种）、贵州（2种），而甘肃、新疆均为1种，所属行业均为制革业。

表 3-2 1895—1911 年各省份新设工业企业情况

省份	县（市）数（个）	企业数（家）	行业
河北（直隶）	17	72	纺纱业、服用品业、航运业、火柴业、机器工业、建筑业、金属采掘业、卷烟业、面粉业、呢绒业、酿酒业、燃料等采掘业、染织业、水电业、水泥制造业、印刷业、造纸业、榨油业、制蛋业、制革业、烛皂业、砖瓦制造业（22 种）
广东	11	108	玻璃制造业、服用品业、航运业、化妆品及其他化学工业、火柴业、机器工业、金属采掘业、卷烟业、面粉业、纺织业、染织业、燃料等采掘业、缫丝业、水电业、水泥制造业、酸碱业、印刷业、造纸业、织麻业、制瓷业、制革业、砖瓦制造业（22 种）
江苏	26	291	玻璃制造业、纺纱业、服用品业、罐头业、航运业、火柴业、机器工业、金属采掘业、面粉业、碾米业、燃料等采掘业、染织业、缫丝业、水电业、丝织业、涂料染料、印刷业、造纸业、榨油业、制蛋业、烛皂业、砖瓦制造业（22 种）
浙江	20	83	纺纱业、罐头业、航运业、化妆品及其他化学工业、火柴业、卷烟业、面粉业、碾米业、纺织业、染织业、缫丝业、水电业、丝织业、造纸业、榨油业、烛皂业、砖瓦制造业（17 种）
山东	10	36	玻璃制造业、航运业、火柴业、机器工业、卷烟业、酿酒业、燃料等采掘业、缫丝业、水电业、杂项工业、造纸业、榨油业、制革业、烛皂业、砖瓦制造业（15 种）
湖北	8	101	玻璃制造业、服用品业、航运业、化妆品及其他化学工业、火柴业、机器工业、金属采掘业、卷烟业、面粉业、呢绒业、碾米业、酿酒业、燃料等采掘业、染织业、水电业、水泥制造业、印刷业、杂项工业、造纸业、榨油业、织麻业、制材业、制茶业、制蛋业、烛皂业、砖瓦制造业（26 种）
四川	13	45	玻璃制造业、航运业、火柴业、建筑业、金属采掘业、面粉业、燃料等采掘业、染织业、缫丝业、水电业、印刷业、造纸业、制瓷业、制革业、制糖业、制药业、烛皂业、砖瓦制造业（18 种）
福建	10	39	玻璃制造业、罐头业、航运业、火柴业、机器工业、金属采掘业、燃料等采掘业、染织业、水电业、杂种食品业、制茶业、制瓷业、制糖业、制药业、烛皂业、砖瓦制造业（16 种）
湖南	12	22	航运业、火柴业、金属采掘业、燃料等采掘业、水电业、制材业、制瓷业（7 种）

续表

省份	县（市）数（个）	企业数（家）	行业
山西	8	10	火柴业、金属采掘业、燃料等采掘业、染织业、水电业（5种）
安徽	14	33	航运业、机器工业、面粉业、碾米业、燃料等采掘业、染织业、水电业、榨油业、织麻业、制蛋业、砖瓦制造业（11种）
江西	9	27	航运业、化妆品及其他化学工业、金属采掘业、碾米业、燃料等采掘业、染织业、水电业、印刷业、造纸业、制瓷业、砖瓦制造业（11种）
河南	9	14	纺纱业、火柴业、面粉业、燃料等采掘业、水电业、榨油业、制瓷业（7种）
广西	5	16	航运业、机器工业、金属采掘业、燃料等采掘业、缫丝业（5种）
云南	4	6	火柴业、金属采掘业、制革业（3种）
陕西	3	3	火柴业、燃料等采掘业（2种）
察哈尔	3	6	建筑业、燃料等采掘业、面粉业（3种）
甘肃	1	1	制革业（1种）
贵州	2	3	制革业、印刷业（2种）
热河	3	6	建筑业、面粉业、燃料等采掘业、饮料业（4种）
新疆	1	1	制革业（1种）
辽宁	12	32	航运业、火柴业、机器工业、金属采掘业、燃料等采掘业、染织业、缫丝业、石棉制品、水电业、榨油业、制革业（11种）
吉林	9	30	玻璃制造业、航运业、金属采掘业、面粉业、燃料等采掘业、缫丝业、水电业、造纸业、榨油业、制糖业、砖瓦制造业（11种）
黑龙江	7	7	航运业、金属采掘业、燃料等采掘业、面粉业、水电业（5种）

资料来源：杜恂诚．民族资本主义与旧中国政府（1840—1937）［M］．上海：上海社会科学院出版社，1991.

3.1.3　1912—1926年中国工业空间分布

这一时期中国新设工业企业数量累计为2088家，是上一时期新设工业企业数量的2倍之多。分布于25个省，除青海、西藏、西康、归绥外，其他省份几乎均有新式工业企业的新增（见表3-3）。

从各省新设工业企业数量来看，江苏新设数量最多，为727家，占全部新增工业企业数量的34.8%。而江苏的新设工业企业基本上集中于上海，上海一地新设企业数量为443家，占江苏全部新设工业企业数量的一半以上。除江苏省外，新设工业企业累计超过100家的省份有6个，分别为河北（171家）、广东（137家）、浙江（148家）、山东（130家）、湖北（132家）、吉林（153家）。新式工业企业新增累计在50~100家的有2个省，分别为四川和辽宁，所设新式工业企业数量分别为80家和99家。新式工业企业新增累计数在10（含）~50家的省份有9个，分别为湖南（39家）、福建（38家）、山西（37家）、河南（36家）、安徽（33家）、江西（28家）、黑龙江（28家）、云南（22家）、广西（16家）。新式工业企业新设不足10家的省份有7个，分别为陕西（7家）、察哈尔（9家）、甘肃（7家）、贵州（5家），热河、绥远、新疆各2家。从数量上看，各个省份新式工业企业数量均有所增加，且沿海省份所设工业企业数量增加更多，而内陆省份，尤其是西部地区新设数量均较少。

此外，各省内新式工业扩散现象更加明显。从各省工业企业分布情况看，有新式工业企业设立的县有较多增加。比如江苏上一时期有新式工业企业设立的县（市）为26个，而这一时期则增加到45个，存在明显的省内扩散的现象。浙江上一时期20个县有新式工业企业设立，而这一时期则增加到38个。此外，省内有20个及以上县设立新式工业企业的省份有6个，除江苏和浙江外，还有河北（24个）、广东（23个）、山东（25个）、河南（20个）。省内有10（含）~20个县设立新式工业企业的省份有10个，分别为湖北（15个）、四川（18个）、福建（18个）、湖南（12个）、山西（16个）、安徽（15个）、江西（10个）、辽宁（16个）、吉林（19个）、黑龙江（15个）。有5~10个县设立新式工业企业的省份有2个，分别为甘肃（6个）、云南（5个）。省内新设工业企业的县不足5个的有察哈尔（4个），广西、贵州、陕西各3个，热河、绥远各2个，新疆仅1个县有设新式工业企业。因此，各省内新式工业企业的设立存在明显的扩散现象，但是在扩散过程中存在严重的不平衡。

从各省设立的新式工业企业所属行业来看，江苏所涉行业最多，有玻璃制造业、纺纱业、服用品业、罐头业、航运业、化妆品及其他化学工业、火柴业、机器工业、建筑业、金属采掘业、精盐业、卷烟业、面粉业、呢绒业、碾米业、酿酒业、纺织业、燃料等采掘业、染织业、缫丝业、水电业、水泥制造业、丝织业、酸碱业、涂料燃料业、橡胶业、轧花业、饮料业、印刷业、杂项工业、杂种食品业、造纸业、榨油业、制材业、制茶业、制蛋业、制革业、制搪瓷器皿业、制糖业、制药业、烛皂业、砖瓦制造业等42种，较上一时期增加20种，行业门类更加齐全。所涉行业超过30种的省份有3个，除江苏外，还有河北（33种）、山东（31种）。所涉行业种类在20（含）~30种的有广东（21种）、浙江（22种）、湖北（23种）、辽宁（23种）、吉林（20种）。所设行业种类在10（含）~20种的有四川（19种）、福建（14种）、湖南（15种）、山西（16种）、安徽（10种）、江西（13种）。所涉行业种类在5（含）~10种的有察哈尔（7种），河南、云南各8种，陕西、黑龙江各6种。所涉行业种类不足5种的有广西、甘肃、贵州各4种，热河、绥远、新疆各2种。

表3-3 1912—1926年各省新设工业企业情况

省份	县（市）数（个）	企业数（家）	行业
河北（直隶）	24	171	玻璃制造业、纺纱业、服用品业、罐头业、航运业、化妆品及其他化学工业、火柴业、机器工业、建筑业、金属采掘业、精盐业、卷烟业、面粉业、呢绒业、酿酒业、纺织业、燃料等采掘业、染织业、石棉制品、水电业、酸碱业、涂料燃料业、饮料业、印刷业、杂项工业、杂种食品业、造纸业、榨油业、织麻业、制材业、制瓷业、制革业、制药业（33种）
广东	23	137	玻璃制造业、纺纱业、服用品业、航运业、火柴业、机器工业、金属采掘业、卷烟业、面粉业、碾米业、燃料等采掘业、染织业、缫丝业、水电业、橡胶业、印刷业、杂种食品业、造纸业、制革业、烛皂业、砖瓦制造业（21种）
江苏	45	727	玻璃制造业、纺纱业、服用品业、罐头业、航运业、化妆品及其他化学工业、火柴业、机器工业、建筑业、金属采掘业、精盐业、卷烟业、面粉业、呢绒业、碾米业、酿酒业、纺织业、燃料等采掘业、染织业、缫丝业、水电业、水泥制造业、丝织业、酸碱业、涂料燃料业、橡胶业、轧花业、饮料业、印刷业、杂项工业、杂种食品业、造纸业、榨油业、制材业、制茶业、制蛋业、制革业、制搪瓷器皿业、制糖业、制药业、烛皂业、砖瓦制造业（42种）
浙江	38	148	纺纱业、服用品业、航运业、化妆品及其他化学工业、火柴业、机器工业、金属采掘业、面粉业、碾米业、纺织业、燃料等采掘业、染织业、缫丝业、水电业、丝织业、印刷业、杂项工业、造纸业、制革业、制糖业、制药业、烛皂业（22种）

续表

省份	县（市）数（个）	企业数（家）	行业
山东	25	130	玻璃制造业、纺纱业、服用品业、罐头业、航运业、火柴业、机器工业、精盐业、卷烟业、面粉业、酿酒业、纺织业、燃料等采掘业、染织业、缫丝业、水电业、丝织业、酸碱业、涂料燃料业、饮料业、印刷业、杂项工业、杂种食品业、造纸业、榨油业、制蛋业、制革业、制糖业、制药业、烛皂业、砖瓦制造业（31种）
湖北	15	132	纺纱业、服用品业、航运业、火柴业、机器工业、金属采掘业、卷烟业、面粉业、碾米业、纺织业、燃料等采掘业、染织业、缫丝业、水电业、酸碱业、印刷业、杂项工业、造纸业、榨油业、制材业、制药业、烛皂业、砖瓦制造业（23种）
四川	18	80	玻璃制造业、航运业、火柴业、金属采掘业、面粉业、呢绒业、酿酒业、燃料等采掘业、染织业、缫丝业、水电业、酸碱业、杂项工业、造纸业、制材业、制茶业、制瓷业、制革业、烛皂业（19种）
福建	18	38	服用品业、罐头业、航运业、化妆品及其他化学工业、火柴业、金属采掘业、燃料等采掘业、水电业、涂料燃料业、杂种食品业、织麻业、制材业、制革业、制药业（14种）
湖南	12	39	玻璃制造业、纺纱业、航运业、化妆品及其他化学工业、建筑业、金属采掘业、面粉业、碾米业、燃料等采掘业、染织业、水电业、印刷业、造纸业、制革业、砖瓦制造业（15种）
山西	16	37	纺纱业、火柴业、建筑业、金属采掘业、卷烟业、面粉业、呢绒业、酿酒、燃料等采掘业、染织业、水电业、丝织业、酸碱业、制瓷业、制蛋业、烛皂业（16种）
安徽	15	33	水电业、纺纱业、服用品业、火柴业、金属采掘业、呢绒业、碾米业、燃料等采掘业、制材业、烛皂业（10种）
江西	10	28	纺纱业、航运业、火柴业、金属采掘业、面粉业、碾米业、燃料等采掘业、染织业、水电业、制茶业、制瓷业、烛皂业、砖瓦制造业（13种）
河南	20	36	纺纱业、火柴业、面粉业、燃料等采掘业、染织业、水电业、制蛋业、制药业（8种）
广西	3	16	航运业、火柴业、金属采掘业、水电业（4种）
云南	5	22	服用品业、火柴业、机器工业、金属采掘业、面粉业、燃料等采掘业、水电业、制革业（8种）

续表

省份	县（市）数（个）	企业数（家）	行业
陕西	3	7	航运业、火柴业、水电业、印刷业、杂项工业、制革业（6种）
察哈尔	4	9	面粉业、酿酒业、燃料等采掘业、水电业、酸碱业、食品业、制革业（7种）
甘肃	6	7	火柴业、酸碱业、烛皂业、燃料等采掘业（4种）
贵州	3	5	火柴业、丝织业、造纸业、制瓷业（4种）
热河	2	2	水电业、燃料等采掘业（2种）
绥远	2	2	水电业、面粉业（2种）
新疆	1	2	水电业、制革业（2种）
辽宁	16	99	纺纱业、航运业、火柴业、机器工业、金属采掘业、精盐业、卷烟业、面粉业、呢绒业、碾米业、纺织业、燃料等采掘业、染织业、缫丝业、水电业、饮料业、印刷业、造纸业、榨油业、制瓷业、制革业、烛皂业、砖瓦制造业（23种）
吉林	19	153	玻璃制造业、航运业、化妆品及其他化学工业、火柴业、机器工业、金属采掘业、面粉业、呢绒业、染织业、水电业、酸碱业、印刷业、杂种食品业、造纸业、榨油业、制材业、制瓷业、制革业、制药业、烛皂业（20种）
黑龙江	15	28	航运业、火柴业、面粉业、酿酒业、燃料等采掘业、水电业（6种）

资料来源：杜恂诚．民族资本主义与旧中国政府（1840—1937）[M]．上海：上海社会科学院出版社，1991.

3.1.4 1927—1937年中国工业空间分布

这一时期中国新设新式工业企业数量累计为1618家，较上一时期新设企业数量有所减少。分布于29个省，青海、西藏、西康、归绥等省份也均有新式工业企业的设立（见表3-4）。

从各省新设新式工业企业数量看，所设企业数量最多的依然是江苏为807家，将近占全部新增工业企业数量的一半。江苏的新设工业企业基本上集中于上海，上海一地新设企业数量为663家。此外，新设工业企业累计数超过100家的省份有2个，分别为浙江（107家）、山东（129家）。新式工业企业新增累计数在50~100家的省份有3个，分别为河北（96家）、广东（51家）、四川（60家）。新式工业企业新增累计数在10（含）~50家的省份有13

个，分别为湖南（44家），吉林（40家），山西（37家），福建（34家），河南（32家），湖北（31家），云南（20家），辽宁、广西、江西各19家，陕西（18家），黑龙江（17家），安徽（14家）。新设工业企业累计数不足10家的省份有10个，分别为归绥6家，贵州、察哈尔各4家，甘肃3家，宁夏2家，西藏、西康、青海、热河、新疆各1家。

这一时期，各省内新式工业存在一定的集聚现象。从各省工业企业分布情况看，有新式工业企业的县（市）数量有所减少。比如江苏上一时期有新式工业企业设立的县（市）45个，而这一时期则为33个。但是也有省份存在内部扩散的现象，比如山东上一时期25个县有新设企业，而这一时期则增加到27个县（市）。此外，省内有20个及以上的县新设工业企业的省份有4个，除江苏外，还有浙江（32个）、四川（28个）、山东（27个）。省内有10（含）~20个县（市）新设新式工业企业的省份有10个，分别为河北（17个）、广东（16个）、福建（16个）、湖南（15个）、山西（16个）、安徽（10个）、江西（11个）、河南（19个）、吉林（19个）、黑龙江（12个）。有5~10个县设立新式工业企业的省份有4个，分别为湖北、云南各9个，广西、辽宁各8个。省内新设工业企业的县不足5个的有甘肃、贵州各3个，归绥2个，察哈尔、新疆、西康、西藏、青海、热河均仅1个县有设新式工业企业。

从各省设立的新式工业企业所属行业来看，江苏所设行业种类最多有33种，较上一时期有所减少。所设行业超过20种的省份有3个，除江苏外，还有河北（22种）、山东（21种）。所设行业种类在10（含）~20种的有广东（16种）、浙江（20种）、湖北（12种）、四川（17种）、福建（12种）、湖南（17种）、山西（18种）、河南（10种）、辽宁（12种）。其他省份均不足10种。

表3-4 1927—1937年各省新设工业企业情况

省份	县（市）数（个）	企业数（家）	行业
河北（直隶）	17	96	采矿冶炼业、出版印刷业、电话通信市内交通、肥皂化妆品及其他化学工业、火柴业、机器业、棉纺织业、面粉碾米业、呢绒业、酿酒业、农场盐垦乳业、染织业、食品业、水电业、酸碱业、涂料染料业、杂项工业、造纸业、制材业、制盐业、制药业、砖瓦制瓷业（22种）

续表

省份	县（市）数（个）	企业数（家）	行业
广东	16	51	玻璃业、采矿冶炼业、电话通信市内交通、火柴业、交通运输业、棉纺织业、面粉碾米业、呢绒业、染织业、水电业、水泥业、酸碱业、涂料染料业、橡胶业、造纸业、制糖业（16种）
江苏	33	807	玻璃业、采矿冶炼业、出版印刷业、电话通信市内交通、电器电料电化业、肥皂化妆品及其他化学工业、航运业、火柴业、机器业、交通运输业、卷烟业、棉纺织业、面粉碾米业、呢绒业、农场盐垦乳业、其他纺织业、染织业、缫丝业、食品业、水电业、水泥业、丝织业、酸碱业、涂料染料业、橡胶业、杂项工业、造纸业、制材业、制搪瓷器皿业、制糖业、制盐业、制药业、砖瓦制瓷业（33种）
浙江	32	107	玻璃业、采矿冶炼业、出版印刷业、电话通信市内交通、火柴业、交通运输业、棉纺织业、面粉碾米业、农场盐垦乳业、染织业、缫丝业、食品业、水电业、丝织业、造纸业、制材业、制革业、制糖业、制盐业、制药业（20种）
山东	27	129	玻璃业、采矿冶炼业、火柴业、机器业、交通运输业、棉纺织业、面粉碾米业、农场盐垦乳业、其他纺织业、染织业、缫丝业、食品业、水电业、水泥业、酸碱业、涂料染料业、橡胶业、杂项工业、造纸业、制糖业、制盐业（21种）
湖北	9	31	采矿冶炼业、肥皂化妆品及其他化学工业、火柴业、交通运输业、棉纺织业、面粉碾米业、呢绒业、染织业、食品业、水电业、涂料染料业、杂项工业（12种）
四川	28	60	玻璃业、采矿冶炼业、出版印刷业、电话通信市内交通、肥皂化妆品及其他化学工业、火柴业、机器业、交通运输业、棉纺织业、面粉碾米业、水电业、酸碱业、涂料染料业、杂项工业、制材业、制糖业、砖瓦制瓷业（17种）
福建	16	34	采矿冶炼业、肥皂化妆品及其他化学工业、交通运输业、面粉碾米业、农场盐垦乳业、染织业、食品业、水电业、杂项工业、造纸业、制糖业、砖瓦制瓷业（12种）
湖南	15	44	玻璃业、采矿冶炼业、电话通信市内交通、电器电料电化业、肥皂化妆品及其他化学工业、机器业、卷烟业、棉纺织业、农场盐垦乳业、纺织业、染织业、食品业、水电业、丝织业、杂项工业、造纸业、制材业（17种）

续表

省份	县（市）数（个）	企业数（家）	行业
山西	16	37	采矿冶炼业、出版印刷业、纺纱业、火柴业、交通运输业、卷烟业、棉纺织业、面粉碾米业、呢绒业、纺织业、染织业、食品业、水电业、水泥业、酸碱业、杂项工业、造纸业、砖瓦制瓷业（18种）
安徽	10	14	采矿冶炼业、火柴业、卷烟业、棉纺织业、面粉碾米业、食品业、水电业（7种）
江西	11	19	采矿冶炼业、棉纺织业、水电业、造纸业、制盐业（5种）
河南	19	32	玻璃业、采矿冶炼业、火柴业、棉纺织业、面粉碾米业、农场盐垦乳业、食品业、水电业、杂项工业、制蛋业（10种）
广西	8	19	采矿冶炼业、航运业、水电业、酸碱业、制糖业、制药业（6种）
云南	9	20	玻璃业、采矿冶炼业、电器电料电化业、火柴业、交通运输业、卷烟业、酸碱业、制盐业（8种）
陕西	4	18	采矿冶炼业、火柴业、棉纺织业、面粉碾米业、食品业、水电业、酸碱业（7种）
察哈尔	1	4	面粉碾米业、水电业、电话通信市内交通、采矿冶炼业（4种）
热河	1	1	燃料等采掘业（1种）
甘肃	3	3	火柴业、面粉碾米业、水电业（3种）
贵州	3	4	染织业、制革业（2种）
青海	1	1	火柴业（1种）
归绥	2	6	电话通信市内交通、面粉碾米业、呢绒业、水电业（4种）
新疆	1	1	棉纺织业（1种）
宁夏	—	2	面粉碾米业、水电业（2种）
西藏	1	1	水电业（1种）
西康	1	1	水电业（1种）
辽宁	8	19	采矿冶炼业、出版印刷业、交通运输业、精盐业、棉纺织业、燃料等采掘业、缫丝业、食品业、水电业、造纸业、制革业、制盐业（12种）
吉林	19	40	采矿冶炼业、电话通信市内交通、火柴业、面粉碾米业、食品业、水电业、水泥业、砖瓦制瓷业（8种）

续表

省份	县（市）数（个）	企业数（家）	行业
黑龙江	12	17	火柴业、面粉碾米业、水电业（3种）

资料来源：杜恂诚．中国的民族资本主义（1927—1937）［M］．上海：上海财经大学出版社，2019.

综上，本书将近代新式工业企业的新增情况分为4个阶段，对近代中国工业空间演变历程进行了简要分析。第一个阶段1840—1894年为近代中国工业的萌芽与起步阶段，这一阶段所设工业企业数量较少，分布县（市）相对而言较少。随着近代工业的发展，分布范围逐渐扩大，到1927—1937年这一阶段，中国广大地区均有新式工业企业的设立。总体来看，近代中国工业空间上存在扩散的现象。

3.2 近代中国工业的空间分布特征

通过对近代中国新式工业企业的空间分布进行分析，可以看出，近代中国工业存在空间扩散的现象。近代中国工业的空间扩散不仅表现在省域间的空间扩散，还表现在省内的空间扩散。因此，本书将继续对近代中国工业的分布扩散特征进行深入分析。

3.2.1 省域间的空间扩散

通过上一部分的分析，可以发现，随着近代工业的发展，越来越多的地区有了新式工业企业的设立，在空间上不再局限于沿海省份，向内陆及西部偏远省份扩散的趋势明显。

由于工业的空间扩散是动态的过程性的，以上时间阶段的划分则略显粗糙，比如1840—1894年，半个世纪的跨度或不能真正显现这一动态的过程。因此，为了更加清晰地展现扩散的空间进程，接下来本书进一步对时间进行细分，如将1840—1894年划分为两段：1840—1880年和1881—1894年。

从表3-5可以看出，随着时间的推移，有新式工业企业设立的省份数量越来越多。1840—1880年，有新式工业企业设立的省份有7个。从地理位置看，河北、江苏、广东、山东均位于沿海，且设立新式工业企业的时间均较早。近代江苏所设新式工业企业基本分布在上海，上海是中国最早开埠的口岸之一，随着对外贸易的发展，与贸易相关的航运业发展起来，并设立相关新式工业企业，包括机器工业等。近代广东所设企业基本上与缫丝业有关，也是广东省的优势产业。广州作为最早开埠的口岸之一，缫丝业出口贸易的发展也促进了广东省新式工业企业的进一步发展。天津也是近代较早开埠的口岸之一，也有新式工业企业的设立。山东的烟台也是口岸之一，并发展起了航运业。位于中部的湖北、安徽也均有新式工业企业的设立，并且延伸到西南的广西，3个省份所设企业均与燃料采掘业相关。总体来看，这一时期新式工业企业有从沿海向内地扩散的趋势。

1881—1894年有新式工业企业设立的省份有17个，沿海的浙江、福建、东北三省，中部的山西、热河以及西部的四川、云南、贵州等均有新式工业企业的设立。据统计，浙江、热河新设工业企业均为5家，福建、吉林、四川新设工业企业均为2家，其余各省新设工业企业数量均为1家。整体来看，这一时期近代中国工业继续由沿海地区向内陆及偏远的西部扩散。

1895—1911年这一阶段，省份增加到24个，中部省份的湖南、江西、河南、察哈尔，西部地区的陕西、甘肃和新疆均有新式工业企业的设立。据统计，湖南、江西、河南新设工业企业数量分别为22家、27家和14家，察哈尔新设4家、陕西新设3家，而甘肃、新疆新设工业企业均为1家。从近代中国工业空间分布来看，沿海省份已均有新式工业企业设立，这一时期向中部地区及西部地区扩散的趋势明显，并且所设企业的数量较上一时期多。

表3-5 近代中国新式工业企业设立的省域分布情况

时间	省份数量（个）	备注
1840—1880年	7	河北（直隶）、江苏、广东、山东、湖北、安徽、广西
1881—1894年	17	河北（直隶）、江苏、广东、辽宁、吉林、黑龙江、浙江、山东、湖北、四川、福建、山西、安徽、广西、云南、热河、贵州
1895—1911年	24	河北（直隶）、江苏、广东、辽宁、吉林、黑龙江、浙江、山东、湖北、四川、福建、山西、安徽、广西、云南、热河、贵州、湖南、江西、河南、察哈尔、陕西、甘肃、新疆

续表

时间	省份数量（个）	备注
1912—1926 年	25	河北（直隶）、江苏、广东、辽宁、吉林、黑龙江、浙江、山东、湖北、四川、福建、山西、安徽、广西、云南、甘肃、热河、贵州、湖南、江西、河南、陕西、察哈尔、新疆、绥远
1927—1937 年	29	河北（直隶）、江苏、广东、辽宁、吉林、黑龙江、浙江、山东、湖北、四川、福建、山西、安徽、广西、云南、甘肃、热河、贵州、湖南、江西、河南、陕西、察哈尔、新疆、绥远、宁夏、青海、西藏、西康

资料来源：杜恂诚．民族资本主义与旧中国政府（1840—1937）［M］．上海：上海社会科学院出版社．1991.

杜恂诚．中国的民族资本主义（1927—1937）［M］．上海：上海财经大学出版社，2019.

1912—1926 年有新式工业企业设立的省份进一步增加，如绥远也有少量企业设立。至此，除西部偏远地区的宁夏、青海、西藏等地，全国均有新式工业企业的设立。1927—1937 年，已扩散到青海、宁夏、西藏、西康等偏远省份。从全局考察，近代中国工业已向全国广大地域扩展。这一阶段新增设的近代工业企业，已逐渐向广大内地以至东北、西南、西北等地伸展。从数量上看，各地区新式工业企业的数量均有不同程度的增加。据统计，1932—1937 年河南、湖南、山西 3 省 6 年内新设的工厂就有 237 家。西南地区的四川、云南、贵州、广西等地有新设工厂 163 家。西北地区的陕西、甘肃等地，这一时期也有了 20 余家新式工厂，比以前有显著的增加。

3.2.2 省内的空间扩散

从各省内部来看，也存在扩散趋势。进一步对近代不同时期所设新式工业企业较多的省份进行统计分析，见表 3-6。表 3-6 中所列的省份为工业企业累计设立数量均在 100 家以上的省份，包括河北、江苏、山东等 11 个省。从时间上来看，依然是划分为 1840—1894 年、1895—1911 年、1912—1926 年和 1927—1937 年 4 个阶段。

从各省份不同阶段有新式工业企业设立的县（市）数量来看，第一阶段（1840—1894 年）均较少，近代河北（直隶）、山东、广东、湖北为 5 个，江苏、浙江为 4 个，吉林为 2 个，福建、辽宁、四川为 1 个，湖南这一时期没有新式工业企业的设立。到了第二阶段（1895—1911 年），各个省份有新式工业企业设立的县（市）的数量明显增加，江苏增加最多，为 26 个，为上一阶段的6倍之多；浙江则增加到20个，河北增加到17个，四川增加到13个。在第一阶段没有工业企业设立的湖南省，这一时期也有12个县出现了新式工业企业，其他各省也均有不同程度的增加。第三阶段（1912—1926年），各省内部扩散的趋势更加明显。江苏有新式工业企业设立的县（市）增加到45个，浙江增加到37个，山东、河北、广东增加均超过20个。到了第四阶段（1927—1937年），各省有新式工业企业设立的县（市）的数量有了不同程度的变化。除湖南及四川分别增加到15个和27个外，其余各省均有所减少。比如江苏由上一阶段的45个，下降到30个；而浙江下降到32个，河北下降到17个，湖北和辽宁则均下降到9个。然而，虽然各省有新式工业企业设立的县（市）的数量有所变化，但总体来看均已超过第二阶段的数量。

表3-6 不同时期各省有新式工业企业设立的县（市）数量 单位：个

省份	1840—1894年	1895—1911年	1912—1926年	1927—1937年
河北（直隶）	5	17	24	17
山东	5	10	25	27
江苏	4	26	45	30
浙江	4	20	37	32
福建	1	10	18	17
广东	5	11	23	16
湖北	5	8	15	9
辽宁	1	12	18	9
吉林	2	9	19	19
湖南	0	12	13	15
四川	1	13	17	27

资料来源：杜恂诚．民族资本主义与旧中国政府（1840—1937）[M]．上海：上海社会科学院出版社，1991.

杜恂诚．中国的民族资本主义（1927—1937）[M]．上海：上海财经大学出版社，2019.

具体来看，以江苏省为例，上海是江苏省较早有新式工业企业设立的城市，随着近代工业的发展，1894年前奉贤、涟水、铜山等县新式工业企业有新增。1895—1911年，则进一步向上海周边的无锡、镇江、吴县、苏州、南京等地扩散，苏南大部分县均有了新式工业企业的设立。到了1912—1926年这一阶段，向苏北扩散的进程开始加快，宿迁、兴化、盐城各县也均有设立。

至1927—1937年这一阶段，虽整体上所涉县（市）数量有所减少，但从分布上扩散到萧县、丰县、赣榆等苏北省界各县。处于中部的湖北省，第一阶段设有新式工业企业的有汉口、武昌、大冶、广济、荆门等县，到第二阶段则扩散到汉阳、沙市、阳新、宜昌等县，第三阶段监利、老河口、沔阳、武穴、浠水等县也有新式企业设立。处于西部的四川省，最开始设立工业企业的地区为重庆，继而扩散到成都，川边、广安、犍为、江北、泸县、射洪、长寿等县，各有1家企业设立。第三阶段广元、涪陵、乐山、绵阳、资中等县也可见新式工业企业的身影。与其他省份不同的是，进入1927—1937年，四川省工业空间扩散的趋势更加明显，雅安、威远、遂宁、顺庆等县均有新式工业企业的设立。

3.2.3 行业的空间扩散

从近代几个主要行业的地区分布看，能够清晰地发现近代工业的空间扩散趋势。工业地域分布与不同部门的性质和特点有关（谢放，1998），接下来以最具代表性的棉纺织业、面粉业、火柴业、水电业、机器工业为例进行分析，如表3-7所示。

棉纺织业是近代中国最主要的一个工业部门，从地区分布来看，1840—1894年在江苏和湖北两省有棉纺织企业的设立，且主要分布在上海和武昌。1895—1911年，分布范围则进一步增加到9个省，除江苏、湖北外，广东、河北、辽宁、浙江、安徽、福建、河南等省份均有纺织企业的设立。但是仍集中于江苏、河北、湖北三省，其中江苏省的上海、南通、崇明、无锡，直隶省的天津，湖北省的汉口、武昌是纺织企业最为集中的地区，尤以上海为最。江苏、河北、湖北是盛产棉花之地。1912—1926年有纺织企业设立的省份又扩展到吉林、山东、山西、江西、贵州等地，已遍布全国十余个省份。这一阶段民间资本棉纺织业的地域分布，也从上海和江浙一带向华北和华中地区伸展。此外，省内也存在扩散的现象，比如江苏省从上一时期的上海、南通、崇明、常熟、太仓、吴县、江阴、无锡、松江、如皋等以苏南地区为主的各县，扩散到苏北的东台、盐城、灌云、江都、铜山等县。其余各省也存在类似的现象。1927—1937年，进一步扩散到湖南、陕西、新疆等地。20世纪二三十年代新建的棉纺厂很多转向原棉产地，江苏、山东、河南、山西、陕西、新疆等地一些中小城市都有了新的棉纺厂。棉织业的分布则更广，各地几乎都有织布厂、织袜厂、毛巾厂等。

面粉业是近代中国工业另一个重要部门。从地区分布来看，1840—1894年，主要分布在上海、天津、北京。1895—1911年，直隶、广东、江苏、吉林、黑龙江、浙江、湖北、安徽、湖南等省份均有面粉厂的设立。其中江苏主要分布于上海、淮安、灌云、南通、宿迁、泰州、无锡、高邮、丹徒等地。东北主要分布在阿城、吉林、宁安、双城、富拉尔基。此外，浙江的杭县、鄞县，湖北的汉口，四川的长寿，安徽的芜湖，河南的安阳、滑县和卫辉以及广州、北京、天津等地均有面粉企业设立。1912—1926年，民间资本面粉工业又有所发展，除了江苏、河北、吉林、浙江等地陆续有企业开办外，地处内陆的山东、湖南、山西、江西以及云南等地都有民间资本的面粉厂首次开办。但上海一地的产量，仍占全国机制面粉产量的33.11%，说明近代中国面粉工业的重镇仍在上海。[①] 1927—1937年，面粉业的地区分布也在不断扩大，陕西、绥远、宁夏等地都有工厂设立。这一时期工业扩散的特点是都转向原材料产地或消费区。[②] 不仅各地区企业数量上存在变化，并且面粉的生产能力也有变化，如面粉业重镇上海及东北地区的面粉厂数量都有大幅度减少，并且生产能力有所下降，据统计，1921年上海等地和东北地区企业的生产能力为82.5%和83.4%，而到1936年则分别降至57.9%和74.9%；而其他地区，主要是内地小麦产区的各企业生产能力由16.6%上升到25.1%。[③]

火柴业是近代新兴的工业部门，属于劳动密集型工业。相比之下，火柴业的技术要求低，其地域分布的扩散更为突出。1840—1894年有火柴厂的省份有5个，主要位于广东（佛山）、江苏（上海）、河北（天津）、四川（重庆）、山西（太原）。1895—1911年，除以上几个省份外，辽宁、浙江、山东、湖北、四川、福建、湖南、河南、云南、陕西等地均有设立，绝大部分都设在内地省份。这一时期火柴业除了沿海城市，内陆城市也出现并得到较快发展。1912—1926年，火柴业的地区进一步扩散至22个省，甘肃、贵州、广西、江西、吉林、黑龙江等省份均有设立。不仅沿海地区的上海、天津、广州、烟台、青岛等城市的火柴工业发展较快，而且西南、西北地区的重庆、

① 上海市粮食局，等．中国近代面粉工业史［M］．北京：中华书局，1987：23-24.

② 戴鞍钢，阎建宁．中国近代工业地理分布、变化及其影响［J］．中国历史地理论丛，2000，(1)：139-161.

③ 潘君祥，沈祖炜．近代中国国情透视——关于近代中国经济、社会的研究［M］．上海：上海社会科学院出版社，1992：82-83.

成都、昆明、兰州等城市的火柴工业也得到一定的发展。1927—1937 年，火柴业的地域范围有一定的缩小，但仍有十余个省份有火柴厂设立。火柴业成为地域分布较广的近代工业，主要原因在于其生产技术要求低，制造方法是从国外引进的，实际上主要是手工制造，便于向内地扩散。

水电业的发展是社会近代化的标志，城市近代化的一个重要标志就是基础设施的近代化。在“抗战”前，水电业已成为城市中发展较快的经济部门。据 1932 年《中国经济年鉴》的统计数据，全国共有各类电厂 668 家，包括独立的电厂 518 家（其中民营 470 家，公营 27 家，外资 21 家）和工厂自备电厂 150 家（谢放，1998 或《中国经济年鉴 1932》）。从地区分布来看，1840—1894 年设立水电厂的地区还较少，主要在广州。然而到 1895—1911 年这一阶段，已有 16 个省份开设了水电厂，包括江苏、广东、河北、东北三省、浙江、山东、湖北、四川、福建、湖南、安徽、山西、江西、河南等地。不仅沿海地区，内陆各省也有了水电厂。但是就发电厂而言，内陆地区大多规模较小，发电容量有限，特别是因为近代工业发展水平落后，电力工业以供应城市照明用电为主，反映了近代内陆地区工业化水平低。1911—1926 年，拥有水电厂的省份进一步扩大到 22 个，陕西、广西、新疆、察哈尔等省份均有设立。此外，各地区大部分县也设立了水电厂，其中广东 20 个县，河北 12 个县，江苏 44 个县，东北 18 个县，浙江 33 个县，山东 14 个县，湖北 8 个县等均为有设立水电厂较多的县的地区。可见，水电工业是近代工业部门中扩散范围最广的行业。1927—1937 年新设工业企业省份数量虽有下降，但是宁夏、西藏、西康这些偏远省份有水电厂的设立，填补了这些地区工业发展的空白。

机器工业的发展是城市工业化的重要标志，近代中国的机器工业一向十分落后。从地域分布来看，1840—1894 年，仅上海有机器工业企业。1895—1911 年，广东、河北、江苏、辽宁、山东、湖北、福建、安徽、广西等有机器工业企业设立。1912—1926 年，吉林、浙江等地也有新设，但是从省份数量来看，有所减少。1927—1937 年，有机器工业企业设立的省份为河北、江苏、山东、四川、湖南。机器工业相对于其他行业而言，其地域范围较小，基本上位于沿海地区或者重要口岸。

表 3-7 近代重要行业不同时期有新设企业的省份数量情况 单位：个

行业	1840—1894 年	1895—1911 年	1912—1926 年	1927—1937 年
棉纺织业	2	9	14	18
面粉业	3	12	16	16
火柴业	5	15	22	15
水电业	1	16	22	19
机器工业	1	9	7	5

资料来源：杜恂诚．民族资本主义与旧中国政府（1840—1937）［M］．上海：上海社会科学院出版社，1991.

杜恂诚．中国的民族资本主义（1927—1937）［M］．上海：上海财经大学出版社，2019.

注：各行业所属县（市）资料见附录。

通过以上近代重要行业的分析，可以看出棉纺织业、面粉业、火柴业、水电业等存在着明显的扩散趋势，并且分布范围较广，尤其是火柴业和水电业，几乎遍及全部省份。其余行业如榨油业、玻璃工业、印刷业、矿业也都遍布于大部分省区。虽然各地区、各行业的发展仍然存在不平衡现象，但近代工业在发展过程中，已摆脱了局促于沿海、沿江丁字形线条地带各通商口岸，逐渐向全国伸展开去。① 近代中国工业这一时期向内地扩散的主要特征，是移向和接近原料产地和消费区。

3.2.4 扩散的同时存在集聚现象

通过以上分析，可以看出随着近代工业的发展，在地区分布上呈现明显的扩散趋势，不仅表现在全国范围省域间的空间扩散，还表现在省内的空间扩散。此外，在近代中国工业空间扩散的过程中，还表现出明显的集聚现象。这种集聚现象不仅呈现出沿海省份的集聚，也体现在省份内部集中于一县或数县。接下来，本书进一步对近代中国工业发展中的空间集聚现象进行分析。

本书对刘大均的《中国工业调查报告》所统计的 1933 年的工业情况进行分析，通过分析可知，在 1933 年的 4372 家制造工厂中，有 3632 家集中在辽宁、河北、山东、江苏、浙江和广东等 6 个沿海省份，占比达 83.07%。这些都是沿海省份，也就是说超过 8 成的工业企业分布在沿海各省，而内陆地区不足两成，呈现高度集聚于东部沿海的分布态势。企业数量增长迅速，

① 樊百川．二十世纪初期中国资本主义发展的概况与特点［J］．历史研究，1983（4）：11-24.

企业空间分布范围持续扩大，呈现集聚与扩散共存并以集聚为主的空间形态。

可以看出，即使在东部沿海各省内，不同县（市）所设工业企业数量也存在明显差异。其中，江苏、浙江两省有87%的制造厂集中于上海以及周边的31个县（市），包括苏南24个县（市）、浙北7个县（市）；山东有86%的制造工厂集中于胶东半岛的青岛以及胶济铁路沿线的9个县；辽宁有97%的制造工厂集中于辽宁半岛的大连以及周边10个县；河北有90%的制造工厂集中于天津以及北宁铁路河北段沿线的9个县（市）；广东有85%的制造工厂集中于珠江三角洲的广州以及周边的6个县（市）。

华资工业主要集中在上海、广州、天津、无锡、青岛等东部沿海城市，特别是上海。中部地区则集中在武汉，仅次于上海、广州和天津。西部地区则集中于重庆和西安，相对其他城市均处于中下水平。东北地区工业主要集中在辽宁省的城市，比如大连、营口、旅顺、沈阳、辽阳、抚顺、安东等7个城市就集中了华资工厂331家，占东北三省工厂总数的71.3%。吉林省则集中在吉林、长春、哈尔滨（当时属吉林省）等城市，共计112家，占东北三省总数的24.1%。黑龙江共计21家，主要分布在沿铁路线的一些小城镇，仅占东北三省总数的4.5%。

表3-8是对1933年沿海6大城市及全国工业情况进行的分析。

表3-8 沿海6大城市及全国工业情况（1933年）

地区	厂数（家）	资本额（万元）	生产总值（万元）	工人数（人）
6城市总和	7055	28067	108146	434360
全国	18676	48468	138662	789670
6城市占全国比重（%）	37.78	57.91	77.99	55.01

资料来源：刘大均．中国工业调查报告［Z］．经济统计研究所，1937.

注：6大城市分别为上海、天津、武汉、无锡、广州、青岛。

从表3-8可以看出，虽然1933年6大城市工厂总数为7055家，只占全国总数的37.78%，但是生产总值却占全国生产总值的近78%，达到10.8亿元。资本额以及工人数的比重也超过一半。可见就地区范围来说，工业集中于上海及沿海一带。图3-1是各沿海城市1933年工业发展具体情况。

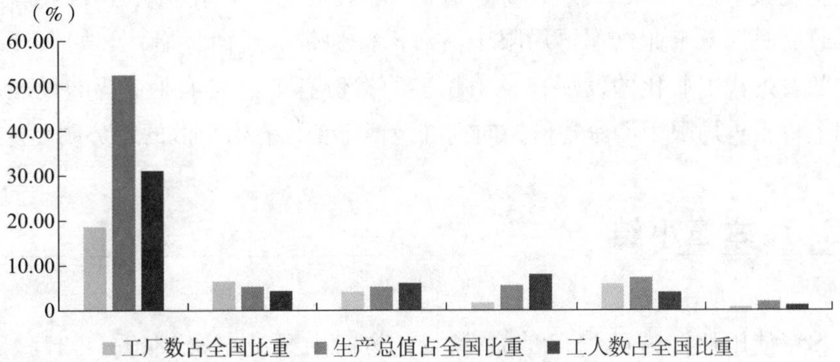

图 3-1　中国沿海 6 大城市工业发展情况（1933 年）

资料来源：刘大均．中国工业调查报告［Z］．经济统计研究所，1937.

注：6 大城市分别为上海、天津、武汉、无锡、广州、青岛。

从图 3-1 可以看出，占全国工业比重绝大多数的 6 大沿海城市工业发展水平也不尽相同。从各项指标来看，上海占据绝对优势。尤其是生产总值，6 大城市生产总值总和占全国生产总值的 77.99%，而上海一地就占了 52.48%；然而其工厂数仅占全国工厂总数的 18.66%。

上海仍是中国工业最集中的地区。虽然上海并非工业原料产地，但较之当时战乱频仍、军阀横行的内地省份，企业的经营环境明显要好，因而许多企业主宁可远离原料产地和消费区也要将工厂设在上海。如《1921—1931 年海关十年报告》所言："与过去十年的工业发展密切相关的因素是内地动乱不宁，那里的工厂经常遭到骚扰。这就形成了工业集中于上海的趋势。许多本应迁出或开设在原料产地的工厂也都在沪设厂。虽然运费成本有所增加，但在上海特别是在租界内，可在一定程度上免受干扰。"①

近代中国工业空间布局的特征主要表现为由沿海向内陆省份的空间扩散。从工业区位分布看，1861—1894 年是中国投资工业的起步阶段，这一时期工业企业基本上建立在通商口岸或者靠近通商口岸的地方，主要是上海和广州。② 中日甲午战争后，在工业区域分布上主要集中在东南沿海及长江沿岸通商口岸，但内地企业也逐渐发展。1895—1913 年设立 549 家商办企业，上海、武汉、广州、天津、杭州、无锡等较大城市和通商口岸设厂 169 家，占全部

① 徐雪筠，等．上海近代社会经济发展概况（1882—1931）——《海关十年报告》译编［M］．上海：上海社会科学院出版社，1985：277-278.

② 戴鞍钢，阎建宁．中国近代工业地理分布、变化及其影响［J］．中国历史地理论丛，2000，(1)：139-161.

工业企业数量的31%，其余380家企业分布在通商口岸附近地区及内陆地区。北洋政府时期，工业也不再局限于沿海沿江地带的通商口岸，开始向全国延伸。随着近代工业化的发展，越来越多的省份有了新式工业企业的设立，在空间上也不再局限于沿海省份，向内陆及西部偏远省份扩散的趋势明显。

3.3 本章小结

本章使用杜恂诚的《民族资本主义与旧中国政府（1840—1937）》及《中国的民族资本主义（1927—1937）》中新式工业企业设立的相关资料，构建了以时间、省、县（市）、行业、新设企业数量为关键词的近代新式工业企业数据集。本章研究内容主要包括两个方面：一是对近代中国工业的空间演进的基本情况进行了分析；二是探讨了近代中国工业的空间扩散特征。通过对近代中国工业的空间演变与分布特征的分析，为进一步分析近代工业的空间扩散模式和动力奠定基础。

对近代中国工业的空间演变的分析，主要分为4个阶段：1840—1894年、1895—1911年、1912—1926年和1927—1937年，分别探讨了不同阶段新设工业企业的数量及各省或县（市）分布情况，同时对不同阶段行业的分布进行了简要分析。从结果来看，1840—1894年是近代中国工业的萌芽与起步阶段，工业企业设立的数量较少，分布范围也较小。随着近代工业的发展，分布范围逐渐扩大，到1927—1937年这一阶段，中国大部分地区都有新式工业企业的设立。总体来看，近代中国工业空间上存在扩散的现象。

通过对近代中国工业的空间分布特征的分析可以发现，随着近代中国工业的发展，存在以下几个特征：①省域间存在明显的扩散现象，从1840—1880年的7个省，扩大到1927—1937年的29个省，逐渐从沿海省份向中部及西部省份扩散；②各省内也存在明显的扩散现象，尤其是东部沿海省份，扩散的现象更加明显；③行业也存在扩散的现象，比如棉纺织业、面粉业、水电业等，工业发展初期仅在个别省份的个别县（市）有设立，随着工业发展行业分布的范围逐渐扩大；④在扩散的同时存在集聚现象。从统计数据来看，近代中国工业集中在上海、天津、广州、汉口、青岛等城市，这几个城市所占的比重较大，尤其是上海，几乎占据近代工业的半壁江山。

第 4 章　近代特定区域工业空间演变与扩散特征

上一章从整体上对近代中国工业发展的空间演变和特征进行了分析，发现在近代工业发展过程中，存在一定的省内扩散现象。由于各地区的资源禀赋、地理位置、基础设施等条件的不同，不同省份工业的空间分布和扩散可能存在一定的差异。有文献对近代工业空间扩散路径进行了描述，比如呈沿海沿江或者沿着铁路线扩散，以及呈现由沿海向内陆扩散的趋势等。然而，不同空间扩散路径的背后，必然有着不同的扩散动力，只有明晰不同地区的工业化扩散路径才能进一步分析扩散动力，并为当前中国地区的平衡发展提供借鉴和启示。

由于数据的缺乏以及研究视角的不同，已有的文献未对各地区的扩散路径及扩散动力进行系统的分析。因此，本章将进一步探讨区域内部的空间演变并进行分析，以得出其空间扩散路径，进而总结空间扩散模式，以及可能的扩散动力。

在区域的选择上，不同学者根据不同的研究主题，依据不同的理论进行过探讨和划分，如以经济区或行政区划为单位。由于第 3 章以省份为单位对近代工业空间演变进行了分析，因此本章将依循第 3 章的分析基础，在区域划分上以省为主要单位进行探讨。由于中国幅员辽阔，省份众多，在分析过程中不能面面俱到，因此本书在进行分析时，着重以近代河北省、江苏省、广东省为研究对象，分析近代工业化过程中的空间演变与扩散特征。选择这 3 个省份，主要是基于以下 3 个方面的考虑：①口岸是现代因素进入的窗口，近代上海、广州、天津是较早开埠的口岸，并逐渐发展成为全国或区域的经济中心，是近代最重要的城市，近代河北省、江苏省和广东省则分别以天津、上海、广州为区域中心从而引发区域的经济变迁和工业化进程。因此分析这 3 个省份的工业空间扩散具有代表性。②从近代工业的发展情况来看，这 3 个省份也是工业企业设立数量相对较多，分布范围较广的省份。因此，以这3个省份为重点，能够观测出工业扩散的路径。③对这3个省份的分析可与当今的京津冀、长三江和珠三角的发展形成联动，将其工业化进程回溯到近代，探索近代工业化起源的路径差异，并为当前区域的平衡发展提供启示。

4.1 近代河北地区工业的空间演变与扩散特征

4.1.1 区域的选择

历史上河北省行政区划有过多次调整，并存在较大的差异。清代，华北平原地区的西北部是顺天府和直隶省的行政辖区。清代的顺天府，治大兴、宛平县，辖24县。直隶省，分霸昌、清河、天津、河间、通永、大顺广、口北、热河7道。1914年5月，顺天府属宁河、大成、新镇、文安4县划归直隶省，其余二十县皆明确归顺天府管辖。同年7月，析出直隶西北部张家口以北地区，归察哈尔；析出东北部承德及以北地区，归热河。同年10月，顺天府改制，原辖区域设置京兆地方。1928年撤销京兆地方，改隶河北省。同时对各县（市）有所调整，1928年7月，设立北平特别市，后改成北平院辖市，曾在1930年6—12月一度降为河北省辖市。1928年7月，设立天津特别市，后改为天津院辖市，1930年后曾降为河北省辖市。

因此，鉴于河北省的行政区划的较大变动，不同时期存在较大差异，也为研究造成一定的不便。基于研究的一致性和工业的发展情况，本书选取范围不包括后来析出的察哈尔及热河地区。选取范围包括：大兴县、宛平县、房山县、良乡县、昌平县、通县、顺义县、密云县、怀柔县、平谷县、武清县、宝坻县、宁河县、静海县、三河县、香河县、安次县、固安县、永清县、涿县、霸县、大城县、忻城县、文安县、新镇县、定兴县、涞水县、易县、来源县、阜平县、徐水县、容城县、雄县、安新县、满城县、清苑县、高阳县、完县、望都县、唐县、曲阳县、蠡县、安国县、博野县、定县、灵寿县、行唐县、新乐县、无极县、深泽县、平山县、正定县、藁城县、晋县、束鹿县、获鹿县、井陉县、元氏县、乐城县、赞皇县、高邑县、赵县、临城县、柏乡县、宁晋县、隆平县、尧山县、内丘县、任县、邢台县、南和县、沙河县、新河县、平乡县、巨鹿县、南宫县、广宗县、威县、清河县、鸡泽县、永年县、曲周县、邯郸县、肥乡县、广平县、磁县、成安县、大名县、南乐县、清丰县、濮阳县、东明县、长垣县、安平县、饶阳县、深县、武强县、武邑县、衡水县、冀县、枣强县、故城县、景县、阜城县、任丘县、河间县、献县、肃宁县、交河县、青县、沧县、南皮县、东光县、宁津县、吴桥县、庆云县、盐山县、苏县、玉田县、丰润县、遵化县、滦县、乐亭县、昌黎县、卢龙县、迁安县、抚宁县、临榆县。在分析中未将天津市和北平市单独列出，而是归属河北省进行统计，虽然天津和北平均曾设立特别市，但也一度归属河北省，这样划分虽有不足，但也有一定的合理性。

4.1.2 近代河北地区工业的空间演变

（1）1840—1894 年

据统计，这一时期河北地区共新设工业企业 9 家，其中 1 家没有标明设立的具体县（市），因此在分析中将其剔除。在其余 8 家新设立的工业企业中，天津 3 家，北京 1 家，滦县 2 家，临城和磁县各 1 家。其中由中国人创办的最早的近代煤矿即开滦矿务局，以及水泥厂启新水泥厂，均设立在唐山，如表 4-1 所示。

我们可以看到这一时期河北地区所设工业企业数量极少，主要分布在北京、天津、唐山和邢台。天津为通商口岸，也是华北地区的经济中心，而这一时期新设企业非常少，可见这一时期中国北方的工业落后。北京是当时中国的行政中心，也仅有 1 家企业开设。唐山、邢台、邯郸地区的企业主要是因为燃料开采而设。这一时期开办的新式工业企业或者分布在口岸地区，或者是在燃料所在地。从行业来看，这一时期开设的企业所属行业也非常单一，主要是面粉业和燃料采掘业，此外还有天津设立的 1 家火柴企业，唐山设立的 1 家水泥企业。

表 4-1　1840—1894 年河北地区工业的空间分布情况

县（市）	新设工业企业数量（家）	行业
天津	3	面粉业、火柴业
北京	1	面粉业
滦县	2	燃料采掘业、水泥业
临城	1	燃料采掘业
磁县	1	燃料采掘业

资料来源：杜恂诚．民族资本主义与旧中国政府（1840—1937）［M］．上海：上海社会科学院出版社，1991.

（2）1895—1911 年

这一时期河北地区共新设工业企业 75 家，其中 2 家没有标明设立的具体县（市），因此在分析中将其剔除。

由表 4-2 可知，这一时期新设的工业企业明显多于前一时期，从数量来看，从上一时期的 9 家增加到这一时期的 75 家，是上一时期的 8 倍之多。从地区范围来看，从上一时期的 5 个县（市），增加到 16 个县（市）。作为当时北方经济中心的天津，及行政中心北京，开设新式工业企业数量仍较多，其他地区如保定、石家庄、衡水等也均有新式工业企业的设立。但总体来看，基本还是集中在天津、北京两地，其中天津开设新式工业企业最多，为 29 家，其次为北京 24 家。此外，与北京邻近的通县新设 3 家新式工业企业，与天津邻近的宝坻新设 3 家，清苑新设 3 家，滦县新设 2 家，宣化新设 2 家。其他地区如宁河、丰润、迁安、安新、曲阳、获鹿、井陉、磁县、饶阳各新设 1 家新式工业企业。

从行业来看，天津和北京所开设的工业企业所属行业种类较多，天津除上一时期的面粉业、火柴业外，还包括航运业、机器工业、建筑业、卷烟业、呢绒业、酿酒业、燃料业、染织业、水电业、造纸业、榨油业、织麻业、制革业、烛皂业等行业，可谓种类渐趋齐全。北京开设有服用品、火柴业、卷烟业、面粉业、呢绒业、染织业、水电业、砖瓦业等行业。其他地区由于所设工业企业少，涉及行业种类也较单一，主要集中在燃料采掘业和棉纺织业等。

表 4-2　1895—1911 年河北地区工业的空间分布情况

县（市）	新设工业企业数量（家）	行业
天津	29	航运业、火柴业、机器工业、建筑业、卷烟业、面粉业、呢绒业、酿酒业、燃料业、染织业、水电业、造纸业、榨油业、织麻业、制革业、烛皂业
宝坻	3	染织业、纺纱业、机器工业
宁河	1	航运业
北京	24	服用品、火柴业、卷烟业、面粉业、呢绒业、染织业、水电业、砖瓦业
通县	3	面粉业、榨油业、烛皂业
丰润	1	水泥业
滦县	2	燃料采掘业、砖瓦业
迁安	1	金属采掘业

续表

县（市）	新设工业企业数量（家）	行业
清苑	3	染织业、航运业、制蛋业
安新	1	染织业
曲阳	1	燃料采掘业
获鹿	1	纺纱业
井陉	1	燃料采掘业
磁县	1	燃料采掘业
饶阳	1	染织业
宣化	2	燃料采掘业、酿酒业

资料来源：杜恂诚．民族资本主义与旧中国政府（1840—1937）［M］．上海：上海社会科学院出版社，1991.

与前期相比，这一阶段河北地区近代工业企业地域分布上呈现两个明显特征：一是多集中于天津和北京两地，分别占这一时期河北地区新设工业企业累计数的39.2%和31.1%，两地新设工业企业累计数占比超过70%。二是向周边地区及县（市）扩散的趋势明显。前一阶段河北地区工业企业仅分布在5个县（市），而这一阶段除向天津、北京附近地区扩散外，开始向石家庄、保定、衡水等其他地区零散扩散，涉及地域范围更广。可以说，这一时期河北地区的工业空间呈现集聚扩散的趋势。

（3）1912—1926年

这一时期共新设工业企业166家，新设的工业企业数量明显多于前一时期，无论是在数量还是在增长速度上都有所提升。从数量来看，从上一时期的75家进一步增加到166家。从地区范围看，也有所增多，涉及24个县，相较上一时期新增8个县。除天津、北京外，开始向廊坊、沧州等其他地区扩散。

从地区分布来看，仍然集中在天津、北京两地，其中天津开设新式工业企业数最多，为77家，其次为北京42家。与天津邻近的宝坻（3家）、宁河（1家），与北京邻近的通县（2家）、宛平（6家）、大兴（2家），唐山的丰润（6家）、滦县（1家）、昌黎（1家）、临榆（4家），廊坊地区的文安（1家）、固安（1家），保定地区的清苑（6家）、高阳（1家），石家庄地区的获鹿（3家）、井陉（1家）、正定（1家）、辛集（1家），沧州地区的沧县（2家）、南皮（1家），邢台（1家）、南宫（1家）、邯郸（1家）等地均有新式工业企业的设立。

从行业来看，天津所涉行业种类更趋完善，包括玻璃业、纺纱业、航运业、化妆品业、火柴业、机器工业、建筑业、精盐业、卷烟业、面粉业、呢绒业、酿酒业、其他纺织业、燃料业、染织业、石棉业、水电业、酸碱业、涂料业、饮料业、印刷业、杂项业、造纸业、榨油业、制瓷业、制革业、制药业等27种。北京所涉行业也达21种，其他地区则相对单一，以水电业、燃料采掘业和面粉业为主，具体如表4-3所示。

表4-3　1912—1926年河北地区工业的空间分布情况

县（市）	新设工业企业数量（家）	行业
天津	77	玻璃业、纺纱业、航运业、化妆品业、火柴业、机器工业、建筑业、精盐业、卷烟业、面粉业、呢绒业、酿酒业、其他纺织业、燃料业、染织业、石棉业、水电业、酸碱业、涂料业、饮料业、印刷业、杂项业、造纸业、榨油业、制瓷业、制革业、制药业（27种）
宝坻	3	涂料业、纺纱业、水电业（3种）
宁河	1	水电业（1种）
北京	42	玻璃业、纺纱业、服用品业、罐头业、化妆品业、建筑业、金属采掘业、面粉业、呢绒业、酿酒业、燃料业、水电业、涂料业、饮料业、印刷业、杂项业、杂种食品业、造纸业、制瓷业、制革业、制药业（21种）
通县	2	水电业（1种）
宛平	6	燃料采掘业（1种）
大兴	2	燃料采掘业、造纸业（2种）
丰润	6	精盐业、水电业、燃料业、纺纱业、面粉业、机器工业（6种）
滦县	1	火柴业（1种）
昌黎	1	罐头业（1种）
临榆	4	燃料采掘业、水电业（2种）
文安	1	染织业（1种）
固安	1	制材业（1种）
清苑	6	火柴业、其他纺织业、水电业、面粉业（4种）
高阳	1	水电业（1种）
获鹿	3	火柴业、纺纱业、面粉业（3种）
井陉	1	燃料采掘业（1种）
正定	1	制药业（1种）
辛集	1	水电业（1种）
邢台	1	水电业（1种）
南宫	1	水电业（1种）

续表

县（市）	新设工业企业数量（家）	行业
邯郸	1	面粉业（1种）
沧县	2	面粉业、水电业（2种）
南皮	1	火柴业（1种）

资料来源：杜恂诚．民族资本主义与旧中国政府（1840—1937）[M]．上海：上海社会科学院出版社，1991.

与前期相比，这一时期河北地区近代工业企业的地域分布呈现3个明显特征：一是多集中于天津和北京两地，分别占这一时期河北省新设工业企业累计数的46.4%和25.3%，两地新设工业企业累计数占比超过70%。但是，天津所占比重进一步提升，北京所占比重则有所下降，整体来看，两个城市新设工业企业累计数所占比重依然较大。二是向周边地区及县扩散的趋势明显。前一阶段河北省工业企业仅分布在16个县（市），而这一阶段除向天津、北平附近地区扩散外，开始向石家庄、保定、衡水等其他地区零散扩散，涉及地域范围更广。三是从零散扩散到开始形成中心区，并以中心城市向附近扩散。比如，上一时期在石家庄还是零散分布，这一时期已经形成以石家庄为中心，井陉、正定、辛集等县均有工业企业设立的区域分布。

（4）1927—1937年

这一时期共新设工业企业96家，与上一时期相比新设工业企业数略少。从地域范围看，也较上一阶段少，仅17个县（市）有新企业设立，并且主要集中在天津，96家新设企业中，天津为51家，占比超53%；而北平新设工业企业为14家，占比14.58%，明显下降。

从分布的范围来看，除天津、北平外，天津附近的宝坻（1家）、宁河（1家）依然有新式工业企业设立，北平附近的通县（1家）、宛平（12家）、房山（1家），唐山地区的丰润（2家）、遵化（1家）、临榆（2家），保定地区的清苑（1家）、定县（1家），石家庄地区的获鹿（1家），邢台（1家），邯郸（1家），磁县（1家），交河（2家）均有新式工业企业设立。

从行业来看，所涉行业种类最多的依然是天津，但是与上一时期相比，种类有所减少，包括采矿业、出版业、肥皂业、机器工业、交通业、棉纺织业、面粉业、呢绒业、农场业、其他纺织业、染织业、食品业、水电业、酸碱业、涂料业、杂项业、制材业、制盐业、制药业、砖瓦业等20种。北平所设新式工业企业数量明显减少，所涉及行业种类也有所下降，包括采矿业、出版业、电话业、面粉业、火柴业、酿酒业、食品业、水电业、涂料业、杂项业、造纸业、制药业等12种。其他地区所涉行业依然较为单一，以燃料采掘业、水电业等行业为主。具体如表4-4所示。

表4-4 1927—1937年河北地区工业的空间分布情况

县（市）	新设工业企业数量（家）	行业
天津	51	采矿业、出版业、肥皂业、机器工业、交通业、棉纺织业、面粉业、呢绒业、农场业、其他纺织业、染织业、食品业、水电业、酸碱业、涂料业、杂项业、制材业、制盐业、制药业、砖瓦业（20种）
宝坻	1	棉纺织业（1种）
宁河	1	酸碱业（1种）
北平	14	采矿业、出版业、电话业、面粉业、火柴业、酿酒业、食品业、水电业、涂料业、杂项业、造纸业、制药业（12种）
通县	1	水电业（1种）
宛平	12	燃料采掘业、采矿冶炼业（2种）
房山	1	采矿冶炼业（1种）
丰润	2	水电业、酸碱业（2种）
遵化	1	采矿冶炼业（1种）
临榆	2	水电业（1种）
清苑	1	面粉碾米业（1种）
定县	1	水电业（1种）
获鹿	1	出版印刷业（1种）
邢台	1	水电业（1种）
邯郸	1	面粉业（1种）
磁县	3	面粉业、采矿冶炼业（2种）
交河	2	火柴业、水电业（2种）

资料来源：杜恂诚．中国的民族资本主义（1927—1937）［M］．上海：上海财经大学出版社，2019.

与前期相比，这一时期河北地区近代工业企业地域分布上呈现两个明显特征：一是多集中于天津和北平两地，分别占这一时期河北地区新设工业企业累计数的51%和14%，天津所占比重进一步提升，北平所占比重有所下降。整体来看，两个城市新设工业企业累计数所占比重有所下降。二是向周边地区及县扩散的趋势减弱。前一阶段河北地区工业企业分布在24个县，而这一阶段为17个县。从整体来看，呈现扩散集聚的特征。

4.1.3 近代河北地区工业空间扩散的特征

（1）扩散路径特征

近代河北地区工业空间扩散存在明显的“点—轴”扩散特征，也就是说，在近代河北地区工业发展过程中，先呈现点状分散式分布，随着工业发展，开始由点及轴，呈现带状分布。在近代工业发展初始阶段，河北地区工业企业呈现点状分散式分布。比如1840—1894年这一阶段，工业企业零散分布在天津、北京、唐山、磁县、邢台等地。进入1895—1911年，在点状分布的同时，开始呈现轴线带状分布特征，比如在天津—唐山的轴线分布带上，可见天津、宁河、丰润、滦县。1912—1926年这一阶段，这种带状分布模式进一步发展，除了在天津—唐山轴线带上存在较多的县设立工业企业外，在北京—邯郸轴线上（北京、宛平、固安、清苑、石家庄、邢台、邯郸）开始带状分布。在北京附近出现团状分布趋势，也就是以北京为中心，周边的通县、大兴、宛平各县均有新式工业企业的设立。1927—1937年这一阶段，在工业分布上则呈现明显的收缩态势，轴线带状分布趋势更加明显，主要分布在天津—临榆和北京—邯郸轴线带上。

从扩散路径可以看出，近代河北地区主要以北京和天津为扩散中心，这两个城市是工业企业设立得最多的地区，代表了扩散的两个节点。以这两个点为辐射中心，以天津—临榆和北京—邯郸为轴线，分别向东北和南部进行空间扩散。形成由点及轴的扩散路径特征，形成了以北京为中心的片状分布，其他地区片状分布不明显。因此，在近代河北地区工业发展过程中，主要呈现轴线带状扩散的路径特征。

（2）扩散模式特征

通过对近代河北地区工业空间扩散路径的初步分析，发现在工业空间扩散过程中呈现明显的“点—轴”扩散特征，在此扩散路径下可以归纳出如下几种扩散模式。

首先是跳跃扩散，跳跃扩散是指在扩散中跨区域的空间不连续扩散，该模式一般存在于工业发展的初始阶段，由于不同的原因，工业开始跳跃式地出现在区域的不同点处。比如，在近代工业发展初期的北京、天津、唐山、磁县、邢台等地出现的不连续的点状分布，即为跳跃扩散。在第二阶段曲阳和饶阳新设的工业企业也存在明显的跳跃扩散特征。

其次是等级扩散，在点轴式迁移扩散的主导下，工业企业的扩散明显带有等级扩散的特征。从新式工业企业的建立来看，其等级扩散主要在经济政治、交通两个层面上展开。

第一个层面是以经济政治等级为级次，由经济发展水平高或行政等级高的地区向次级地区扩散。比如天津是华北地区的经济中心，也是开埠口岸。北京是清朝的政治中心，这些地区位于第一层级，依次向次一级的区域扩散，比如保定，曾是直隶总督府，因此该地区的工业企业设立的数量较多，会向次一级行政中心，如县政府所在地扩散。行政等级代表的是政治权力的上下关系，在实际扩散中会表现为向道、府州或各县的行政中心扩散的点状分散式扩散。在北京—邯郸轴线形成初期，即表现有明显的等级扩散模式，先由北京政治行政中心开始，向次一级行政中心保定扩散，再扩散到固安、获鹿等县。

第二个层面是以交通等级为级次的廊道式扩散，这种廊道式扩散一般在交通便利的地区设立新式工业企业，形成带状分布。在近代河北工业发展过程中，形成的天津—临榆带状分布即为廊道式扩散，这一轴线带沿津榆铁路扩散，天津—临榆轴线带上的各县，也是津榆铁路经过的县。北京—邯郸轴线带上设立工业企业的县，均是京汉铁路经过的县。廊道式扩散是在区域间交通廊道沿线扩张，是近代河北省工业空间扩散的主要模式。

最后是邻近扩散。从近代工业企业空间格局变迁来看，呈现明显的邻近扩散特征。以天津、北京（北平）为中心，逐渐向周边地区扩散的趋势明显。以口岸、政治中心为核心的辐射范围构成了工业企业扩散的核心区域。比如以北京（北平）为中心向通县和宛平、大兴等县的工业扩散，即属于邻近扩散。此外，宝坻、辛集、南宫等县设立的工业企业，均呈现邻近扩散特征。

（3）扩散动力特征

通过对工业空间演进、扩散路径以及扩散模式进行分析，探究近代中国工业空间扩散的动力，发现不同的扩散模式背后都存在不同的扩散动力。

首先，在发展初期，近代河北地区工业为点状分散式分布，工业企业主要分布在天津、北京、唐山等地。天津是河北地区开埠较早的口岸，继而发展成为近代华北的经济中心，是现代化因素进入河北及中国的重要渠道，因而天津是河北地区最早设立新式工业企业的地区。北京作为行政中心，也较早有新式工业企业设立。这些地区工业企业的设立与城市经济发展水平有关。

唐山设立的工业企业主要是采掘业，原因是依赖于该地区丰富的煤炭资源。此外，磁县、井陉、邢台、曲阳等地所设的工业企业均为采掘业，因其丰富的矿产资源禀赋而先后设立相关的工矿企业。可见，这些地区工业的发展大多与其丰富的矿产资源分布有关。

由此，可以看出近代河北地区政治经济、资源禀赋特性是工业空间扩散的主要动因，尤其是资源禀赋特性，是其跳跃性扩散的重要动力。

其次，近代河北地区工业“点—轴”式带状分布特征，呈现为明显的等级扩散模式，而最突出的是以交通等级为级次的廊道式扩散。由于地理位置和便利的交通条件对工业企业的设立极为重要，便利的交通条件能够降低运输成本。近代河北地区是铁路交通网络较为密集的区域之一，便利的铁路交通条件，为近代河北地区工业的发展奠定了基础。重要的铁路节点地区，成为新式工业企业选址的重要依据，在 19 世纪到 20 世纪上半叶河北地区的几条重要交通线上，津榆铁路和京汉铁路“点—轴”扩散的特征十分突出。因此，铁路交通是近代河北地区工业空间扩散的重要动力。

最后，在空间上，扩散容易呈现地域间的邻近效应。一方面，地理上的邻近关系容易激发彼此的模仿与学习。如北京地区邻近的各县，扩散效应明显，北京先行示范效应影响邻近地区在短时间内做出反应，实现扩散，进而推进宛平、通县、大兴等县的工业企业的设立。另一方面，聚集区域对周边邻近地区也有较强的扩散效应。新式工业企业在选址的过程中由于追逐利润的最大化，会选择更具有区位优势的地区，因此会聚集大量的企业，在一定程度上形成规模效应。但是同时也会出现诸如同行竞争等问题，因此会考虑开拓新区域，于是形成集聚区对周边地区的扩散效应，从而向邻近地区扩散。

通过以上分析，可以发现近代河北地区工业空间扩散上呈现出一定的特征。首先，从扩散的路径来看，呈现明显的“点—轴”扩散特征，初期以点状扩散为主，随着工业的发展形成轴线带状分布特征。其次，从扩散的模式来看，近代河北地区工业空间呈现跳跃扩散、等级扩散和邻近扩散 3 种模式，并以等级扩散的廊道式扩散模式为主。最后，从扩散的动力来看，通过分析发现，地区的经济发展水平、自然资源尤其是矿产资源的分布以及铁路交通均可能对空间扩散产生较大影响。

4.2 近代江苏省工业空间演变与扩散特征

4.2.1 区域的选择

近代江苏省治江宁，下辖上海、川沙、南汇、奉贤、松江、宝山、嘉定、青浦、金山、崇明、太仓、昆山、吴县、吴江、常熟、无锡、江阴、武进、宜兴、丹阳、丹徒、金坛、溧阳、句容、溧水、高淳、江宁、江浦、六合、启东、海门、南通、如皋、靖江、泰兴、泰县、江都、仪征、高邮、兴化、东台、盐城、宝应、淮安、阜宁、涟水、淮阴、泗阳、沭阳、灌云、东海、赣榆、宿迁、睢宁、邳县、铜山、萧县、沛县、丰县、砀山各县。1927 年 6 月，设南京为特别市，1930 年 6 月起，改称南京院辖市（即直辖市）。1927 年 8 月，设上海为特别市，1930 年 6 月，改称上海院辖市。在分析过程中，为了保持研究范围的一致性，本书未将南京特别市和上海特别市单独列出，而是统一划归为江苏省。

4.2.2 近代江苏省工业空间演变的基本情况

（1）1840—1894 年

据统计，这一时期江苏省共新设新式工业企业 54 家。从地域范围看涉及 4 个县，其中上海新设工业企业数最多为 50 家，占比为 92.6%。除上海之外，还有 3 个县包括奉贤县 1 家、铜山县 1 家、涟水县 2 家。这一时期江苏省所设工业企业主要分布在上海，为最早开埠的通商口岸之一，也是全国的经济中心，新设工业企业最多。从行业来看，这一时期上海开设的企业所属行业较为多样，包括纺纱业、轧花业、缫丝业、面粉业、造纸业等行业，具体如表 4-5 所示。然而，其他地区由于新式工业企业数量少，行业种类单一。

表 4-5 1840—1894 年江苏省工业的空间分布情况

县（市）	新设工业企业数量（家）	行业
上海	50	纺纱业、轧花业、缫丝业、面粉业、火柴业、造纸业、印刷业、机器工业、制革业、制药业、航运业（11 种）
奉贤	1	轧花业（1 种）

续表

县（市）	新设工业企业数量（家）	行业
涟水	2	榨油业（1种）
铜山	1	燃料采掘业（1种）

资料来源：杜恂诚．民族资本主义与旧中国政府（1840—1937）［M］．上海：上海社会科学院出版社，1991.

（2）1895—1911年

这一时期，江苏省共新设新式工业企业302家，其中2家未标明设立的具体县（市），因此剔除。通过对其余新设工业企业地理分布的分析，可以看出，地域范围扩大，涉及26个县，相较上一时期扩散趋势明显。从数量上看，上海依然是新设工业企业最多的地区，为182家，占比为60.26%；其次是丹徒（今属镇江）为24家、吴县（今属苏州）为23家，占比分别为7.9%和7.6%；无锡和南通所设新式工业企业数量也较多，分别为16家和11家，其他各县所设数量极少。

从地区分布来看，上海及其附近的奉贤、南汇、宝山、崇明（各1家）及松江（2家），吴县（今属苏州）及其附近的太仓、常熟，无锡及其附近的江阴、宜兴，以及武进、丹徒（今属镇江），包括南京及附近的句容、南通、如皋、泰县、泰兴等均有新式工业企业设立。除苏南地区外，苏北地区的铜山、涟水、高邮、淮安、宿迁及灌云也均有新式工业企业设立。

从行业来看，上海依然是所涉行业种类最多的地区，包括纺纱业、服用品业、罐头业、航运业、化妆品业、火柴业、机器工业、金属业、卷烟业、面粉业、呢绒业、碾米业、染织业、缫丝业、水电业、轧花业、印刷业、杂项业、造纸业、榨油业、织麻业、制材业、制蛋业、制革业、制药业、烛皂业、砖瓦业等27种，而吴县、无锡、丹徒、南通等县所涉行业也较为多样，其他地区则较为单一，具体如表4-6所示。

表4-6　1895—1911年江苏省工业的空间分布情况

县（市）	新设工业企业数量（家）	行业
上海	182	纺纱业、服用品业、罐头业、航运业、化妆品业、火柴业、机器工业、金属业、卷烟业、面粉业、呢绒业、碾米业、染织业、缫丝业、水电业、轧花业、印刷业、杂项业、造纸业、榨油业、织麻业、制材业、制蛋业、制革业、制药业、烛皂业、砖瓦业（27种）

续表

县（市）	新设工业企业数量（家）	行业
奉贤	1	水电业（1种）
南汇	1	碾米业（1种）
宝山	1	缫丝业（1种）
崇明	1	纺纱业（1种）
松江	2	航运业、服用品业（2种）
吴县	23	纺纱业、罐头业、航运业、染织业、缫丝业、水电业、丝织业（7种）
太仓	1	纺纱业（1种）
常熟	5	航运业、纺纱业、染织业（3种）
无锡	16	纺纱业、航运业、面粉业、碾米业、染织业、缫丝业、水电业（7种）
宜兴	1	染织业（1种）
江阴	2	染织业、纺纱业（2种）
武进	4	榨油业、航运业、烛皂业（3种）
丹徒	24	航运业、火柴业、机器工业、面粉业、缫丝业、水电业、造纸业、榨油业、制蛋业（9种）
南京	6	燃料业、砖瓦业、水电业、丝织业（4种）
句容	1	金属采掘业（1种）
南通	11	机器工业、纺纱业、丝织业、面粉业、水电业、航运业、印刷业、造纸业（8种）
如皋	2	涂料业、染织业（2种）
泰兴	1	榨油业（1种）
泰县	1	面粉业（1种）
高邮	2	面粉业、制蛋业（2种）
淮安	2	榨油业、面粉业（2种）
涟水	6	缫丝业、榨油业（2种）
宿迁	2	玻璃业、面粉业（2种）
铜山	1	燃料采掘业（1种）
灌云	3	榨油业、面粉业（2种）

资料来源：杜恂诚．民族资本主义与旧中国政府（1840—1937）[M]．上海：上海社会科学院出版社，1991.

与前期相比，这一阶段江苏省近代工业企业的地域分布呈现3个明显特征：一是多集中于上海一地，半数以上企业集中于此。二是向其他县扩散的趋势明显。前一阶段江苏省工业企业分布在4个县，而这一阶段则增加到26个县。除上海外，沿京杭运河的吴县、镇江等地，长江沿岸的南通、如皋、无锡、江阴、南京等地均有新式工业企业设立。除苏南外，苏北各县如宿迁、高邮、灌云等地也有新式工业企业分布。三是形成中心—周边的工业区域，比如以上海为中心，向宝山、南汇、松江、奉贤、崇明等周边县扩散，形成明显的工业区域；再如以吴县为中心，与常熟、太仓等地形成工业区域；以无锡为中心城市，与江阴、宜兴形成工业区域等。

(3) 1912—1926年

江苏省共新设工业企业714家，其中10家未明确标明设立的县（市），大多为航运业，在分析中将其剔除。通过对其余704家新设企业的地理分布进行分析，可以看出，地域范围扩大，涉及45个县，相较上一时期扩散趋势更加明显。从数量上看，上海依然是新设企业最多的地区，为443家，占比为62.9%；其次为无锡县62家、涟水县36家，所设新式工业企业也较多；此外，吴县、丹徒、南通分别为11家，其他各县新设企业数量极少。

从地区分布来看，除上海及其邻近的5县外，川沙、嘉定、青浦等县也有新式工业企业设立。除吴县及其附近的太仓、常熟外，增加昆山、吴江两县。武进邻近的溧阳、金坛，丹徒邻近的仪征、六合、江都，南通邻近的海门也均有新式工业企业设立。苏北地区除以上各县外，东台、宝应、兴化、盐城、淮阴、东海也新增了工业企业。可见，这一时期江苏省新式工业企业几乎遍布苏南地区及苏北大部，扩散趋势更加明显。

从行业来看，上海依然是行业种类最多的地区，共22种。无锡所涉行业种类仅次于上海，共17种，已涵盖大部分行业。其他地区如吴县、武进、丹徒、南通等地区所涉行业种类均有增加。总体来看，这一时期江苏省各县不仅工业企业数量有所增加，所涉及的行业也逐渐完善，具体如表4-7所示。

表4-7 1912—1926年江苏省工业的空间分布情况

县（市）	新设工业企业数量（家）	行业
上海	443	玻璃业、纺纱业、服用品业、罐头业、航运业、化妆品业、火柴业、机器工业、建筑业、金属业、精盐业、卷烟业、面粉业、呢绒业、制茶业、制蛋业、制革业、制搪瓷器皿业、制糖业、制药业、烛皂业、砖瓦业（22种）
奉贤	1	水电业（1种）
南汇	5	面粉业、水电业、火柴业、碾米业（4种）

续表

县（市）	新设工业企业数量（家）	行业
宝山	4	水电业、杂项业（2 种）
崇明	7	航运业、纺纱业、水电业（3 种）
松江	5	水电业、其他纺织业、服用品业（3 种）
川沙	2	航运业、水电业（2 种）
金山	2	杂项业、造纸业（2 种）
嘉定	2	水电业（1 种）
青浦	2	水电业（1 种）
吴县	11	缫丝业、丝织业、火柴业、造纸业、砖瓦业、水电业（6 种）
太仓	4	纺纱业、水电业（2 种）
常熟	4	水电业、纺纱业（2 种）
昆山	4	水电业、航运业、砖瓦业（3 种）
吴江	2	水电业（1 种）
无锡	62	纺纱业、服用品业、机器工业、金属业、面粉业、酿酒业、染织业、缫丝业、水电业、水泥业、酸碱业、饮料业、印刷业、杂项业、造纸业、制材业、烛皂业（17 种）
宜兴	1	染织业（1 种）
江阴	2	水电业（1 种）
武进	15	水电业、染织业、服用品业、面粉业、航运业、机器工业、纺纱业、面粉业、印刷业（9 种）
溧阳	1	水电业（1 种）
金坛	1	水电业（1 种）
丹徒	11	染织业、榨油业、面粉业、缫丝业、丝织业、烛皂业、燃料业、玻璃业、水电业（9 种）
丹阳	2	丝织业、水电业（2 种）
句容	2	水泥业、燃料采掘业（2 种）
南京	7	航运业、燃料业、面粉业、机器工业、水电业（5 种）
六合	1	水电业（1 种）
仪征	2	水电业（1 种）
南通	11	染织业、面粉业、水电业、碾米业、烛皂业、火柴业、纺纱业（7 种）
如皋	6	碾米业、水电业、纺纱业、染织业（4 种）
泰兴	3	水电业（1 种）

续表

县（市）	新设工业企业数量（家）	行业
泰县	7	其他纺织业、杂项业、碾米业、染织业、水电业、航运业（6 种）
海门	2	水电业、纺纱业（2 种）
江都	7	染织业、水电业、印刷业、精盐业、火柴业、燃料业（6 种）
高邮	1	水电业（1 种）
宝应	1	水电业（1 种）
东台	5	碾米业、燃料业、纺纱业、水电业（4 种）
兴化	1	水电业（1 种）
盐城	3	水电业、燃料采掘业、纺纱业（3 种）
淮安	1	水电业（1 种）
淮阴	3	面粉业、水电业、制蛋业（3 种）
涟水	36	缫丝业、印刷业、航运业、火柴业、造纸业（5 种）
宿迁	1	燃料采掘业（1 种）
铜山	6	染织业、制蛋业、水电业、面粉业（4 种）
灌云	2	染织业、水电业（2 种）
东海	3	金属采掘业、水电业（2 种）

资料来源：杜恂诚．民族资本主义与旧中国政府（1840—1937）［M］. 上海：上海人民出版社，2014.

与前期相比，这一时期江苏省工业企业在地域分布上呈现两个明显特征：一是多集中于上海一地，半数以上企业集中于此。二是由核心区向周边扩散的趋势明显。以上海为核心，除宝山、南汇、崇明、奉贤、松江外，继续向嘉定、川沙、青浦、金山等周边县扩散；苏州地区的吴江、昆山也有新式工业企业设立；江都县附近的宝应、仪征等地也均有新式工业企业设立。

（4）1927—1937 年

这一时期共新设 807 家新式工业企业，通过对新设工业企业的地理分布进行分析，可以看出，地域范围上涉及 33 个县，相较上一时期明显减少。从数量上看，上海依然是新设工业企业最多的地区，为 663 家，占比 82.16%；其次是南京为 22 家，无锡、吴县、武进所设新式工业企业也较多，分别为 18 家、17 家和 16 家。此外，丹徒有 10 家，其他各县所设新式工业企业数量极少。

从地区分布看，上海邻近的南汇、崇明、松江、嘉定、青浦各县依然有新式工业企业设立，但是奉贤、宝山、川沙、金山各县则未有新增。吴县及邻近的太仓、昆山、常熟，无锡及邻近的江阴，武进及邻近的溧阳、宜兴均有新式工业企业设立，但金坛没有。丹徒及邻近的丹阳、六合、江都仍有新设工业企业，但仪征没有。南京邻近的江浦、南通、泰县有新增，但泰兴、如皋、海门没有。苏北地区赣榆、萧县、丰县有新式工业企业设立，但是高邮、宝应、涟水没有新增。可见，这一时期江苏省新式工业企业在扩散的同时，存在集聚现象。

从行业来看，上海依然是行业种类最多的地区，包括砖瓦业、制药业、制盐业、制糖业、制搪瓷器皿业、制材业、造纸业、杂项业、橡胶业、涂料业、酸碱业、丝织业、水电业、食品业、缫丝业、染织业、其他纺织业、农场业、呢绒业、面粉业、棉纺织业、卷烟业、交通运输业、机器工业、火柴业、服用品业、肥皂化妆品业、电器业、电话业、出版印刷业、采矿业、玻璃业、航运业、金属业等，其他地区如无锡、吴县、武进、丹徒、南通等地所涉行业种类也较多，具体如表 4-8 所示。

表 4-8　1927—1937 年江苏省工业的空间分布情况

县（市）	新设工业企业数量（家）	行业
上海	663	砖瓦业、制药业、制盐业、制糖业、制搪瓷器皿业、制材业、造纸业、杂项业、橡胶业、涂料业、酸碱业、丝织业、水电业、食品业、缫丝业、染织业、其他纺织业、农场业、呢绒业、面粉业、棉纺织业、卷烟业、交通运输业、机器工业、火柴业、服用品业、肥皂化妆品业、电器业、电话业、出版印刷业、采矿业、玻璃业、航运业、金属业（34 种）
南汇	4	砖瓦业、水电业（2 种）
崇明	1	棉纺织业（1 种）
松江	4	水电业、电话业、交通运输业（3 种）
嘉定	5	棉纺织业、染织业、水电业、电器业（4 种）
青浦	1	水电业（1 种）
吴县	17	棉纺织业、火柴业、缫丝业、面粉碾米业、机器工业、出版业、农场业、水电业（8 种）
太仓	2	棉纺织业、水电业（2 种）
常熟	2	棉纺织业（1 种）
昆山	2	水电业（1 种）
吴江	3	水电业、电话业（2 种）

续表

县（市）	新设工业企业数量（家）	行业
无锡	18	出版业、肥皂业、机器工业、交通运输业、棉纺织业、面粉业、呢绒业、其他纺织业、染织业、缫丝业、食品业、水电业（12种）
江阴	1	染织业（1种）
武进	16	出版业、机器工业、棉纺织业、染织业、水电业、染织业、面粉碾米业、火柴业、食品业（9种）
溧阳	1	交通运输业（1种）
宜兴	2	砖瓦业、水电业（2种）
丹徒	10	出版业、肥皂业、交通业、面粉业、染织业、食品业、造纸业（7种）
丹阳	1	丝织业（1种）
南京	22	采矿业、出版业、电话业、面粉业、食品业、水电业、水泥业、杂项业、砖瓦业（9种）
江浦	1	水电业（1种）
六合	1	采矿冶炼业（1种）
江都	6	面粉碾米业、制盐业（2种）
南通	4	制盐业、农场业、水电业（3种）
泰县	3	水电业、交通运输业（2种）
淮安	1	水电业（1种）
淮阴	1	水电业（1种）
东台	4	农场业、盐垦业、乳业、水电业（4种）
盐城	1	水电业（1种）
灌云	1	面粉碾米业（1种）
赣榆	1	火柴业（1种）
铜山	6	出版业、水电业、电话业、火柴业（4种）
萧县	1	采矿冶炼业（1种）
丰县	1	水电业（1种）

资料来源：杜恂诚．中国的民族资本主义（1927—1937）［M］．上海：上海财经大学出版社，2019.

与前期相比，这一时期江苏省近代工业企业的地域分布呈现两个明显特征：一是集聚上海的趋势更加明显，上海一地占比相较于上一时期的62.9%，上升到82.16%。二是由核心区向周边扩散的趋势有所减弱，并存在一定程度的集聚。

4.2.3 近代江苏省工业空间扩散的特征

（1）扩散路径特征

通过对近代江苏省工业空间扩散路径进行分析，发现其空间扩散路径呈现明显的“点—轴—面”的特征。也就是说，在近代江苏省工业发展过程中，先呈现点状分散式分布，随着工业往前推进，开始由点及轴，呈现带状分布，并伴有片状分布特征。

在近代工业发展初始阶段，江苏省工业企业呈现点状分散式分布。比如1840—1894年这一阶段，工业企业零散地分布在上海、涟水、奉贤、铜山等地。

进入1895—1911年，存在明显的轴线带状分布特征，主要有4条路径：①以上海为起点的上海—南京轴线分布带，即上海—吴县—武进—丹徒（镇江）—江宁（南京）；②上海—江阴轴线分布带，即上海—宝山—太仓—常熟—江阴；③崇明—泰县轴线分布带：崇明—南通—如皋—泰兴—泰县；④镇江—铜山轴线分布带，即镇江—高邮—淮安—宿迁—铜山。这几条路径都是沿长江和京杭运河分布。同时以上海为中心，形成上海、南汇、宝山、松江、奉贤的片状分布带。

1912—1926年这一阶段，由以上4条轴线分布进一步发展，在上海及附近各县出现片状分布，更加明显且区域进一步扩大，这一时期川沙、嘉定、金山、青浦等县也有新式工业企业设立。同时以吴县为中心组成的吴县、常熟、无锡、江阴、武进、昆山片状分布带也逐渐明显。同时在4条主要的路径外，还出现了明显的沿海扩散的趋势，如海门、南通、如皋、东台、兴化、盐城、涟水、灌云分布带。

1927—1937年这一阶段，工业分布呈现一定的收缩态势，以上形成的带状分布路径也存在一定的发展差异。首先，沿上海—南京轴线带扩散的趋势依旧明显，并且江浦也有新式工业企业设立；其次，上海—江阴的分布带扩散依然明显，但所设工业企业数量有所下降；再次，镇江—铜山分布带扩散趋势有所减弱，部分县没有工业企业设立；最后，崇明—泰县的分布带出现衰落，除南通和泰县有新式工业企业设立外，其他县则没有。此外，这一时期江苏省工业空间扩散中出现新的特征，即沿海扩散趋势明显，崇明—南通—东台—盐城—灌云—赣榆沿海分布带形成。同时，以上海和吴县为中心形成的片状分布区域依旧明显。

通过对近代江苏省工业空间扩散路径的分析可以看出，在扩散过程中存在明显的“点—轴—面”路径特征。从最初的点状分散式分布，逐渐形成了以上海为主要中心沿 4 条线路向外扩散的趋势。同时，在上海和吴县出现明显的片状分布区域。

（2）扩散模式特征

通过对近代江苏省工业空间扩散路径特征的初步分析，发现在工业空间扩散过程中呈现明显的“点—轴—面”特征，在此扩散路径下可以归纳出如下几种扩散模式。

首先是廊道扩散。在点轴式迁移扩散主导下，近代江苏省工业的空间扩散明显带有廊道扩散特征。廊道扩散是在区域间交通廊道沿线扩散，在交通便利的地区设立新式工业企业。江苏省的水系发达，从而带动发达的内河航运，在京杭大运河以及长江和沿海的便利水运交通条件下，呈现廊道扩散。

其次是邻近扩散。从近代工业企业空间格局变迁来看，呈现明显的邻近扩散特征。以上海、吴县、镇江、南京等为核心，逐渐向周边地区扩散的趋势明显。比如以上海为中心向嘉定、青浦、金山等县扩散；以吴县为中心向吴江、宜兴、昆山等地扩散；以镇江、南京为中心向金坛、句容、仪征、六合等地扩散。这些在一定程度上均属于邻近扩散。

最后是跳跃扩散。跳跃扩散是指在扩散中跨区域的空间不连续扩散。比如，在近代江苏省工业发展过程中，在兴化、丰县等地设立的工业企业即属于跳跃扩散。

（3）扩散动力

不同的扩散模式背后都存在不同的促进因素或扩散动力。首先，口岸开埠促进了新式工业企业的设立。江苏省开埠口岸相对较多，先后开放上海、南京、镇江、苏州（吴县）、吴淞、海州、浦口、徐州、无锡为口岸，随着口岸的开放，这些地区也先后设立工业企业。因此，口岸的开埠可能对近代江苏省工业的空间扩散具有一定的促进作用。

其次，交通对近代江苏省工业空间扩散的促进作用。近代江苏省工业呈现明显的廊道扩散，这在一定程度上与江苏省发达的水运交通有关。上海—镇江、镇江—铜山分布带即是沿京杭大运河，上海—江阴及崇明—泰县则是沿长江南北两岸。江苏省是沿海省份，也存在明显的沿东部沿海扩散的趋势。同时，据对近代江苏省工业企业各县数量的统计，也可以看出上海—南京沿线各县工业企业数量相对较多，一定程度上可能是由于沪宁铁路的加持。此外，萧县、铜山、东台、灌云等地工业企业的设立，在一定程度上可能是由于陇海铁路江苏段的修建。因此，江苏省的水运交通及铁路的修建可能在一定程度上推动了近代江苏省工业沿廊道空间扩散。

最后，地域间的邻近效应也是近代江苏省工业空间扩散的动力。比如，上海作为现代化因素进入的窗口，首先集聚了工业发展的优势条件，率先发展新式工业。在这一过程中也对周边地区产生示范效应，影响邻近地区在短时间内做出反应实现扩散。上海大量工业企业的集聚也会加速新式工业企业的设立。

因此，通过以上分析，可以看出近代江苏省工业空间的扩散呈现一定的特征。首先，从扩散的路径来看，呈现明显的“点—轴—面”扩散，初期以点状扩散为主，随着工业的发展以轴线带状分布。其次，从扩散的模式来看，近代江苏省工业空间的扩散呈现廊道扩散、邻近扩散和跳跃扩散 3 种模式。最后，从扩散的动力来看，近代江苏省口岸开埠、水运及铁路交通、扩散效应均可能对工业空间扩散产生较大影响。

4.3 近代广东省的工业空间演变与扩散特征

4.3.1 区域的选择

近代广东省治番禺，下辖南雄、仁化、乐昌、乳源、曲江、始兴、翁源、连县、连山县、阳山县、英德、佛冈、新丰、连平、从化、龙门、清远、四会、广宁、开建、封川、德庆、高要、郁南、云浮、罗定、信宜、茂名、化县、阳春、阳江、电白、梅茂、廉江、吴川、遂溪、海康、徐闻、合浦、灵山、钦县、防城、花县、三水、南海、番禺、顺德、高明、鹤山、开平、恩平、台山、赤溪、中山、宝安、东莞、增城、博罗、惠阳、紫金、河源、和平、龙川、平远、蕉岭、梅县、大埔、饶平、兴宁、五华、丰顺、海丰、陆丰、惠来、普宁、揭阳、潮阳、汕头、澄海、潮安、南澳及海口、琼山、文昌、琼东、安定、澄迈、临高、儋县、安定、乐会、万宁、陵水、保亭、白沙、昌江、感恩、乐东、崖县各县。1930 年 1 月曾设广州特别市，同年 8 月降为广东省辖市。

4.3.2 近代广东省工业空间演变的基本情况

（1）1840—1894年

据统计，这一时期广东省共新设新式工业企业54家，其中4家未明确标明所属县（市），故将这几家企业剔除。在其余的50家企业中，从地域范围看，涉及6个县，其中顺德县所设企业数最多，为36家，均为缫丝业。汕头县为5家、广州为3家、南海县为4家，中山县、昌江县均为1家。从分布上看，主要位于珠江三角洲地带以及沿海地区。

从行业来看，广州主要是造纸业、水电业、航运业。南海县主要是缫丝业、火柴业和造纸业，汕头县则为榨油业、制糖业、航运业，顺德县则均为缫丝业，中山县及昌江县为金属采掘业，具体如表4-9所示。

表4-9 1840—1894年广东省工业的空间分布情况

县（市）	新设工业企业数量（家）	行业
广州	3	造纸业、水电业、航运业（3种）
顺德	36	缫丝业（1种）
南海	4	缫丝业、火柴业、造纸业（3种）
中山	1	金属采掘业（1种）
汕头	5	榨油业、制糖业、航运业（3种）
昌江	1	金属采掘业（1种）

资料来源：杜恂诚．民族资本主义与旧中国政府（1840—1937）［M］．上海：上海社会科学院出版社，1991.

（2）1895—1911年

这一时期，广东省共新设新式工业企业115家，其中7家未明确标明所属县（市），故将这几家企业剔除。通过对其余108家新设企业地理分布的分析，可以看出，地域范围扩大，涉及13个县，相较上一时期有一定的扩散趋势。从数量上看，顺德和广州是新设企业最多的地区，分别为47家和36家，占比分别为43.52%和33.33%；其次为汕头6家，南海5家，新会和合浦各3家，三水县有2家，澄海、惠阳、揭阳、宝安、梅县、四会等县各1家。

从地区分布看，珠江口附近除广州、南海、顺德外，三水、宝安、新会及沿海的惠阳，三水邻近的四会等均有新式工业企业设立。汕头及附近的澄海、揭阳及梅县，以及广东西南沿海的合浦也均有新增。从地理位置看，依然集中于长江三角洲及沿海地带。

从行业来看，种类最多的为广州，包含玻璃业、服用品业、航运业、火柴业、机器工业、卷烟业、面粉业、染织业、缫丝业、水电业、酸碱业、印刷业、造纸业、制瓷业、制革业、砖瓦业等16种。其他地区基本上集中于染织业、水电业和航运业，具体如表4-10所示。

表4-10 1895—1911年广东省工业的空间分布情况

县（市）	新设工业企业数量（家）	行业
广州	36	玻璃业、服用品业、航运业、火柴业、机器工业、卷烟业、面粉业、染织业、缫丝业、水电业、酸碱业、印刷业、造纸业、制瓷业、制革业、砖瓦业（16种）
顺德	47	缫丝业、水电业（2种）
南海	5	造纸业、砖瓦业、染织业、火柴业（4种）
三水	2	纺织业（1种）
宝安	1	水电业（1种）
新会	3	织麻业、航运业（2种）
惠阳	1	航运业（1种）
汕头	6	水电业、航运业（2种）
澄海	1	染织业（1种）
揭阳	1	染织业（1种）
梅县	1	染织业（1种）
四会	1	火柴业（1种）
合浦	3	燃料采掘业（1种）

资料来源：杜恂诚．民族资本主义与旧中国政府（1840—1937）［M］．上海：上海社会科学院出版社，1991.

（3）1912—1926年

这一时期，广东省共新设新式工业企业130家，其中21家未明确标明所属县（市），大多为航运业和缫丝业，本书在分析时将未标明所属地的企业剔除。通过对其余109家新设企业的地理分布进行分析，可以看出，地域范围扩大，涉及22个县，相较上一时期扩散趋势明显。从数量上看，广州是新设工业企业最多的地区，为43家，占比为39.45%；其次是顺德为18家，汕头新设工业企业8家，新会新增7家，南海为6家。其他各县所设数量极少。

从地区分布看，珠江出海口附近的广州、顺德、南海、三水、中山、东莞，汕头及附近的潮安、揭阳、兴宁，南部沿海的新会、台山、阳江，西南沿海的合浦、钦县、防城，以及北江沿线的高要、清苑、曲江、乐昌及琼州均有新式工业企业设立。从地理位置看，主要分布在珠江三角洲、沿海及沿江地区。

从行业分布看，广州所涉行业种类依然最多，共13种。顺德、新会、汕头所涉行业也逐渐多元，而其他地区则相对单一，且以水电业为主，具体如表4-11所示。

表4-11　1912—1926年广东省工业的空间分布情况

县（市）	新设工业企业数量（家）	行业
广州	43	玻璃业、纺纱业、航运业、火柴业、机器工业、卷烟业、面粉业、染织业、缫丝业、水电业、橡胶业、制革业、砖瓦业（13种）
顺德	18	缫丝业、水电业、染织业、火柴业（4种）
南海	6	水电业、火柴业、杂种食品（3种）
三水	2	水电业、火柴业（2种）
中山	2	水电业（1种）
东莞	2	水电业（1种）
清远	2	水电业、火柴业（2种）
曲江	1	水电业（1种）
乐昌	1	燃料采掘业（1种）
高要	1	水电业（1种）
新会	7	水电业、造纸业、缫丝业、火柴业、印刷业（5种）
台山	3	水电业、火柴业（2种）
阳江	1	水电业（1种）
惠阳	1	水电业（1种）
汕头	8	服用品业、烛皂业、染织业、碾米业、火柴业、航运业（6种）
潮安	1	水电业（1种）
揭阳	2	缫丝业（1种）
兴宁	1	水电业（1种）
合浦	2	烛皂业、水电业（2种）
钦县	1	金属采掘业（1种）

续表

县（市）	新设工业企业数量（家）	行业
防城	1	金属采掘业（1种）
琼州	3	杂种食品业、水电业（2种）

资料来源：杜恂诚．民族资本主义与旧中国政府（1840—1937）［M］．上海：上海社会科学院出版社，1991.

（4）1927—1937年

这一时期，广东省共新设新式工业企业48家，新设工业企业数量较上一时期明显减少。从新设企业的地理分布看，主要分布在15个县，空间范围上也有所缩小。从各县新增工业企业数量看，广州新设29家，占比约为60.4%，是这一时期新设工业企业最多的县（市），其他各县新设工业企业数量均较少。

从地区分布看，珠江三角洲地区有进一步扩散的趋势，除上一时期的各县有新式工业企业设立外，又新增增城、花县，汕头附近的潮安、揭阳。北江沿线仅有四会、曲江有新增，其他沿海地区仅有电白、钦县有新式工业企业设立。整体来看，这一时期广东省工业空间分布呈现扩散集聚的特征。

从行业来看，广州涉及玻璃业、采矿业、火柴业、交通业、棉纺业、呢绒业、染织业、水电业、水泥业、酸碱业、涂料业、橡胶业、造纸业、制糖业等行业，而其他各县所涉行业种类较少，且集中在水电业和制糖业，具体如表4-12所示。

表4-12　1927—1936年广东省工业的空间分布情况

县（市）	新设工业企业数量（家）	行业
广州	29	玻璃业、采矿业、火柴业、交通业、棉纺业、呢绒业、染织业、水电业、水泥业、酸碱业、涂料业、橡胶业、造纸业、制糖业（14种）
顺德	3	面粉业、制糖业、水电业（3种）
三水	1	火柴业（1种）
东莞	1	制糖业（1种）
宝安	1	水电业（1种）
增城	1	水电业（1种）
中山	2	涂料业、制糖业（2种）
花县	1	制糖业（1种）
四会	1	水电业（1种）

续表

县（市）	新设工业企业数量（家）	行业
曲江	2	采矿冶炼业、水电业（2种）
汕头	1	火柴业（1种）
潮安	1	火柴业（1种）
揭阳	2	制糖业、水电业（2种）
电白	1	采矿冶炼业（1种）
钦县	1	采矿冶炼业（1种）

资料来源：杜恂诚．中国的民族资本主义（1927—1937）［M］．上海：上海财经大学出版社，2019.

4.3.3 近代广东省工业空间扩散的特征

（1）扩散路径特征

通过对近代广东省工业空间扩散路径进行分析，发现其空间上呈现明显的局部片状分布，在扩散路径上呈“点—面—轴”特征，并伴有沿海扩散。也就是说在近代广东省工业发展过程中，先呈现点状分布，再由点向四周扩散，簇集成面。

在近代工业发展初始阶段，广东省工业企业呈现点状聚集式分布。比如1840—1894年这一阶段，工业企业分布在广州、顺德、南海、中山、汕头、昌江等地。其中顺德新设工业企业数量最多，并以顺德为中心与广州、南海、中山在珠江口形成聚集式分布，面状分布趋势初现。

进入1895—1911年，以广州—顺德为中心的片状分布更加明显，并且以汕头为中心的局部聚集式分布初现。具体而言，在珠江三角洲区域，形成以广州—顺德为中心，以其附近的南海、三水、新会为外围的分布格局。在韩江流域形成以汕头为中心，揭阳、澄海为外围的分布格局。同时在合浦、惠阳等沿海县出现新式工业企业。

1912—1926年这一阶段，面状分布更加明显，以广州为中心的珠江三角洲的南海、顺德、三水、中山、新会依然活跃，珠江口的宝安、东莞有新式工业企业设立。韩江流域的汕头、揭阳、潮安也有发展。同时沿海扩散路径更加明显，合浦—阳江—台山—中山—宝安—揭阳南部沿海轴线带初步形成。北江、西江流经的高要、四会、三水、清远、曲江、乐昌也有新式工业企业设立。工业开始在兴宁、防城和钦县零星分布。这一时期广东省形成了以广州和汕头为中心的局部面状分布区域，以及北江、西江及沿海的两条轴线分布带。

1927—1937 年这一阶段，在工业分布上呈现一定的收缩态势，以上形成的两个局部面状区域依然有所发展。沿海和沿江扩散路径有所收缩，南部沿海仅有电白和台山，北江、西江沿线仅有三水、花县、曲江和四会设立新式工业企业。

通过对近代广东省工业空间扩散路径的分析可以看出，在扩散过程中存在明显的“点—面—轴”路径特征。从最初的点状集聚式分布，逐渐形成了分别以广州、汕头为中心的面状分布。同时，在沿海和沿江地带形成轴线分布。

（2）扩散模式特征

通过对近代广东省工业空间扩散路径的初步分析，发现在工业空间扩散过程中呈现明显的“点—面—轴”扩散特征，在此扩散路径下可以归纳出以下几种扩散模式。

首先是邻近扩散。从近代广东省工业企业空间格局变迁来看，呈现明显的邻近扩散特征。以广州、汕头等为核心，逐渐向周边地区扩散的趋势明显。比如以广州为中心向南海、中山、花县等地扩散；以汕头为中心向澄海、揭阳、潮安等地扩散。

其次是廊道扩散，近代广东省工业的空间扩散中也呈一定的廊道扩散的特征。广东省沿海且水系发达，形成了南部沿海和沿北江—西江的廊道扩散模式。

最后是跳跃扩散，跳跃扩散是指在跨区域的空间不连续扩散。比如，在近代广东省工业发展过程中，在兴宁、钦县、昌江、梅县等地设立的工业企业即属于跳跃扩散。

（3）扩散动力

不同的扩散模式背后存在不同的促进因素或扩散动力。首先，口岸开埠促进了新式工业企业的设立，广东省开埠口岸相对较多，先后开放广州、汕头、琼州、北海、三水、中山、江门、台山为口岸，随着口岸的开放，这些地区先后设立工业企业。在近代广东省工业发展过程中，率先形成了以广州、汕头为中心的面状分布区域，并形成以北海、中山、台山、琼州等为中心的沿海扩散路径，以及以三水为中心的西江—北江的轴线扩散路径。因此，口岸的开埠对近代广东省工业的空间扩散有一定的促进作用。

其次，地域上的邻近效应是近代广东省工业空间扩散的动力。比如，具有区位优势或经济发展水平较高的地区首先具备了工业发展的条件，率先发展新式工业，比如顺德（缫丝业）、广州（连接中西方的窗口），并对周边地区产生示范效应，邻近地区在其外溢作用下开始发展工业。大量工业企业的集聚也会产生拥挤效应，进一步推进周边地区工业的发展。

再次，水运交通对近代广东省工业空间扩散产生促进作用。近代广东省工业呈现明显的廊道扩散，这在一定程度上与广东省发达的水运交通有关。南部沿海的合浦、电白、阳江、台山、中山、宝安、惠阳、汕头均有工业企业设立。同时，西江流域的高要、三水、南海、广州、东莞、增城以及北江流经的花县、清远、曲江、乐昌均有工业企业设立。因此，水运交通在一定程度上推动了近代广东省轴线式空间扩散。

最后，资源禀赋特性在近代广东省工业空间扩散中也有一定的作用。比如在工业发展过程中具有跳跃扩散特征的昌江县、防城县、钦县、乐昌县等设立的企业均属采掘业。因此，这些地区工业的发展大多与其丰富的矿产资源有关。

通过以上分析，可以看出近代广东省工业空间扩散呈现一定的特征。首先，从扩散的路径来看，呈现明显的“点—面—轴”扩散，初期以点状集聚为主，随着工业的发展呈现轴面状分布特征，并逐渐沿江沿海呈轴线分布。其次，从扩散的模式来看，近代江苏省工业空间扩散上呈现邻近扩散、廊道扩散和跳跃扩散3种模式。最后，从扩散的动力来看，近代广东省口岸、扩散效应、水运交通、资源禀赋均可能对工业空间扩散产生较大影响。

4.4 本章小结

本章以近代河北地区、江苏省和广东省为重点研究区域，对其工业空间演变和扩散特征进行了深入探讨。通过分析，可以看出不同省份的工业空间演变和扩散特征存在一定的差异。通过对近代河北地区工业空间演变和扩散特征的分析，可以看出以下规律。

（1）在空间演变方面。将河北省工业发展情况分为4个阶段，通过对不同阶段新式工业企业的设立地区、数量和行业进行分析，可知在第一阶段（1840—1894年）河北地区设立新式工业企业的县（市）较少，仅有5个（天津、北京、唐山、磁县、邢台），各县（市）所设企业数量也较少，总共设立9家，并且所涉行业种类也较少，主要有燃料采掘业、面粉业、水泥业和火柴业。第二阶段（1895—1911年）设立工业企业的县（市）明显增加，分布于17个县（市），并且工业企业数量也增加到75家，是第一阶段的8倍。从行业来看，增加到16种，所涉行业更加多样。第三阶段（1912—1926年），河北地区新设工业企业数量达到166家，分布于24个县（市），地域上有明显的扩散，并且行业种类渐趋完善。第四阶段（1927—1937年）新设工业企业数量有所减少，为96家，范围也有所缩小，分布于17个县（市）。可以看出近代河北地区工业企业数量有明显增加的趋势，地域范围上扩散较为明显，并且行业种类更加多样并趋于完善。

（2）在扩散路径上。近代河北地区工业空间扩散路径呈现明显的“点—轴”扩散特征，初期以点状扩散为主，分布于几个县，并逐渐呈现轴线带状分布特征，形成以天津为中心的“天津—临榆”轴线带以及以北京为中心的“北京—邯郸”轴线带。随着工业的发展，轴线扩散路径特征更加明显。

（3）在扩散模式上。近代河北地区工业空间扩散呈现跳跃扩散、廊道扩散和邻近扩散3种模式，并以廊道扩散模式为主。

（4）在扩散动力上。通过对扩散模式进行分析，可以看出在近代河北地区工业发展中，铁路交通、扩散效应、地区经济发展水平、自然资源尤其是矿产资源的分布均可能对空间扩散产生较大影响。

通过对近代江苏省工业空间演变和扩散特征的分析，可以发现以下规律。

（1）在空间演变方面。将江苏省工业发展情况分为4个阶段，通过对不同阶段新式工业企业的设立地区、数量和行业进行分析，可知在第一阶段（1840—1894年）江苏省设立新式工业企业的县（市）较少，仅有上海、奉贤、涟水和铜山4个县（市），总共设立数量为54家。所设行业种类也较少，除上海涉及11个行业种类外，其他各县所涉行业种类均较单一。第二阶段（1895—1911年）江苏省工业企业的分布范围有明显扩大，分布于26个县（市），工业企业数量增加到302家，是第一阶段的近6倍，并且各县设立数量明显增加。从行业来看，上海所涉行业更加多样，其他如吴县、无锡、丹徒、南通各县所涉行业种类也较多。第三阶段（1912—1926年），江苏省新设工业企业数量达到714家，分布于45个县（市），有明显的扩散，并且行业种类渐趋完善。第四阶段（1927—1937年）新设工业企业数量为807家，但是分布范围较上一时期有所缩小，分布于33个县（市）。可以看出近代江苏省工业企业数量有明显增加的趋势，扩散较为明显，行业种类更加多样并趋于完善。

（2）在扩散路径上。近代江苏省工业空间扩散路径呈现明显的“点—轴—面”扩散特征，初期以点状扩散为主，较为分散地分布于4个县，并逐渐呈现轴线带状分布特征，形成以上海为中心的“上海—南京”轴线分布带、“上海—江阴”轴线分布带、“崇明—泰县”轴线分布带和“镇江—铜山”轴线分布带。随着工业的发展，轴线扩散路径特征更加明显，同时出现了以上海及吴县为中心的面状分布。

（3）在扩散模式上。近代江苏省工业空间扩散呈现廊道扩散、邻近扩散和跳跃扩散3种模式。

（4）在扩散动力上。通过对扩散模式进行分析，可以看出口岸开埠、水运及铁路交通、扩散效应等均可能对近代江苏省工业空间扩散产生较大影响。

通过对近代广东省工业空间演变和扩散特征的分析，可以看出以下规律。

（1）在空间演变方面。将广东省工业发展情况分为4个阶段，通过对不同阶段新式工业企业的设立地区、数量和行业进行分析，可知在第一阶段（1840—1894年）广东省设立新式工业企业的县较少，仅有顺德、广州、南海、中山、汕头、昌江等6个县（市），总共设立54家。所涉行业种类也较少，集中于缫丝业、水电业、航运业、采掘业等。第二阶段（1895—1911年）设立工业企业的地区范围明显扩大，分布于13个县，并且工业企业数量增加到115家，是第一阶段的近3倍。从行业来看，广州所涉行业种类较多，其他各县以水电业、航运业或染织业为主，相对较单一。第三阶段（1912—1926年），江苏省新设工业企业数量为130家，分布于22个县，地域上有明显扩散。从行业来看，除广州行业种类相对多样外，顺德、新会、汕头各县行业种类也较多，但其他各县依然较单一。第四阶段（1927—1937年）新设工业企业数量明显下降，仅有48家，分布于15个县，分布范围较上一时期有所缩小。可以看出近代江苏省工业企业数量有一定的增加，地域上扩散较为明显，行业种类上除个别县外仍较为单一。

（2）在扩散路径上。近代广东省工业空间扩散路径呈现明显的“点—面—轴”特征，初期以点状分布为主，较为集聚地分布于6个县（市）；在发展过程中，集聚式的点开始扩展为面，并逐渐呈现沿海和沿江的带状分布。

（3）在扩散模式上。近代广东省工业空间扩散呈现为邻近扩散、跳跃扩散、廊道扩散等模式。

（4）在扩散动力上。通过对扩散模式进行分析，可以看出口岸开埠、水运交通、扩散效应及矿产分布等均可能对近代广东省工业空间扩散产生较大影响。

通过分析可以看出不同省份工业空间扩散存在一定的差异，主要表现在：①在工业空间演进方面，无论是河北地区、江苏省还是广东省所设工业企业的数量均有增加趋势，并且分布范围逐渐扩大。相对而言近代江苏省无论是新式工业数量还是分布范围均较多。②在扩散路径上，近代河北地区以"点—轴"扩散为主，初期点状分布于几个县（市），并逐渐呈轴线分布。江苏省则呈现"点—轴—面"分布特征，初期与河北地区相似，点状分布在几个县（市），随着工业的发展，开始沿轴线带状分布，并扩展成面。广东省则呈"点—面—轴"分布，初期呈点状分布，与其他两个省份不同的是，呈集聚式分布在珠江口附近，随着工业的发展，集聚的点状分布扩展成面，伴有沿海和沿江轴线分布特征。③在扩散模式上，近代河北地区以廊道扩散为主，江苏省则廊道扩散和邻近扩散均较明显，而广东省邻近扩散模式较突出。④在扩散动力上，由于不同省份的扩散路径和扩散模式存在一定差异，因此在扩散动力上有所不同。近代河北地区铁路交通对工业的扩散有较大的影响，江苏省的口岸开埠、水陆交通及扩散效应更明显，而广东省的扩散效应和口岸开埠对工业的空间扩散有较大的促进作用。

第5章　通商口岸与近代中国工业的空间格局

上一章分析了近代河北地区、江苏省、广东省区域内部工业空间演进历程，探讨了不同区域的工业空间扩散模式及扩散动力等，对比分析了不同区域的扩散特征，初步得出了促进近代中国工业空间扩散的动力，其中口岸、铁路、水运、矿产资源分布等均有可能对工业空间扩散产生影响。然而，这些因素是否真正推动了近代中国工业的空间扩散，影响有多大，是否存在区域差异，均是需要进一步探讨的问题。已有文献虽对影响近代工业发展的因素进行过分析，但对工业空间扩散的动力机制缺乏深入的探讨。因此，本章将进一步分区域探讨不同因素对近代工业空间扩散的影响，以探究推动不同区域工业空间扩散的动力，为今天区域经济的平衡发展提供历史启示。

中国的近代化是从口岸开始的，一方面，口岸开埠促进了中国与西方的贸易，加速了近代中国的商品经济发展；另一方面，口岸带来的现代化因素为中国的经济转型奠定了基础。因此，本章首先从口岸开始，探讨通商口岸对近代中国工业空间扩散的影响。

5.1　近代中国的通商口岸

“通商口岸”，简称“口岸”，是一个主权国家对外贸易的窗口。口岸往往位于边境或交通要塞，因而常见于沿海沿江与边境地区。近代中国的通商口岸与近代化转型及经济变迁紧密交织，是研究中国现代化的一个重要切入点。

近代中国通商口岸开埠有着曲折的路程，已有相当多文献探讨过通商口岸的开埠与历史发展，其中探讨较多的便是上海、天津、广州、汉口等口岸，近年来也有学者专门探讨边境口岸的发展历程。列强的入侵打开了中国的大门，近代通商口岸扮演着特殊的角色，充满了不平等色彩。

5.1.1 近代通商口岸开埠历史

近代的通商口岸分为约开口岸和自开口岸，外国列强对中国进行经济侵略及战争，逼迫清政府签订不平等条约开放口岸进行通商，这种通过签订条约的形式开放的口岸，被称为约开口岸。此外，19 世纪 70 年代产生了自开口岸，自开口岸由清政府自行开放，多为各地方督抚和总理衙门基于形势需要而奏请自开。

（1）约开口岸

约开口岸的开埠在近代中国大体经历了 4 段时期：

第一段是 19 世纪 40 年代至 50 年代初期。英国为了扩大对华贸易，发动第一次鸦片战争，战败的清政府于 1842 年被迫与英国签订了《南京条约》，开放上海、宁波、厦门、福州、广州 5 处为通商口岸，将香港岛割让给英国，并且允许英国人在“五口”居住，进行贸易通商，英国也由此逐步打开了中国市场。中英《南京条约》中约定：“自今以后，大皇帝恩准英国人民带同所属家眷，寄居大清沿海之广州、福州、厦门、宁波、上海等五处通商口岸，贸易通商无碍；且大英国君主派设领事、管事等官住该五处城邑，专理商贾事宜，与各该地方官公文往来；令英人按照下条开叙之列，清楚交纳货税、钞饷等。”[①] 1851 年，中俄签订《俄国伊犁塔尔巴哈台通商章程》，开放伊犁、塔尔巴哈台（今塔城）为口岸。

第二段为 19 世纪 50 年代后期至 60 年代。1856 年第二次鸦片战争爆发，清政府战败，于 1858 年在美国、日本、法国、德国、俄国等国的联合逼迫下签订《天津条约》，进一步开放牛庄（后改营口）、台湾（台南）、潮州（后改汕头）、登州（后改烟台）、淡水、琼州、汉口、九江、南京、镇江 10 处为通商口岸。此条约将长江流域的开放口岸从下游沿海地带跳跃式深入内地，到达长江中游地区，极大地扩大了列强的暴利获取范围。1860 年，续签订《北京条约》又开放天津、大沽、喀什、库伦（今乌兰巴托）为口岸。

第三段为 19 世纪 70 年代至 80 年代。清政府与英、法、俄、日等国相继签订条约，1876 年签订《烟台条约》开放宜昌、芜湖、温州、北海等各处。1881 年签订《伊犁条约》开放肃州（嘉峪关）、乌鲁木齐、哈密、古城（奇台）、吐鲁番、科布多、乌里雅苏台各处为口。1887 年签订《中法续议商务

① 王铁崖．中外旧约章汇编（第 1 册）［M］．北京：生活·读书·新知三联书店，1957：31.

专条》，辟龙州、蒙自、蛮耗（今曼耗）为商埠。此外，1890年签订的《新订烟台条约续增专条》开放重庆为口岸，1893年的《藏印议订附约》辟亚东为商埠。

第四段则是甲午战争后、辛亥革命前（1895—1911年）。清政府与各国签订的《中法续议商务专条附章》《马关条约》《续议缅甸条约附款》《续议通商行船条约》开放思茅、河口、沙市、苏州、杭州、腾越、梧州、三水（三水县江根墟）、长沙、万县、江门为商埠，并通过《会议东三省事宜正约》等开放东北三省各口岸。截至1911年，通过签订条约形式开放的口岸如表5-1所示。

表5-1　近代中国的约开商埠

签订时间	条约	开埠口岸
1842年	《南京条约》	上海、宁波、厦门、福州、广州
1851年	《俄国伊犁塔尔巴哈台通商章程》	伊犁、塔尔巴哈台（今塔城）
1858年	《天津条约》	牛庄（后改营口）、潮州（后改汕头）、登州（后改烟台）、琼州、汉口、九江、南京、镇江、台湾（台南）、淡水、高雄、基隆
1860年	《北京条约》	天津、喀什、库伦（今乌兰巴托）、大沽
1876年	《烟台条约》	宜昌、芜湖、温州、北海
1881年	《伊犁条约》	肃州（嘉峪关）、乌鲁木齐、哈密、古城（奇台）、吐鲁番、科布多、乌里雅苏台
1887年	《中法续议商务专条》	龙州、蒙自、蛮耗（今曼耗）
1890年	《新订烟台条约续增专条》	重庆
1893年	《藏印议订附约》	亚东
1895年	《中法续议商务专条附章》	思茅、河口
1895年	《马关条约》	沙市、苏州、杭州
1897年	《续议缅甸条约附款》	腾越、梧州、三水（三水县江根墟）
1898年	《胶澳租界地条约》《中俄旅大租界条约》《租借威海卫专条》	胶州湾、旅顺、威海卫（租借地）
1899年	《广州湾租界条约》	广州湾（租借地）
1902年	《续议通商行船条约》	长沙、万县、江门
1903年	《美国通商行船续约》	奉天（沈阳）、安东（丹东）
1905年	《会议东三省事宜正约》	凤凰城、辽阳、新民屯、铁岭、通江子、法库门、大东沟、宽城子（长春）、吉林、哈尔滨、宁古塔（宁安）、珲春、三姓（依兰）、齐齐哈尔、海拉尔、瑷珲、满洲里、绥芬河

续表

签订时间	条约	开埠口岸
1906 年	《续订藏印条约》	江孜、噶达克
1909 年	《图们江中韩界务条款》	龙井村、局子街（延吉）、头道沟、百草沟

资料来源：王铁崖．中外旧约章汇编（第 1 册）［M］. 北京：生活·读书·新知三联书店，1957：107.

严中平，等．中国近代经济史统计资料选辑［M］. 北京：科学出版社，1955：48.

张洪祥．近代中国通商口岸与租界［M］. 天津：天津人民出版社，1993：321-324.

吴松弟．“自东向西、由边向内”：中国近代经济变迁的空间进程［C］//复旦大学历史地理研究中心，韩国仁荷大学韩国学研究所．海洋·港口城市·腹地：19 世纪以来的东亚交通与社会变迁．上海：上海人民出版社，2014.

对于近代通商口岸数目的统计，不同的文献存在较大差异。比如，漆树芬统计的近代中国的约开口岸数量为 70 个，张洪祥统计的约开口岸数量为 77 个，吴松弟统计的约开口岸及租借地共 79 个，樊如森统计的约开口岸的数量为 82 个。比如，漆树芬的数据中未包括库伦、乌里雅苏台、科布多、台南、淡水等，而后根据考证这几个也是约开口岸。此外虽然中英《天津条约》中开放淡水、台南两处口岸，但实际上开埠的还有基隆、高雄。张洪祥的数据中没有蛮耗，而其他资料中则均有体现。

以上约开口岸是通过签订条约的形式开放的，有的口岸在条约签订的当年或第二年便开放，也有的口岸由于种种原因开放时间较晚，比如 1902 年《中英通商条约续约》最早议定万县为通商口岸，1917 年重庆海关在万县设立分关开放通商，迟至 1925 年万县才正式开埠。总而言之，列强通过条约口岸将其势力范围深入中国内地，以谋取利益。

（2）自开口岸

关于“自开商埠”的数量，学者说法不一。孔庆泰[①][②]、严中平[③][④]、朱

① 孔庆泰．1921 年前中国已开商埠［J］. 历史档案，1984，（2）：54-63.

② 列入“商埠年表”且标明属于清季“自开”的商埠有武昌、岳州、长沙、常德、湘潭、三都澳、鼓浪屿、南宁、昆明、济南、潍县、周村、吴淞、海州、秦皇岛等 15 处。

③ 严中平，等．中国近代经济史统计资料选辑［M］. 北京：科学出版社，1955：41-48.

④ 严中平所编《鸦片战争后所开商埠表》中可以划归“自开”的商埠共 12 处，较之孔庆泰的统计少了长沙、常德、湘潭、武昌等 4 处，多了广东的公益埠 1 处。

新繁[①②]、漆树芬[③④]等均对自开商埠进行过探讨，可谓众说纷纭。杨天宏（1999）认为经中央或地方政府批准开埠之后，多数商埠的内外贸易便已经开始，商埠也因此成为合法，有些商埠难以找到某种业已建成的标志，并且许多地方设关开埠的时间无法考证，因此在自开商埠上分歧更多。表5-2为汇总的近代中国自开商埠信息。

表5-2　近代中国的自开商埠

口岸	开埠签订时间	实际开埠时间	备注
拱北	1887年		
三都澳	1898年	1899年	总理衙门奏准
岳阳	1898年	1899年	湘抚奏准
秦皇岛	1898年	1899年	总理衙门奏准
吴淞	1898年	1898年	总理衙门奏准
南宁	1899年	1907年	广西巡抚奏准
武昌	1900年		两广总督张之洞奏准
鼓浪屿		1902年	兴泉永兵备道奏准
济南	1904年	1906年	袁世凯等奏准
潍县	1904年	1906年	袁世凯等奏准
周村	1904年	1906年	袁世凯等奏准
常德	1905年	1906年	湘抚奏准
湘潭	1905年	1906年	湘抚奏准
昆明	1905年	1908年	滇督奏准
海州	1905年	1926年	
公益埠	1908年	1908年	由粤督批准
香洲	1909年	1909年	由“绅商”主持
浦口		1912年	地方官主持
葫芦岛	1914年	1914年	东三省总督奏准
洮南	1914年	1914年	
归化	1914年	1914年	
多伦诺尔		1914年	
张家口	1914年	1916年	
赤峰	1914年	1917年	
龙口	1915年	1915年	

① 朱新繁．中国资本主义之发展［M］．上海：上海联合书店，1930：180-187.
② 其中统计为17处，较之孔庆泰的统计多了南京、河口、思茅3处，少了吴淞1处。
③ 漆树芬．经济侵略下之中国［M］．北京：生活·读书·新知三联书店，1954：16-20.
④ 其中统计为16处，较孔庆泰统计多了奉天的葫芦岛和南京2处，少了吴淞1处。

续表

口岸	开埠签订时间	实际开埠时间	备注
锦县	1916 年	1916 年	
济宁		1921 年	
包头		1921 年	
郑州		1922 年	
徐州		1922 年	
无锡		1923 年	
宾兴洲	1923 年		
蚌埠		1924 年	
中山港		1930 年	

资料来源：吴松弟．“自东向西、由边向内”：中国近代经济变迁的空间进程［C］//复旦大学历史地理研究中心，韩国仁荷大学韩国学研究所．海洋·港口城市·腹地：19 世纪以来的东亚交通与社会变迁．上海：上海人民出版社，2014.

张洪祥．近代中国通商口岸与租界［M］．天津：天津人民出版社，1993：325-326.

杨天宏．近代中国自开商埠的研究述论［J］．四川师范大学学报（社会科学版），2001（6）：88-95.

关于自开商埠的开设，漆树芬认为 1922 年有 27 个自开商埠，张洪祥的统计中包括 35 个，而吴松弟、樊如森等统计的数量为 33 个。不仅统计数量上有所差异，并且是否为口岸也存在争议。比如在张洪祥的统计中拱北、下关、洛阳、彰德也是自开商埠，而在吴松弟的统计中则没有这 3 个口岸，而是多了宾兴洲、铜鼓、中山港等。有的统计中将安庆、惠阳也列为自开商埠，而张洪祥和吴松弟的统计中均没有列入。通过对不同文献的分析，本书采用吴松弟等统计的口岸资料。除了口岸数量上存在争议外，自开口岸的开埠时间也存在记载差异。比如三都澳的开埠时间有的资料是 1898 年 3 月 24 日，有的资料则是 1898 年 4 月 24 日，诸如此类，因此本书只列入年份，未注明具体时间。

从自开口岸的开埠时间看，1898 年签订开埠的口岸有 4 个，分别是三都澳、岳阳、秦皇岛、吴淞等处。1904 年及 1905 年相对集中，自开商埠 7 个。1914 年相对集中开埠 6 个，此外还有 9 个是 1921 年后开埠，中山港的开埠时间最晚，为 1930 年。开埠签订时间与实际开埠时间存在一定的时间差，有的口岸相隔时间较长，比如海州开埠签订时间为 1905 年，而实际开埠时间则为 1921 年。

从自开口岸的分布来看，基本上分布在沿海省份的江苏、山东、广东、福建、辽宁，中部省份的河南、湖南、湖北、安徽也有少量口岸设立，西部省份则有云南、广西自开商埠各1个，分别为昆明和南宁。从自开口岸的分布来看，依然是以沿海省份为主。

5.1.2 近代通商口岸的空间分布

从鸦片战争以后的五口通商开始，至1930年，通过本书的统计，出现了75个通过条约开放的口岸、34个近代自行开放商埠，共109个商埠口岸，加上4个租借地和香港、澳门，可供外国人贸易的口岸达到115个。也有一说是110个，不同学者对开埠口岸情况的分析存在一定的差异。本书通过对不同文献进行综合分析，得出条约口岸和自开口岸及租借地的情况，均有一定的文献来源，当然具体的开埠情况仍存在一定的探讨空间。

从表5-3可以更进一步地看出近代通商口岸空间分布情况，从范围来看，除了沿海省份外，内陆省份江西、安徽、湖南、热河、察哈尔、甘肃等均有商埠开通，边疆地区新疆、西藏、云南等省份也有相应的口岸开通以方便与周边国家进行贸易往来。从各省口岸数量来看，奉天（辽宁）开埠口岸最多，14个，其中约开11个，自开3个。广东有11个，其中约开7个，自开4个。此外，吉林、山东等省份开埠口岸也较多。河南、甘肃、热河则各有1个开埠口岸。总体来看，无论约开还是自开，这些口岸大多位于交通发达或枢纽之地。早期开放的口岸多位于沿海、沿长江或沿大运河地区，后期尽管深入内地，但均居交通要冲。

表5-3 近代中国开埠口岸的空间分布

省份	开埠数量（个）	备注
江苏	9	（约开）上海、南京、镇江、苏州（4个） （自开）吴淞、海州、浦口、徐州、无锡（5个）
广东	11	（约开）广州、汕头、琼州、北海、三水、广州湾、江门（7个） （自开）公益埠、香洲、拱北、中山港（4个）
浙江	3	（约开）宁波、温州、杭州（3个）
福建	4	（约开）厦门、福州（2个） （自开）三都澳、鼓浪屿（2个）
山东	8	（约开）登州、威海卫、胶州湾（3个） （自开）济南、潍县、周村、龙口、济宁（5个）
河北	2	（约开）天津（1个） （自开）秦皇岛（1个）

续表

省份	开埠数量（个）	备注
奉天	14	（约开）营口、旅顺、沈阳、安东、凤凰城、辽阳、新民屯、铁岭、通江子、法库门、大东沟（11个） （自开）葫芦岛、洮南、锦县（3个）
湖北	4	（约开）汉口、宜昌、沙市（3个） （自开）武昌（1个）
江西	2	（约开）九江（1个） （自开）宾兴洲（1个）
安徽	2	（约开）芜湖（1个） （自开）蚌埠（1个）
甘肃	1	（约开）肃州（1个）
新疆	7	（约开）伊犁、塔尔巴哈台、喀什噶尔、乌鲁木齐、哈密、古城（奇台）、吐鲁番（7个）
台湾	4	（约开）台南、淡水、基隆、高雄（4个）
广西	3	（约开）龙州、梧州（2个） （自开）南宁（1个）
云南	6	（约开）蒙自、蛮耗、思茅、河口、腾越（5个） （自开）昆明（1个）
四川	2	（约开）重庆、万县（2个）
西藏	3	（约开）亚东、江孜、噶达克（3个）
湖南	4	（约开）长沙（1个） （自开）岳阳、常德、湘潭（3个）
吉林	10	（约开）吉林、长春、哈尔滨、宁古塔、珲春、三姓、龙井村、局子街、头道沟、百草沟（10个）
黑龙江	5	（约开）齐齐哈尔、海拉尔、瑷珲、满洲里、绥芬河（5个）
绥远	2	（自开）归化、包头（2个）
察哈尔	2	（自开）张家口、多伦诺尔（2个）
热河	1	（自开）赤峰（1个）
河南	1	（自开）郑州（1个）
蒙古	3	（约开）库伦、乌里雅苏台、科布多（3个）

资料来源：通过表5-1和表5-2汇总而得。

注：当时中国台湾被日本占领，因此单独列出一行台湾地区的开埠口岸。在接下来的近代广东省的分析中，没有分析中国台湾地区口岸开埠与近代工业的空间布局的关系，这在以后的研究中将进一步弥补。

近代通商口岸开放，虽然不是中国的主动行为，而是迫于外界压力的结果，却形成了近代中国至关重要的对外开放窗口，国内外两个方向的经济要素通过港口的交互贸易实现了双向交流。[①] 口岸作为连接中西的窗口，所带来的现代化因素，影响了中国的近代化进程，当然也影响了中国近代工业的发展。接下来，本书将进一步探讨通商口岸的开埠对近代工业空间布局的影响。

5.2 通商口岸与近代工业空间布局

近代中国化自口岸开启，这已是学界普遍认同的观点。1842 年中英签订《南京条约》，清朝被迫开放 5 口通商，西方的经济文化开始在中国南方沿海登陆，中国开始了近代化的艰难进程。沿海口岸城市从此走上近代化的道路，获得了较快发展，随着内陆地区口岸的开放，近代化进程也从沿海向内陆延伸，并深入中国的广大地区，开启了从传统经济向近代经济转型、从传统的手工业向近代的机器工业发展的局面。因此，开埠口岸的位置在一定程度上决定了近代中国工业的空间布局。

在分析的过程中，本书以近代河北、江苏和广东等地为代表，进行具体的探讨和对比分析。关于这 3 个地区的近代工业发展情况及空间布局，在上一章已经进行了详细分析。接下来，着重从近代开埠口岸与工业空间布局的关系进行探讨。

5.2.1 口岸与近代河北地区工业空间布局

（1）近代河北地区口岸开放情况

这一区域开放的口岸主要有天津、秦皇岛，相对于其他沿海省份而言开埠口岸较少。1860 年中英《南京条约》的签订，开放天津为商埠，并允许外国人租地居住、经商和传教。天津在开埠以前已经是华北的大商埠，实际上在《北京条约》正式签订以前，英法占领军已经在天津强占土地，划定租界。随着天津口岸的开埠和租界的划定，开放范围不断扩大。

秦皇岛是清末自开商埠之一，1899 年辟为商埠。秦皇岛位于河北省东北部，与辽东半岛和山东半岛隔海相望。秦皇岛是我国古老的港口之一，具有海域宽阔、水深不淤、冬天不冻等特点。秦皇岛的开埠，一方面，基于煤炭开采与运输需要，开平矿务局为推销煤炭，亟须在秦皇岛建立运煤码头。另

① 武强，和一楠．基于空间相互作用模型的近代中国经济区域划分研究［J］．历史地理研究，2020，40（4）：100-118，150.

一方面，秦皇岛离津榆铁路非常近，开放其为商埠，与津榆铁路相接，有利于商务的开展。

（2）通商口岸与近代河北地区工业的空间分布

由于近代河北地区开埠口岸较少且较为分散，因此，本书分别考察天津和秦皇岛这两个开埠口岸的工业企业设立情况。

从统计数据来看，1895 年前天津是河北省唯一的开埠口岸，这一时期天津新设工业企业 3 家，包括面粉业和火柴业等行业。在天津开埠初期，外国人侵占土地并进行筑路、房屋建造等，修建了码头、仓库和部分洋行。怡和洋行、太古洋行、老海关大楼、环球饭店都是在这一时期兴建的，并建立了一些工业企业。在此背景下，清政府也开始设立新式工业企业。1867 年，三口通商大臣崇厚创办了天津机器局，1868 年又兴办了天津机器局制造总局，天津机器局是天津近代工业的开端。此外，民族工业也有一定的发展，天津招商局总办朱其昂，于 1878 年创办了贻来牟机器磨坊，汇丰银行买办吴调卿于 1886 年开办天津自来水公司。

1895—1911 年，随着天津开埠后政治地位的不断提高，清政府在加强对天津社会控制的同时，在军工、航运、工矿、电信铁路等领域对天津进行了直接或间接投资。比如，直隶总督兼北洋大臣李鸿章于 1897 年创办大沽船坞，于 1903 年创办直隶工艺总局，于 1906 年创办滦州矿务总局等。同时，民间资本也开始投资建厂，从而促进了近代天津工业的发展。这一时期，天津新设工业企业数量为 27 家，包括航运业、火柴业、机器工业、建筑业、面粉业、染织业、水电业、造纸业等 16 个行业，极大地丰富了天津的工业结构。除利用租界的各项特权外，还因为天津等通商口岸作为中国较早开放的一批近代城市，拥有举办大工业所必需的现代金融、交通、动力等方面的有利条件。这一时期开埠通商的还有秦皇岛，于 1899 年自开商埠。秦皇岛开埠通商，促进了对外贸易的发展，但是没有新式工业企业设立。

1912—1926 年，北洋政府时期许多官僚和军阀如袁世凯、曹锟、周学熙、黎元洪、段祺瑞、冯国璋、张作霖等人，也纷纷投资天津的轻工业。民间资本也进一步活跃起来。在此背景下，这一时期天津新式工业企业增加 80 家，涉及纺织业、航运业、化妆品业、造纸业、制药业、卷烟业、面粉业等 27 个行业，天津的近代工业体系逐步形成。这一时期秦皇岛所在的临榆县，也有新式工业企业设立，共设立 4 家，其中燃料等采掘业 3 家，水电业 1 家。

1927—1937 年，天津新增新式工业企业 51 家，包括采矿业、出版业、纺织业、制药业、面粉业等20多个行业。据1928年天津社会局的调查，在天津的城区（不包括租界），共有中国人开办的工厂2186家（包括手工工厂），资本总额为3300万余元，其中制盐、碱、棉纱、面粉、火柴等17家大型工厂资本额总计为2900余万元，占资本总额的93.3%。另外，各国租界内还有中外工厂3000多家，从而共同构筑起天津以轻工业为主的近代工业格局。临榆这一时期也新增工业企业2家，均为水电业。

通过以上分析可以看出，这一时期河北地区开埠通商的口岸为天津、秦皇岛2处。由于开埠通商，天津的工业发展较为迅速，并成为北方的经济中心。秦皇岛的工业发展则相对落后。总体来看，就新式工业空间布局而言，口岸开埠未能充分解释近代河北地区工业空间扩散的路径，但在相当程度上促进了近代天津工业的发展。

5.2.2 口岸与近代江苏省工业布局

（1）近代江苏省口岸开放情况

近代江苏省口岸开埠较早，最早的是第一次鸦片战争后开埠的上海。自鸦片战争至抗日战争前，江苏省开埠的口岸共有9个，包括上海（1843年）、镇江（1861年）、苏州（1896年）、吴淞（1898年）、江宁（1899年）、浦口（1912年）、无锡（1923年）、徐州（1922年）、海州（1926年）。

上海，鸦片战争前已是东南沿海著名的商贸港口城市。上海口岸独具的诸多优势，成为外国商人注目的焦点。第一次鸦片战争后，签订的《南京条约》将上海辟为通商口岸，随着口岸的开埠和租界的设立与扩张，上海的贸易、工商业、金融、教育等逐渐发展起来，并成为全国性经济中心城市。

镇江，《天津条约》辟为商埠，咸丰十年（1860年）划为英国租界。镇江地处长江和南北大运河的交汇点，其“城周九里，临大江与运河会合之口，为南北通津。镇江开埠以前，商业贸易已比较繁盛，第二次鸦片战争期间，镇江被辟为通商口岸。镇江开埠后，商业、贸易、金融一度兴旺发达”。①

苏州是传统中国经济发达的地区之一，素为江南地区的工商业中心。甲午战争后的中日《马关条约》，将其和重庆、沙市等辟为通商口岸。1897年3月5日中日签订《苏州日本租界章程十四条》，辟苏州为日本租界。

南京，1858年签订《天津条约》规定南京为通商口岸，但是其实际开埠

---

① 民国《江苏六十一县志》上卷。

的时间较晚。当时南京为太平军占领，1864 年清政府虽攻占南京，然“当时地方残破不堪，引不起西人的兴起”。① 此外，由于南京上下游的镇江、九江以及芜湖先后开埠，“因之南京在长江岸上的商业地位更形下降，故西人不急于要求实现”。② 1898 年（光绪二十四年），列强再次要求南京开埠。次年 4 月 1 日，南京对外开埠通商。同年 5 月 1 日，位于下关江畔的金陵海关设立，故通常又称南京开埠为“下关开埠”。③

吴淞是中国最早自开商埠之一，1898 年初两江总督刘坤一奏请吴淞自开商埠获准。随后，自开商埠的步骤渐次展开。浦口位于江浦县，1912 年袁世凯政府将浦口辟为商埠。无锡、徐州均为北洋政府呈准，1922 年辟为商埠。海州自开商埠始于清末新政时期，1905 年 9 月 11 日署两江总督周馥上《海州西开商埠以性商务折》，请求海州自开商埠，但因种种原因未能成行。对于海州开埠时间存在一定的争议，有学者认为是 1921 年，也有学者通过对海州自开商埠的考察，认为是 1926 年。④ 根据申报《海州商埠区域划定之通告》记载，时间为 1926 年，因此本书将其时间定为 1926 年。

（2）开埠通商与近代江苏省工业空间布局

表 5-4 是近代江苏省开埠口岸与新式工业企业设立情况，从表 5-4 可以看出，1895 年及以前，上海是江苏省开埠最早的口岸，在这一阶段新设工业企业数量最多。上海开埠后，繁忙的进出口贸易，直接推动了上海城市的发展。以租界为中心，经销进出口货物的店铺相继开张。与此同时，服务于进出口贸易的船舶修造业等陆续创办。此外，外商为适应他们在华活动的需要，还在上海陆续开办了面粉厂、汽水厂、酿酒厂、制药厂、印刷厂等一些轻工企业和食品加工业。在此基础上，上海的公用事业也开始建立和发展。19 世纪 60 年代（同治年间）大英自来火房和法商自来火房建立，租界开始供应煤气。80 年代（光绪年间）租界又先后建立了电厂和自来水厂，电灯、电话、电报、自来水在上海相继出现。水、电的供应，大大促进了商业的繁荣，加速了工业的发展。

---

① 张洪祥．近代中国通商口岸与租界［M］．天津：天津人民出版社，1993：98.

② 张洪祥．近代中国通商口岸与租界［M］．天津：天津人民出版社，1993：98.

③ 侯风云．传统、机遇与变迁——南京城市现代化研究（1912—1937 年）［M］．北京：人民出版社，2010：37-38.

④ 阎建宁．海州自开商埠的历史考察［J］．重庆科技学院学报（社会科学版），2009（7）：143-144.

从统计数据来看，这一时期上海设立的官办、官督商办和商办企业共50家，最早的是1858年成立的一家机器工业企业。1880年前，新设企业数量较少，仅为5家，且基本为机器工业和航运业。19世纪80年代后，设立的工业企业数量开始增加，1881—1890年即有27家企业设立。1891—1894年新设企业18家。行业上也扩展到纺纱业、轧花业、缫丝业、面粉业、火柴业、造纸印刷业、制革业、制药业等多个行业。从企业性质看，则以商办企业为主。1861年开埠的镇江，虽然开埠时间较早，但是由于此时清政府未放开企业设立权，因此这一时期暂无新式企业设立。其他有新式企业设立的县如奉贤、涟水、铜山则工业企业设立极少，从新式工业企业设立情况看，开埠口岸设立数量占比为92.6%。

1895—1911年，苏州、吴淞、南京、浦口辟为商埠。从数据上看，较早开埠的上海因独特的地理和经济优势，新增企业数依然最多，达183个，行业涉及纺纱业、服用品业、罐头业、航运业、化妆品业、火柴业、机器工业、金属采掘业、卷烟业、面粉业、缫丝业、水电业、印刷业等28种。镇江新设工业企业共有21个，行业涉及航运业、火柴业、机器工业、面粉业、缫丝业、水电业、造纸业、榨油业、制蛋业等。此外，苏州于1896年辟为商埠，而苏州新式工业企业的数量也从1896年开始迅速增加，1896—1911年新增18家，行业包括纺纱业、罐头业、航运业、染织业、缫丝业、水电业、丝织业等。南京则有5个新式企业设立，开埠通商的口岸中只有浦口无新式工业、企业设立。这一时期口岸所设工业企业数量占比为77.8%。可见，这一时期口岸的设立在一定程度上促进了工业的空间扩散。

1912—1926年新增开埠口岸3个，分别为海州、徐州、无锡。从新式企业设立情况看，3个口岸所在县均有设立，其中无锡新设工业企业63家，涉及纺纱业、机器工业、面粉业、酿酒业、染织业、缫丝业、造纸印刷业等17种行业。海州（灌云）亦有2家新式工业企业设立。铜山（徐州）虽然在之前便有企业设立，但是均为燃料等采掘业，这一时期铜山县设立的6家新式企业分别为水电业、面粉业、染织业、制蛋业，更加多元化。同时，此前开埠的各口岸均有新式企业设立，上海新设工业企业442家，镇江新设14家，吴县新设16家，南京新设8家。口岸工业企业设立数量占比为75.79%。由此可见，近代中国新式工业企业在一定程度上随着口岸的开埠而发展。

1927—1937年这一阶段无新增口岸，但是口岸新设企业数量依然较多。这一时期江苏省新增工业企业数量为807家，其中口岸地区新增737家，占比达 91.3%。可见，口岸依然是新式企业设立的重要地区。

总体而言，通过对近代江苏省口岸开埠与新式工业企业分布情况的分析可以看出，随着口岸的开埠，江苏省新式工业企业随口岸设立的趋势明显。因此，对于近代江苏省而言，口岸开埠在一定程度上可以解释工业空间扩散的趋势。

表 5-4 近代江苏省开埠口岸与新式工业企业设立情况

阶段	新增开埠口岸	新设工业企业县（市）
1895 年以前	上海、镇江（丹徒）	上海（50）、奉贤、涟水、铜山
1895—1911 年	苏州（吴县）、吴淞、南京（江宁）、浦口	上海（183）、吴县（18）、镇江（21）、南京（5）、无锡、武进、松江、铜山、宝山、常熟、崇明、奉贤、高邮、灌云、淮安、江阴、涟水、南汇、南通、如皋、宿迁、太仓、泰兴、泰县、宜兴、句容
1912—1926 年	海州、徐州（铜山）、无锡	上海（442）、吴县（16）、无锡（63）、镇江（14）、南京（8）、灌云（2）、铜山（6）、嘉定、昆山、武进、丹阳、句容、松江、金山、东海、宿迁、海门、宝山、宝应、常熟、崇明、东台、奉贤、高邮、淮安、淮阴、江都、江阴、金坛、溧阳、涟水、六合、南汇、南通、青浦、如皋、太仓、泰县、泰兴、吴江、兴化、盐城、仪征、宜兴、川沙
1927—1937 年		上海（663）、吴县（17）、无锡（18）、镇江（10）、南京（22）、灌云（1）、铜山（6）、嘉定、昆山、武进、丹阳、松江、萧县、江浦、吴江、常熟、崇明、东台、丰县、赣榆、淮安、淮阴、江都、江阴、溧阳、六合、南汇、南通、青浦、太仓、泰县、盐城、宜兴

资料来源：严中平，等．中国近代经济史统计资料选辑［M］．北京：科学出版社，1955：48.
杜恂诚．民族资本主义与旧中国政府（1840—1937）［M］．上海：上海社会科学院出版社，1991.
杜恂诚．中国的民族资本主义（1927—1937）［M］．上海：上海财经大学出版社，2019.
注：括号中数字表示口岸新设工业企业的数量。

5.2.3 口岸与近代广东省的工业空间格局

（1）广东省开埠通商的基本情况

近代广东省是中国沿海开放口岸最密集的地区，自广州开埠通商起，至抗日战争爆发前，开埠通商口岸共 11 个，分别为广州（1843 年）、汕头（1860 年）、琼州（1876 年）、北海（1877 年）、拱北（1887）、三水（1897）、广州湾（1899 年）、江门（1904 年）、公益埠（1908 年）、香洲（1909 年）、中山港（1930 年）。

鸦片战争以后，中英《南京条约》辟广州为商埠。英国多次以开埠为借口，要求进入广州城内“自由居住”和“贸易通商”。广州位于珠江三角洲的北部，与南海、三水、顺德、增城相邻，南接东莞和中山，与香港隔海相望，地理位置优越，自古便是中国对外贸易的重要港口城市。在较长的时间内，广州曾是中国唯一的对外贸易的港口城市。

在《天津条约》中，广东潮州被列为通商口岸之一，因潮州距离出海口较远，后改汕头为商埠。[①] 汕头在广东省东部沿海，是粤东的重要门户。东南面临南海，韩江、榕江、练江3江在这里汇合，港口条件优良，海阔水深，普通商船和比较大的海轮都可以直接停靠码头。1860年正式开埠后，成为广东省第二大贸易港口。汕头开埠后，经济发展较快，成为广东省东北部货物集散中心。

琼州府治琼山县自《天津条约》被列为通商口岸，1876年开埠通商，今属于海南省。北海自《烟台条约》被列为通商口岸，1877年开埠通商。拱北位于香山县（后改为中山县），1887年自开为商埠。三水，1897年《续议缅甸条约附款》辟其为商埠，其在西江、北江、绥江汇流，因此取名为三水。广州湾是湛江的旧称，1899年法国侵占广州湾，被强行划给法国“租借”。江门原属新会县，1902年中英《续议通商行船条约》议定，江门辟为通商口岸，并设立海关，时称江门埠。公益埠位于台山县，1908年自开为商埠。香洲原属香山县（后改为中山县），1909年自开为商埠。中山港位于中山县，1930年自开为商埠。

（2）开埠通商与近代广东省工业空间格局

从统计数据来看，1895年前开埠的口岸有广州、琼州、汕头、北海（合浦）和拱北。这一时期广东省新设工业企业的县有5个，其中广州是最早开埠的口岸之一，广州新设企业3家。另一个口岸汕头也有5家新式企业设立。拱北位于中山县，1887年开埠，1888年中山县新设1家工业企业。这一时期，开埠的5个口岸中有3个有新式工业企业设立。

1895—1911年，广东省新增口岸4个，分别为香洲、三水、公益埠和江门。香洲位于今中山市，公益埠则位于新会。从新式工业企业设立情况看，这一时期广州新设36家，较上一阶段数量大为增加，同时涉及玻璃业、航运业、火柴业、机器工业、卷烟业、面粉业、染织业、缫丝业等16个行业。汕头亦新增5家新式企业，行业主要为航运业和水电业。新开埠的三水和新会

---

① 张洪祥．近代中国通商口岸与租界［M］．天津：天津人民出版社，1993：117.

也均有新式工业企业设立，其中新会有 3 家，分别为织麻业和航运业，三水则新增 2 家纺织企业。北海所在的合浦县也新增 3 家新式工业企业。

1912—1926 年，广东省新增 2 个口岸，分别为铜鼓、中山港。其中铜鼓位于台山县，这一阶段台山县有新式企业设立，共 3 家，行业涉及水电业和火柴业。中山港所处的中山县也有 2 家新式工业企业设立，为水电业。此外，广州作为华南地区的区域中心及最大的口岸，这一阶段有 43 家新式工业企业设立，数量最多。汕头有 9 家新式工业企业设立，包括服用品业、烛皂业、染织业、碾米业、火柴业和航运业等 6 个行业，较上一阶段更加多样化。三水县新增 2 家，分别为水电业和火柴业。新会县新增 6 家新式工业企业，包括水电业、造纸业、缫丝业、火柴业、印刷业等 5 个行业。开埠较早的琼州，这一时期也有 3 家企业设立，为水电业和食品业。口岸新增工业企业数占比为 61.4%，其他非口岸各县，除顺德外，新设企业数量均较少，多为水电等基础设施。这一时期口岸依然是新式工业企业设立的重点区域，开埠的 10 个口岸，隶属于 8 个县。从这一时期新式工业企业的空间分布看，随口岸开设的趋势明显。因此，口岸影响着近代广东省工业的空间格局。

1927—1937 年，这一时期无新开辟口岸，新式工业企业新增 51 家，较上一阶段明显减少。其中广州新设工业企业 29 家，台山县新设 3 家，中山县新设 2 家，汕头和三水均新设 1 家。口岸各县新增工业企业数量为 36 家，占比为 70.6%。其余非口岸各县除顺德新增 3 家外，其余均新增 1 家，具体见表 5-5。

总体而言，近代广东省开埠口岸数量相对较多，随着口岸的开埠，新式工业企业在口岸设立的趋势较为明显。因此，口岸的开埠在一定程度上影响了近代广东省工业的空间扩散。

表 5-5　近代广东省开埠口岸与新式工业企业设立情况

阶段	新增口岸	新设工业企业县（市）
1895 年以前	广州、汕头、拱北、琼州、北海（合浦）	广州（3）、汕头（5）、中山（1）、顺德、南海
1895—1911 年	香洲、三水、公益埠、新会	广州（36）、汕头（5）、三水（2）、新会（3）、合浦（3）、南海、宝安、惠阳、揭阳、梅县、顺德、四会、澄海
1912—1926 年	铜鼓、中山港	广州（43）、三水（2）、汕头（9）、新会（6）、台山（3）、中山（2）、琼州（3）、合浦（2）、惠阳、南海、潮安、东莞、清远、曲江、乐昌、防城县、高要、揭阳、钦县、顺德、兴宁、阳江

续表

阶段	新增口岸	新设工业企业县（市）
1927—1937年		广州（29）、汕头（1）、三水（1）、台山（3）、中山（2）、花县、曲江、增城、东莞、宝安、潮安、四会、电白、揭阳、钦县、顺德

资料来源：严中平，等．中国近代经济史统计资料选辑［M］．北京：科学出版社，1955：48．
杜恂诚．民族资本主义与旧中国政府（1840—1937）［M］．上海：上海社会科学院出版社，1991．
杜恂诚．中国的民族资本主义（1927—1937）［M］．上海：上海财经大学出版社，2019．
注：括号中数字表示口岸新设工业企业的数量。

5.3 通商口岸与近代工业空间扩散的相关性分析

为了更加清晰地展现口岸开埠对近代中国工业空间扩散的影响，本书将进一步对通商口岸与近代中国工业空间分布的关系进行探讨。本书从两个方面进行分析：一是空间分布，呈现口岸与各县新式工业企业设立情况；二是进行简单回归分析。

5.3.1 空间分布

通过以上分析，在一定程度上可见口岸开埠与近代工业发展和空间布局的关系。接下来，本书进一步基于空间分布呈现口岸与近代工业空间扩散的关系。

具体做法是将分析区域中的口岸和各县（市）设立工业企业的情况基于空间分布呈现，从而探讨区域内口岸开埠对工业空间扩散的影响。如果口岸对工业空间扩散存在影响，则工业企业在较大程度上沿口岸设立，或口岸设立工业企业数量较多。以下，本书分别从3个区域依次进行分析。

（1）近代河北地区

近代河北地区开埠口岸较少，天津为约开口岸，秦皇岛为自开口岸。这两个口岸均有新式工业企业设立，并且天津作为北方最大的口岸和经济中心，新设工业企业数量最多，这在一定程度上说明口岸的开埠促进了地区工业的发展。然而，从近代河北地区的工业分布情况看，已有较多的县有新式工业企业，包括北京及其附近的通县、宛平、大兴、房山等，以及东北方向的宝坻、宁河、丰润、滦县，直到临榆；向南保定、石家庄、邢台、邯郸等地均有工业企业设立。因此，虽然天津、秦皇岛两个口岸的开埠促进了地区工业的发展，但是不足以说明近代河北地区工业空间扩散的全部情况。

（2）近代江苏省

近代江苏省开埠口岸共8个，相对较多，口岸所在县新设工业企业累计数量也是最多的。其中，上海是最早开埠口岸的地区之一，其后发展成为全国的经济中心，也是设立工业企业数量最多的地区。此外，从上一节的分析也可以看出，随着口岸的开埠，口岸所在的吴县、无锡、镇江、江浦、铜山、海州等县均有新式工业企业设立。从空间来看，呈现沿口岸扩散的趋势。因此，近代江苏省口岸的开埠在一定程度上推动了工业的空间扩散。

（3）近代广东省

近代广东省开埠口岸数量相对较多，不包括租借地共有10个，口岸所在县均有新式工业企业设立。广州是开埠口岸较早的地区，随着工业的发展，广州新式工业企业的数量逐渐超过顺德，行业种类也更加多元。此外，随着口岸的开埠，口岸所在县如汕头、中山、新会、台山、三水、合浦、琼州等均有新式工业企业设立。从空间上看呈现随口岸扩散的趋势。因此，近代广东省口岸开埠在一定程度上可以解释工业的空间扩散。

5.3.2 相关性分析

为了进一步探讨通商口岸与近代工业空间扩散的相关性，以下将使用两种方式：一是通过计量回归单纯探讨口岸开埠对近代工业发展影响的因果关系。二是制作散点图直观地展现二者之间的相关性。

首先，进行简单的回归分析。为简单探讨口岸开埠（开埠为1，否则为0）对近代工业发展（某年新设工业企业的数量）的影响。设置回归中解释变量为口岸（是=1），被解释变量为每年各县（市）新设工业企业的数量。有关口岸开埠情况的数据参见表5-3，新设工业企业数据参见第4章相关资料。使用简单的OLS回归，回归结果见表5-6。从结果可以看出口岸开埠可以显著地促进近代工业的发展，这在一定程度上解释了近代工业在通商口岸集中分布的原因。

表5-6 口岸对近代中国工业发展的影响

新式工业企业数量	简单OLS
口岸（是=1）	5.264*** (0.747)

续表

新式工业企业数量	简单 OLS
Cons	1.560** (0.462)
N	700
R2	0.066

资料来源：吴松弟．“自东向西、由边向内”：中国近代经济变迁的空间进程［C］//复旦大学历史地理研究中心，韩国仁荷大学韩国学研究所．海洋·港口城市·腹地：19世纪以来的东亚交通与社会变迁．上海：上海人民出版社，2014.

张洪祥．近代中国通商口岸与租界［M］．天津：天津人民出版社，1993：325-326.

杜恂诚．民族资本主义与旧中国政府（1840—1937）［M］．上海：上海社会科学院出版社，1991.

杜恂诚．中国的民族资本主义（1927—1937）［M］．上海：上海财经大学出版社，2019.

注：括号内为稳健标准误；**、***分别表示显著性水平为5%和1%。

接下来，从散点图看口岸与近代中国工业发展的关系。由于口岸开埠的时间长短会对该地区的经济以及工业的发展产生深远影响，因此本书进一步用口岸开埠时间作为解释变量，也就是新设工业企业的时间距离该口岸最初开埠的时间，比如天津开埠时间为1861年，若1923年有新式工业企业设立，则口岸变量为1861年距1923年的时间，如果令1861年为口岸开埠第1年，则1923年为63，其他口岸以此类推。因此，得到近代口岸开埠时间长度与工业发展关系的散点图，见图5-1。

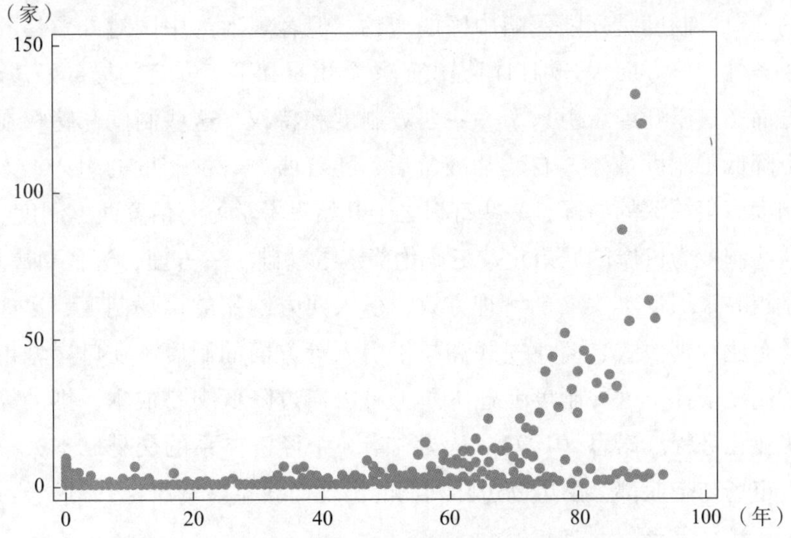

图5-1 近代口岸开埠时间长度与工业发展散点图

5.4 通商口岸对近代工业发展的作用机制

从图 5-1 可以看出，近代口岸开埠时间与新式工业企业设立数量呈正相关关系。也就是说口岸开埠时间越长，则新式工业企业设立的数量越多。这在一定程度上表明，通商口岸开埠可以解释近代工业空间分布格局，开埠通商的口岸有相对较多的新式工业企业设立，并随着开埠口岸在空间上不断延伸，新式工业企业也呈现沿口岸扩散的趋势。

近代中国经济变迁首先是从口岸开始的，中国最初的现代化因素是从西方输入，并不是由自身产生，因而通商口岸在中国现代化的初期扮演了非常重要的角色。一方面，通过口岸将中国与世界联系起来；另一方面，口岸是世界进入中国的门户。在近代中国的大背景下，影响中国经济地理格局演变的因素有很多，但就经济发展的总体趋势而言，现代化因素的影响是最为明显的，[①] 这些因素通过通商口岸进入中国，以各种途径向内地传播。口岸开埠推动了中国的近代化进程，也为近代中国工业的发展创造了条件，可以将口岸促进近代工业化的作用机制概括为如下几个方面。

5.4.1 口岸开埠带来制度成本的下降

约开口岸制度是列强侵略中国的产物，但客观上为中国对外贸易的发展提供了条件。一方面，开埠口岸提供了一个相对和平、安定的局部经济环境；另一方面，口岸开埠后引入了一些西方制度和特权，这些制度和特权在一定程度上降低了制度成本。自鸦片战争后，随着西方各项制度的引入，人们对封建制度产生深深的质疑，一些有识之士开始思考学习与借鉴西方制度。

这些制度为口岸的城市化及工业化奠定了基础。一方面，近代口岸城市，尤其是租界采用资本主义的管理方式，引入西方国家的市场制度，比如产权保护、企业管理模式、商业模式和技术引入等方面的制度，在口岸城市产生无形的制度变迁，这种制度变迁本质上可以通过降低交易成本，推动经济发展和工业化进程。诺思（1992）认为，当一个经济体系的交易成本大幅度降低时，市场与企业都会因更高边际利润的出现而获益。费唐（1931）也认为，

① 武强，和一楠．基于空间相互作用模型的近代中国经济区域划分研究［J］．历史地理研究，2020（4）：100-119.

口岸城市能够迅速实施工业化的原因在很大程度上归结于其制度方面，主要表现为租界对于私人产权的保护，从而降低了制度成本。早在开埠以前，中国以农业、畜牧业和传统的手工业为主，包括自给自足性的手工业和以满足市场需要为目的的商品化手工业两类。开埠以后，代表西方工业文明的各种动力机器及其制成品开始进入中国，采用机器生产、按照西方工厂管理方式运行的现代企业，也在沿海口岸城市及其附近首先发展起来。总而言之，口岸为近代中国工业化提供了一定的制度支持，引入有利于资本主义发展的法律、制度体系，为口岸城市的经济发展和工业化创造了便利的条件。近代口岸城市中的租界有着较好的法治和相对安定的社会环境，为工业的发展提供了良好的外部环境。比如当太平天国攻占华南、华中地区时，大量商人将商业活动移往上海，上海成为“安全避难所”，大量的人口迁往上海寻求避难。租界相对安定的环境也吸引了当地官员和富商前往避难。①

因此，相对安定的社会环境以及西方先进制度的引入，且在口岸城市产生制度变迁，降低了口岸城市的制度成本，为工业的发展提供了优越的制度保障。

5.4.2 口岸城市的金融业发展带来融资成本的下降②

现代金融业的发展是工业化的一个重要指标。随着贸易水平和工业化程度的提升，原来的金融业态无法满足日益增长的金融需求，现代银行业首先在口岸城市发展起来，传统金融业开始向现代金融业转型。口岸作为吸引外来资金的重要场所，在缺乏资本主义土壤的中国工业化进程中扮演了重要角色。

一方面，银行及股票作为现代化因素，首先出现在口岸城市，可以为口岸城市的工业发展提供直接贷款。比如，在上海开埠不久，一些外资银行分行相继设立。最早的是1850年的英商丽如银行，至1860年已增至呵加剌、有利、汇隆、麦加利和法兰西银行等6家外资银行。中日甲午战争后，中国新式金融业即近代银行开始崛起。1897年5月设立中国第一家近代银行——中国通商银行，总行设立在上海，同时在北京、天津、汉口、广州、汕头、

---

① 李发根．论近代上海对外贸易中心的形成——以战争契机与口岸制度为视角［J］．上海经济研究，2016（9）：122-129.

② 张美岭．近代中资银行业与工业发展关系研究（1897—1936）［D］．北京：中国人民大学，2017.

烟台、镇江等地设立分行，基本上都是口岸城市。除银行外，钱庄、票号也为贸易提供了资金周转上的便利。天津是北方的金融中心，有相当发达的金融业。到 1932 年，在天津设立总行的银行有 10 家，占全国总行数的 7.03%；分行有 93 家，占全国分行总数的 9.43%。实收资本总额为 2548 万元，占全国银行资本总额的 12.69%，仅次于上海，居全国第二位。①

从图 5-2 银行的放款情况可以看出，1930—1936 年 15 家重要银行放款总额以及工矿业放款额均不断增长，1930 年放款总额约为 17 亿元，而到 1936 年上涨到约 35 亿元，增长了约 1 倍。从银行对工矿业放款额来看，1930 年仅为 9513.4 万元，到 1936 年则上涨到约 2.9 亿元，大约是 1930 年的 3 倍。可见，中资银行对工矿业放款力度有显著的提升。从 15 家重要银行对工矿业放款占放款总额比例来看，1930 年占 5.58%，到 1936 年这一占比增长为 8.40%。所占比例虽然较低，但是趋势是不断上升的。大量金融机构的设立，可以吸引大量的存款，相对而言资金更加充裕，且流动性强，为近代工商业的发展提供了重要的资金支持，缓解了工业发展的资金压力。

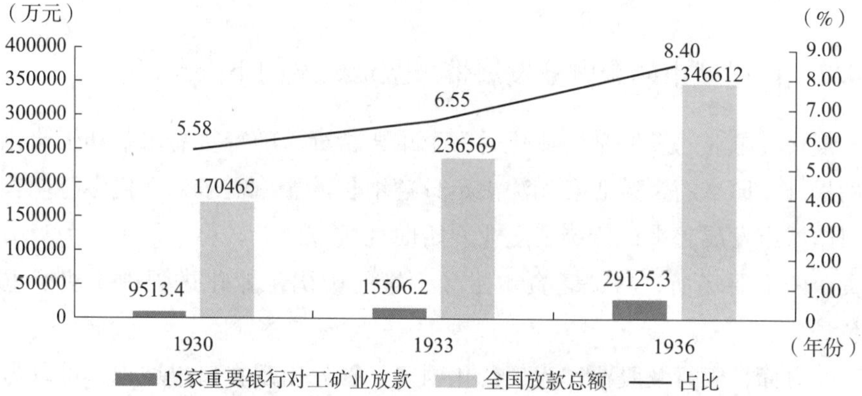

图 5-2 近代中国 15 家重要银行工矿业放款总额及比例

资料来源：刘佛丁．近代中国经济发展史［M］．北京：高等教育出版社，1999：194.

另一方面，近代金融业的发展可以缓解工业企业的融资约束，促进工业的发展。缓解融资约束可以从利率的角度来进行分析。利率的变化在很大程度上决定了企业的融资成本，影响企业的发展。近代中国金融业处于自由竞争阶段，利率由市场决定。也就是说，存贷款利率并非固定不变，而是由资

① 谷书堂．天津经济概况［M］．天津：天津人民出版社，1984：392.

金市场中资金的供给与需求相互作用决定。金融市场中资金供给大于需求，则利率下降；反之，则上升。从19世纪下半叶到20世纪30年代，中国金融市场不断发展，金融机构迅速增多，大大增加了金融市场中的资金供给。近代中国资金供给量的增加，产生了促进金融市场利率下降的条件。

近代金融利率非常复杂，近代中国处于利率市场化环境下，不仅不同金融机构的存贷款利率有所不同，即使是同一家金融机构对不同的贷款对象利率也不相同。关于近代中国金融市场利率的资料零散且稀少。一些金融著作、资料集以及民国金融经济期刊①中零星出现有关利率数据，中国金融课题组对中国利率资料进行了收集和整理，但是这一时期缺乏系统的长时期的利率趋势资料。在近代中国金融市场上，利率主要包括银拆、金融机构的存贷款利率、公债利率和一般的民间借贷利率。为了清晰地了解这一时期金融市场利率变化情况，本书使用文献中较为普遍的利率数据进行分析。

图5-3是1897—1935年上海银拆数据，银拆是金融业同业拆借市场利率，最早是由钱庄所创，为钱庄间相互发生拆借而支付的利息，故也称为拆息。拆息是按日计算的，每日的拆息由钱业市场议定。在近代中国银本位时期，通常用银拆作为市场上的基准利率。上海是当时中国的金融中心，上海与各地金融市场联系密切，上海的利率行市直接影响全国，各地均以此作为决定当地行市的依据。“银拆为表示上海金融市场规银供需情况之唯一测验器。银拆涨，为上海市场银根紧急之表示；反之银拆落，即为上海市场银根宽松之表示。上海市场上其他银款交易行市及拆息之涨落，亦莫不视银拆之涨落为转移。……由此而观，上海银根之松紧，其表示之最真确者，厥惟银拆。银拆之上落，实足以代表其他拆息之上落：故银拆于上海金融市场之势力亦特大。”② 以下本书以上海银拆数据进行分析。

总体来看，上海银钱业拆息时涨时落。尽管如此，从线性趋势来看，其是下降的。此外，还可以看出这一时间段内有3个下降趋势，2个上升趋势：1897—1901年、1903—1912年以及1920—1935年为下降趋势；1901—1903年以及1913—1920年为上升趋势。从时间段来看，下降趋势时间要长于上升时间。除1901—1903年以及1913—1920年这两个阶段，利率水平有所上升外，整体上看拆借利率是波动下降的。这可以在一定程度上说明，口岸城市

---

① 《银行周报》《经济统计》《钱业月报》《中外经济周刊》《工商半月刊》《统计月报》等，中央银行、中国银行等银行的专刊，汉口、北平等市的银行专刊。

② 杨荫溥．中国金融论［M］．上海：黎明书局，1946：103-104.

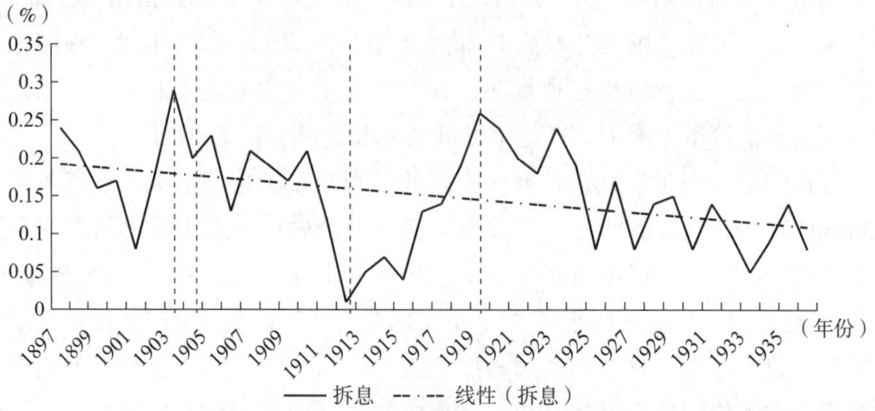

图 5-3 1897—1935 年上海日拆行市按年平均市价

资料来源：中国人民银行上海市分行．上海钱庄史料［M］．上海：上海人民出版社，1960：628-629.

注：在 1933 年 4 月 6 日废两改元以前称为“银拆”，以每千两计息；此后改称“洋拆”，以每千元计息。故 1933 年前拆息单位为两，1933 年后为元。

所带来的金融发展缓解了融资约束，可以促进近代口岸的工业发展。

5.4.3 口岸开埠促进国际贸易的迅速增长，并带动了相关产业的发展

通商口岸是连接东西方的窗口，开埠前口岸的贸易量相对而言是非常少的。开埠后，贸易扩大到广阔的国外市场，口岸与国外市场直接相连，降低了运输成本，对外贸易量不断增长。比如上海因其区位优势，迅速成为中外通商的第一口岸。1853 年前后，上海超越广州成为中国的最大贸易港口。1895 年后，开始向国际贸易大港过渡，1917—1937 年，成为国际贸易大港。①

就天津而言，1860 年中英《北京条约》开辟天津为商埠，以天津为窗口，将北方地区与世界市场连接了起来，天津及其腹地的对外贸易快速发展起来。图 5-4 是 1861—1936 年天津港进出口贸易情况。

据图 5-4，开埠之初天津港的进出口贸易增长缓慢，1861—1873 年，进口额从 5014071 行化两，增长到 9886373 行化两，12 年增长近一倍；出口额从 461573 行化两增长到 9649471 行化两，增长 1 倍多。从数量上看，这一时期进口额大于出口额，进出口总额从 5475644 行化两，增长到 19535844 行化

① 茅伯科．上海港史：古、近代部分［M］．北京：人民交通出版社，1990.

两。1874年后，进口和出口的贸易数值趋于平衡，贸易总值逐步攀升，且出现出口额大于进口额的情况。1893年后贸易总值有一个较快上涨的势头，从具体数据上看，进口额增至24177204海关两，并且进口额的增长快于出口额，再次出现进口额大于出口额的情况。1900年后，无论是进口额、出口额还是贸易总额均出现快速增长，并且增长的势头明显超过前一个阶段，一直持续到1931年。1931年天津的进口额增长至137387954海关两，为刚开埠时期的20余倍；出口额增至216796940海关两，是1861年出口额的400多倍。1931年后，受国内局势及国际环境的影响，进出口额明显下降。总体而言，天津作为近代北方最大的港口，其对外贸易量增长惊人。

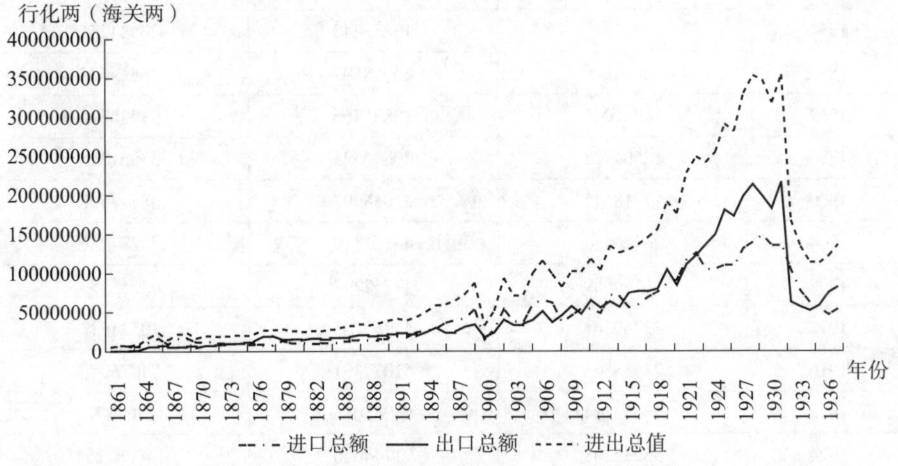

图5-4　1861—1936年天津港进出口贸易情况

资料来源：姚洪卓．近代天津对外贸易（1861—1948）［M］．天津：天津社会科学院出版社，1993，附录表1.

樊如森．中国近代经济地理（第七卷）·华北与蒙古高原近代经济地理［M］．上海：华东师范大学出版社，2015：205.

注：价值单位1861—1873年为行化两；1874—1932年为海关两；1933—1937年原为法币元，图中已按1海关两=1.558法币元的比率折算为海关两。

此外，对于近代广东省而言，其对外贸易的发展是非常迅速的，同时广州作为口岸城市担负着华南地区主要的进出口贸易活动，是华南最重要的港口城市。对近代广东进出口贸易的分析，同样可以得出相同的结论，即广东进出口贸易发展相当迅速。表5-7是1864—1936年粤海关进出口货物价值。

从表5-7中可以看出，粤海关进出口货物价值增长速度非常快，就土货进出口价值而言，1864年的土货总进口额为2476772海关两，到1936年增至

104968372 海关两，增长 40 余倍。1864 年的土货总出口额为 9659171 海关两，1936 年增至 79567669 海关两。从增长的情况来看，近代广东的对外贸易发展相当可观。

表 5-7　粤海关进出口货物价值（1864—1936 年）　单位：海关两

年份	土货总进口额	土货总出口额	进出口总额
1864	2476772	9659171	12135943
1868	3533684	12564782	16098466
1872	7448581	19308705	26757286
1876	5428003	15855284	21283287
1880	6340975	17235698	23576673
1884	6671008	13853243	20524251
1888	9571035	16958597	26529632
1892	15051046	18885766	33936812
1896	13504725	20456523	33961248
1900	17718511	21058997	38777508
1904	26926517	43361439	70287956
1908	16190659	47752794	63943453
1912	22759367	47765145	70524512
1916	22958565	61077491	84036056
1920	47073714	66945015	114018729
1924	56937208	91744046	148681254
1928	49358774	82189247	131548021
1932	84798459	66276287	151074746
1936	104968372	79567669	184536041

资料来源：Return of statistics of canton for the year 1864-1936，《中国海关史料》。

方书生．中国近代经济地理（第五卷）·华南近代经济地理［M］．上海：华东师范大学出版社，2015：77-90.

口岸贸易迅速增长带来了相关产业的发展。发达的贸易成为地区工业发展的区位优势，吸引企业的设立与集聚，这是因为地区商品贸易的发展可以为工业提供资本积累并提高劳动者收入及地区购买力水平，促进工业发展。[①] 罗玉东（2010）分析了贸易与工业发展关系，发现沿海地区的厘金收

① 张美岭．近代中国的产业集聚与扩散——基于 20 世纪 30 年代工业调查数据的实证分析［J］．财经研究，2016（10）：179-189.

入规模与注册企业数量在开放后显著增长。比如上海开埠后，进出口贸易发展迅速，以租界为中心，进行货物贸易的店铺相继开张。与此同时，服务于进出口贸易的船舶修造业等陆续创办。此外，外商为适应在华活动的需要，还在上海陆续开办了面粉厂、汽水厂、酿酒厂、制药厂、印刷厂等一些轻工企业和食品加工业。[①] 随着上海城市的发展，人口也开始增多，在此基础上，上海的公用事业开始建立和发展。例如，19 世纪 60 年代大英自来火房和法商自来火房建立，租界开始供应煤气。19 世纪 80 年代租界又先后建立了电厂和自来水厂，电灯、电话、电报、自来水在上海相继出现。为近代工业在上海兴起提供了一定的物质保障。19 世纪六七十年代，一批洋务企业及民间资本企业陆续在上海创办，进一步带动了近代上海工业化的发展。

北方口岸也同样如此，以天津的租界为例，1883 年租界区已成为天津的贸易、航运中心，1895 年以后租界面积是县城的 3 倍，天津迅速集聚了贸易、航运、工业、金融企业，成为北方真正的经济中心。[②] 在此基础上，天津按照西方的城市规划修建新式马路，出现了煤气、电灯、电话、自来水、公共交通等事物。19 世纪 90 年代以后，天津港棉纱、机器特别是铁路材料等生产资料的进口，有明显的增加。1893 年棉纱的进口额为 61408 海关两，1898 年增长为 1042524 海关两，1903 年则进一步增长到 2395548 海关两。1883 年机器进口额为 56256 海关两，1898 年增长到 351068 海关两，1903 年增长到 454562 海关两。铁路材料增长速度也非常快，1893 年之前没有数据，1893 年进口额为 590763 海关两，1898 年为 2345756 海关两，1903 年增长到 3071210 海关两。[③④] 这些都反映了近代中国工业和交通运输的初步发展。

对外贸易的发展促进了商业企业的建立、人口的集聚，同时与贸易相关的航运业、船舶修理业迅速发展起来。随着口岸城市化进程的推进，相应的公用事业也建立起来，并带动消费品产业的兴起，比如棉纺织业、面粉业、火柴业等纷纷建立。因此，口岸带动了贸易的发展产生一系列的产业带动效应，促进了工业的发展。

---

① 戴鞍钢．中国近代经济地理（第二卷）·江浙沪近代经济地理［M］．上海：华东师范大学出版社，2014：7.

② 费成康．中国租界史［M］．上海：上海社会科学院出版社，1991.

③ 茅家琦．中国旧海关资料史料（1859—1948）［M］．北京：京华出版社，2001.

④ 樊如森．中国近代经济地理（第七卷）·华北与蒙古高原近代经济地理［M］．上海：华东师范大学出版社，2015：206。

通过以上分析可以看出，通商口岸的开埠促进近代工业的发展，并在一定程度上可解释近代工业空间的扩散。本书主要从3个方面分析了通商口岸对近代工业发展的作用机制：首先，口岸开埠引入的西方先进制度和相对安定的环境在一定程度上降低了工业发展的制度成本。其次，金融行业集聚于口岸，降低了工业发展的融资成本，推动了工业化进程。最后，口岸促进对外贸易的迅速增长，带动了相关产业的发展。

近代开埠的口岸基本上沿海、沿江分布，沿海地区因其海上贸易的区位优势，使得东部沿海与中西部内陆地区的市场发展逐渐出现差距，导致了区域工业化进程的差异及经济发展的不平衡。事实上，清末通商口岸对中国经济存在长期影响，不仅对城市的人口增长作用显著，而且对一百多年后的产业结构仍有长期影响。[①] 口岸开放对近代经济空间演变的影响一定程度上可解释当代中国经济发展的空间格局。

5.5 本章小结

本章分析了口岸开埠对近代中国工业空间扩散的影响。

首先，对近代通商口岸开埠的历程进行了简要回溯，通商口岸的性质大致分为约开口岸和自开口岸。约开口岸的开放历程主要分为4个阶段：第一阶段是19世纪40—50年代，第一次鸦片战争后的五口通商及新疆各口岸开埠。第二阶段是第二次鸦片战争后签订的一系列条约进一步开放的商埠。第三阶段是19世纪70—80年代，口岸开始向内陆地区延伸。第四阶段是中日甲午战争后签订条约开辟的口岸，在向内陆延伸的同时，东北三省各口岸相继开埠。就约开口岸和自开口岸的开埠数量虽存在一定争议，但从口岸分布来看，基本上位于沿海、沿江、沿河及交通要冲。

其次，对不同阶段各区域通商口岸开埠及工业企业设立情况进行分析：①近代河北地区开埠的口岸有天津、秦皇岛，天津是近代开埠较早的口岸，天津的开埠吸引了外国资本的进入，开始有新式工业企业设立。秦皇岛的开埠，在一定程度上促进了贸易的发展，然而新式工业企业设立数量较少。所以口岸的开埠对于近代河北省而言，在一定程度上促进了口岸城市天津的工

① JIA R. The Legacies of Forced Freedom [J]. Review of Economics and Statistics，2014（96）：596-608.

业化发展，然而未能充分解释其工业空间扩散的路径。②近代江苏省开埠口岸9个，并且随着口岸的开埠，工业企业相继设立，在一定程度上解释了近代江苏省工业空间扩散现象。③近代广东省开埠口岸11个，各个口岸均有工业企业设立，口岸的开埠可在一定程度上解释近代广东省工业空间扩散现象。

再次，对通商口岸开埠与近代工业发展及空间扩散进行相关性分析：①从空间布局上看口岸开埠与近代工业空间扩散的相关性。近代江苏省和广东省口岸城市设立工业企业数量均较多，能够在一定程度上解释工业空间上的扩散。近代河北地区口岸数量少，未能充分说明工业的空间扩散。②对口岸开埠与近代新式工业设立进行了简单的OLS分析，从结果来看，口岸开埠可以显著地促进近代工业的发展。通过制作散点图得出口岸开埠时间越长，新式工业企业设立的数量越多的结论。这都在一定程度上表明，通商口岸开埠在一定程度上可以解释近代工业空间分布格局。

最后，分析了通商口岸对近代工业空间扩散的作用机制，主要包括3个方面：①口岸开埠带来制度成本的下降，一方面，口岸开埠提供了一个相对和平、安定的局部经济环境；另一方面，口岸开埠引入西方制度和特权，这些制度和特权被用于中国的经济活动与工业发展，在一定程度上降低了制度成本。②口岸城市的金融业发展带来融资成本的下降，为工业的发展提供资金支持。一方面，口岸城市金融业的发展为工业化提供了直接资金支持；另一方面，口岸金融业的繁荣，在一定程度上降低了贷款利息，降低了近代中国工业发展的融资成本。③口岸开埠促进国际贸易的迅速增长，并带动了相关产业的发展。口岸开埠直接强化了与西方的联系，对外贸易发展起来，贸易的迅速增长带来了相关产业的发展，推动了工业化进程。

第 6 章　铁路修建与近代中国工业的空间格局

近代口岸的开埠在一定程度上促进了近代工业化的发展，随着口岸从沿海、沿江向内陆延伸，工业也从沿海、沿江延伸到内陆省份，促进了近代工业的空间扩散。但这种扩散只能解释工业随着口岸开埠的空间扩散，无法解释非口岸地区的工业发展及空间扩散。

在影响近代中国工业空间格局的因素中，交通条件是非常重要的方面。交通与产业布局方面的研究由来已久，许庆斌等（1995）详细论述了交通运输与经济空间结构的关系，以及交通运输作为区位影响因素的变化等问题。尹铁（2005）分析了铁路修建、矿产资源以及现代产业之间的关系，认为近代铁路促进了矿产资源的开发，同时促进了商业、金融业、电信、邮政等产业的发展。孙中山在《中国实业如何能发展》中说，“我的计划，首先注意于铁路、公路的修筑，运河、水道的整治，贸易港口、商业街道的建设。因为这些都是发展实业的重要条件，必须先有这些交通、运输和商品流通的重要条件，否则虽然全部具备了发展实业的要素，也没有办法去发展”。① 故而，交通基础设施的改变对于经济及工业发展的影响非常大。

近代交通体系既包括新式的水陆运输、邮政和电信，也包括传统的物流、人流和信息流。在近代中国，现代交通方式主要体现为铁路的建设、轮船的使用。因此，本书进一步探讨现代交通方式对近代中国工业空间扩散的影响。

6.1　近代中国铁路的发展历程

第一次鸦片战争打破了中国闭关自守的局面，有关铁路的信息通过各个

① 孙中山．中国实业如何能发展［N］．上海《民国日报》副刊《星期评论》，1919-10-10.

渠道传入中国，引起了对新鲜事物比较敏感的人们的注意，其中洪仁玕是提出修建铁路的第一人。铁路是西方工业革命的产物，起源于英国，是近代工业文明的象征之一。尽管铁路在欧美国家的工业革命中发挥了重要作用，在中国却遇到保守势力的极力阻挠，有关近代中国的铁路建设与发展已有相当多的论著对其进行了系统研究。①

铁路作为一种新式交通方式在中国的发展历程相当曲折。清政府对兴修铁路始终疑虑重重，清政府内部无论是顽固派还是洋务派都对修筑铁路持拒绝的态度。英国商人曾在北京宣武门外铺设半公里多的铁路行驶小火车，但是遭到反对，而“饬令拆卸”。吴淞铁路是中国历史上修筑的第一条营运铁路，由于是英、美商人用非法手段私建的铁路，通车后不久便被拆除。此外，在唐山附近修筑的铁路，铺好铁轨后只许用马拉。近代中国铁路的历史始于唐胥铁路，因为运煤需要，经直隶总督李鸿章奏请修建唐胥铁路。从1881年开始修筑唐胥铁路，到1937年日本发动卢沟桥事变前，中国共修筑铁路13682.3公里。自唐胥铁路始至卢沟桥事变前将近代中国铁路发展的历史分为4个阶段。

第一阶段是1881年至1895年。这期间，中国修筑的铁路有津榆铁路、大冶铁路及台湾铁路。津榆铁路是在唐胥铁路的基础上向东西两侧展筑，西至天津东站，向东展筑至山海关。台湾铁路自基隆至台北，并续向新竹展筑，1891年开工，1893年完工，全程约100公里。大冶铁路是汉冶萍公司运输铁矿专用线，自湖北大冶县铁山铺至黄石窑，并自得道湾南引支线至狮子山，全长约28公里。津榆铁路、台湾铁路及大冶铁路共计415.4公里。《马关条约》签订后，列强开始在中国划分势力范围，争夺筑路权。

第二阶段是1896年至1911年，是中国修筑铁路的高峰期，共修筑铁路9002.1公里，是前一阶段的20多倍。中日甲午战争后，西方列强纷纷在中国划分势力范围、强夺租借地、索取筑路权。1896年清政府成立铁路公司，着手筹建卢汉铁路，由卢沟桥至汉口玉带门，后北端展至北京西站，合计1214.5公里，是为京汉铁路。同年，沙俄攫取了修筑东清铁路权力。东清铁路以哈尔滨为交会点，分别修筑东线（哈尔滨至绥芬河）、南满支线（哈

① 有马里千等编著的《中国铁路建筑编年简史（1881—1981）》，宓汝成《帝国主义与中国铁路（1847—1949）》，金士宣、徐文述《中国铁路发展史（1876—1949）》，杨勇刚《中国近代铁路史》，张雨才《中国铁道建设史略（1876—1949）》。本书关于近代中国铁路修建的历史主要参考马里千等编著的《中国铁路建筑编年简史（1881—1981）》。

尔滨至旅顺）以及西线（哈尔滨至满洲里），共计 2469 公里，1898 年动工，1903 年完工。东清铁路动工的同年，山西商务局为开发煤矿借款修筑正太铁路（太原至柳林铺）。德国占领胶州城，并取得山东筑路权，着手修建胶济铁路，从青岛至济南，全长 394.1 公里。1898 年中英银公司取得上海至南京的筑路权。自此关内外铁路山海关至奉天段、粤汉铁路、道清铁路、株萍铁路、汴洛铁路、京张铁路、津浦铁路等相继开工建成，建成京汉（北京—汉口）、胶济（青岛—济南）、正太（正定—太原）、沪宁（上海—南京）、沪杭（上海—杭州）、京张（北京—张家口）、汴洛（开封—洛阳）、滇越（昆明—河口）、津浦（天津—浦口）等干线铁路，南浔（南昌—九江）、粤汉（广州—汉口）等铁路的一部分，以及安奉铁路（安东—奉天）等。

第三阶段是 1912 年至 1927 年，出现了帝国主义争夺路权的第二次高潮。1912—1927 年共修筑铁路 4264.8 公里，其中关内约占 47.3%，东北占 52.7%。主要干支线有吉长铁路、京绥铁路、四郑铁路、湘鄂铁路、个碧铁路、四洮铁路郑通支线、郑洮铁路、陇海铁路的一部分、金福铁路、奉海铁路、京奉铁路锦朝及大通支线等。

第四阶段是 1928 年至 1937 年，共修筑铁路 8658.5 公里，其中关内约占 44%，东北地区约占 56%。主要干支线包括 1928 年至 1930 年修筑的呼海铁路、吉敦铁路、吉海铁路、齐克铁路的齐齐哈尔至泰安（今依安）段及宁年（今富裕）至拉哈支线、个碧铁路临屏支线的鸡街至临安段；1931 年至 1937 年修筑的陇海铁路灵宝至西安段、同蒲铁路阳方口至风陵渡段、道楚铁路、京赣铁路南京至歙县和贵溪至陈营两段、浙赣铁路、杭甬铁路肖山至曹娥江段、淮南铁路、苏嘉铁路、粤汉铁路株洲至韶关段和个碧铁路临屏支线临安至石屏段；东北地区有敦图铁路、图宁铁路、宁临铁路、林佳铁路、朝开铁路、梅辑铁路梅河口至通化段、北黑铁路、林东铁路、东虎铁路、洮索铁路、长大铁路、洮大铁路、新义铁路、锦承铁路，续修齐克铁路自泰安经克山至海伦与呼海铁路相接，宁年至拉哈支线向北展筑至墨尔根（今嫩江），筑拉滨铁路为吉敦、敦图两路与中东铁路的联络线，以及牙克石森林铁路等。

近代中国铁路起步较晚，中日甲午战争之前修筑铁路不足 500 公里。中国铁路起步于中日甲午战争以后，到 1911 年全国铁路里程近万公里。不仅数量极少，且集中于东部省份。1911 年后，进入修筑铁路的第二次高潮，但铁路的分布仍极不平衡，绝大部分分布在东部沿海和东北地区，今京广铁路以西的广大地区铁路数量极少，尤其是西部。

近代很多铁路的走向以沿海港口为起点，但南北方向铁路线的影响逐渐显现。通商口岸作为经济区域的节点城市，对腹地的拓展需要以交通网络为支撑，铁路的修筑则将口岸的影响范围或腹地不断延伸到内陆地区，扩大了空间范围。随着铁路修筑范围的扩大，中国大部分地区处于经济变迁之中。

6.2 铁路修建与近代工业的空间扩散

以上对近代中国铁路的建设以及空间布局进行了简要分析，接下来以近代河北地区、江苏省以及广东省为例，对铁路发展与近代工业的空间布局的关系进行分析。本节通过比较不同区域的铁路发展与工业布局，以分析区域内铁路对工业空间扩散的影响，并对不同区域内铁路影响的差异进行对比分析。

6.2.1 近代河北地区铁路发展与工业布局

(1) 近代河北地区的铁路发展情况

河北地区的铁路建设肇始于洋务运动，为便于开平煤的外运，1881 年修通了从唐山到胥各庄的铁路，唐胥铁路是近代河北建成的第一条铁路，它标志着近代河北铁路建设的开始。1888 年唐胥铁路又经北塘、大沽延伸到了天津，称为津唐铁路。津唐铁路的修通揭开了河北地区陆路交通现代化的新纪元。之后，津榆、京汉、京张、津芦、津浦等几条铁路干线相继在河北境内动工兴建。至 1911 年，津榆铁路（天津—临榆）(1894)、津芦铁路（天津—北京）(1897)、京汉铁路（北京—汉口）(1906)、正太铁路（正定—太原）(1907)、京张铁路（北京—张家口）(1909)、津浦铁路（天津—浦口）(1912) 等铁路干线的先后通车，标志着以近代铁路为骨架的新式交通运输体系在河北地区初步形成。

接下来，对近代河北境内的几条铁路干线进行简单梳理。

津榆铁路。津榆铁路是 1912 年建成通车的北京至奉天的京奉铁路（即今京沈铁路）的一部分。津榆铁路是以唐胥铁路（中国历史上经政府许可修建的第一条铁路）为基线，向东西陆续展筑修建而成。1881 年（光绪七年）唐胥铁路（唐山—胥各庄）开工并通车（9.7 公里），1886 年（光绪十二年）自胥各庄展筑至芦台（今宁河区政府驻地），改称唐芦铁路，并于次年建成（44.8 公里）。1887 年（光绪十三年）由芦台展筑至天津东站的铁路开始建设，并于次年 10 月通车，与唐芦铁路合成唐津铁路（85.6 公里）。1889 年（光绪十五年）由唐津铁路向东北展筑至山海关的铁路开通建设，1890 年唐山至古冶段通车（24.2 公里），1892 年古冶至滦县段通车（29.8 公里），1894 年滦县至山海关段建成通车，至此津榆段全线通车（98.5 公里）。津榆铁路自 1881 年唐胥铁路始，分别向东西展筑，至 1894 年全线通车，全长 292.6 公里，经过的地区（县）包括天津、宁河、丰润、滦县、昌黎、抚宁、临榆。

津芦铁路。津芦铁路是从天津到北京卢沟桥的铁路段，后展筑至北京右安门外的马家堡，1895 年开工建设，1897 年津芦铁路通车营业，自天津东站向西北经武清县，跨过大运河，经安次县、大兴县，至马家堡，全长 127.2 公里。津芦铁路是之后京奉铁路的一部分。

京汉铁路河北段。京汉铁路自 1896 年着手筹建，自北京西站至汉口玉带门。京汉铁路河北段从北京出发，经过涿县、定兴、徐水、清苑、望都、定县、新乐、正定、获鹿、栾城、元氏、高邑、临城、内邱、邢台、沙河、永年、邯郸、磁县。1897 年芦汉铁路丰台支线（长辛店—丰台，10 公里）开工，次年建成。芦汉铁路丰台支线现为京广铁路的一段。其中 7.3 公里为津芦铁路范围内，芦汉铁路总局自建长辛店至卢沟桥 2.7 公里。1898 年卢沟桥至保定段开工，次年 1 月通车（130.6 公里）。1899 年保定至定县段开工，1901 年通车（60 公里）。1900 年，卢汉铁路自卢沟桥筑至北京前门西站，次年完工（14.8 公里），自此改称京汉铁路。1902 年京汉铁路窦妪潞王坟（新乡）段开工，1906 年通车（308.8 公里）。1905 年京汉铁路定县至窦妪潞王坟段通车。1908 年京汉铁路临城支线建成通车。

正太铁路（枕头—太原，1904—1907 年，243 公里）。1904 年正太铁路开建，自正定枕头站（今石家庄）出发，经获鹿、井陉，由娘子关入山西境内，过阳泉、寿阳、榆次，而达太原南站，以利山西产煤外运。正太铁路的修筑源于清光绪年间的山西巡抚胡聘之的上疏，但修筑过程并不顺遂，直到 1904 年 5 月才全线开工，1907 年正定至太原的正太铁路全线通车，全长 243 公里。河北境内途经获鹿、井陉各县。

京张铁路（北京—张家口，1905—1909年，201.2公里）。京张铁路是中国自己兴办、自己筹款，由中国人自己勘测、设计、施工的第一条铁路，由詹天佑担任会办兼总工程师。线路起自丰台，经西直门到南口进入关沟，过居庸关到青龙桥车站，下坡沿山麓到康庄，前越今官厅水库，过土木、沙城（怀来），过宣化到张家口。1909年，北京至张家口的京张铁路通车，全长201.2公里，途经宛平、怀来、宣化、张家口各县。

津浦铁路（天津总站—浦口，1908—1912年，1009.5公里）。1908年津浦铁路北段天津总站至黄河北岸开工，长346.2公里，同年10月黄河南岸至韩庄运河桥开工，长279.1公里；南段浦口至运河桥于1909年开工，长383.4公里。1910年津浦铁路天津至黄河北岸泺口站（346.2公里）竣工通车。1911年10月津浦铁路南段浦口至运河桥完工；1911年11月北段自黄河南岸展筑至运河桥，南北段在运河桥接轨。12月南北两端分别通车。1912年11月，津浦铁路黄河大桥建成，天津至浦口的津浦铁路全线通车。河北境内途经天津、静海、青县、沧县、南皮、东光、吴桥各县。

在近代河北铁路网中，天津、北京居于中心位置。近代河北地区最早修建的铁路干线以天津为起点的津榆铁路，与津芦铁路相连通，继而向东北延伸至奉天形成了京奉铁路主干线，成为河北与东北三省联结的主动脉。津浦铁路途经河北、山东（德县、禹城、济南、泰安、邹县、藤县、临城至韩庄）、安徽（离集、宿县、蚌埠临淮关、明光、滁县、东葛）、江苏（徐州、浦口）4省，建成后北接京奉铁路，南与沪宁铁路下关车站隔长江而望，与京汉铁路同为南北交通干线。天津不仅成为京奉、津浦两条铁路的交会点，而且可以通过津浦铁路在济南与胶济铁路相接。北京是京奉、京张、京汉铁路的交会点。京汉铁路途经河北、河南到达湖北，继而与粤汉铁路相连，成为连通中国南北的大动脉。京张铁路连通河北、察哈尔，此后又继续向西延展，1920年拓至归绥，1923年又拓至包头。通过京奉铁路在丰台与京汉、京张铁路相接，通过京汉铁路在石家庄与正太铁路相接，在新乡与道清铁路相接，连通了近代中国铁路网络。

（2）铁路与近代河北地区工业空间布局

从近代河北地区工业企业设立的情况看，有新式工业企业设立的县共有35个，其中铁路沿线县有22个，占比近63%。从各县的新式企业设立数量看，近代河北省新式工业企业设立累计数量为343家（有明确地区记载的企业），其中铁路沿线县新式工业企业设立累计数量为325家，占比达94.8%，仅有个别几家新式工业企业未设立在铁路沿线上。此外，由于天津是较早开埠的口岸之一，具有较强的国际贸易优势，故若将天津新式企业设立数量剔除，则近代河北地区其他各县累计设立的新式工业企业数量为 183 家，其中铁路沿线各县累计设立的新式企业数量为 163 家，占比也高达 89.1%。可见，近代河北地区铁路的建设与新式工业企业的设立高度相关，铁路的开通影响着近代河北地区工业的空间格局。

接下来，本书进一步探讨近代河北地区工业扩散的时空特征。从表6-1可以看出，在 1895 年前，河北地区修建的铁路为津榆铁路，经过的县（市）为天津、宁河、丰润、滦县、昌黎、抚宁、临榆。从这一阶段河北地区新式工业企业的设立情况来看，仅有天津、滦县建有铁路，而北京、临城、磁县并无铁路。北京作为政治中心，有其独特的优势，对新式工业企业的设立有一定的助推作用，而临城和磁县两个县各设立 1 家新式企业，且均为燃料等采掘业。可见，这一时期河北地区工业化布局除天津、北京特殊的政治经济地位外，其他新式工业企业是基于能源的开采而设。

从 1895 年开始，河北地区铁路建设进入飞速发展阶段，“津芦”（天津—北京）(1897)、“京汉”（北京—汉口）(1906)、“正太”（正定—太原）(1907)、“京张”（北京—张家口）(1909)、“津浦”（天津—浦口）(1912) 等铁路均是在这一阶段开始建设并通车。因此，河北地区有铁路经过的县（市），从上一个阶段的 7 个，增加到 35 个，新式工业企业也沿着铁路的铺设而设立起来。1895—1911 年，有新式企业设立的县，除了津榆铁路沿线的天津、宁河、丰润、滦县外，还扩展到了京汉铁路沿线的清苑、获鹿、磁县，以及正太铁路沿线的井陉。宝坻、安新、饶阳各设一家染织企业，迁安和曲阳新设企业则与燃料等采掘业相关。1912—1926 年这一阶段，河北地区新式工业企业设立县（市）数量和企业数量均达到高峰。从扩散路径上看，依然沿津榆铁路、京汉铁路、正太铁路而设，且扩散至津浦铁路沿线的沧县、南皮等。1927—1937 年，河北省新式工业企业设立的县（市）数量有所减少，并且主要沿津榆铁路和京汉铁路而设。

表 6-1 近代河北地区各县的铁路修建与新式工业企业的设立

阶段	有铁路经过的县	有新式工业企业设立的县
1895 年前	天津、宁河、丰润、滦县、昌黎、抚宁、临榆	天津、滦县、北京、临城、磁县

续表

阶段	有铁路经过的县	有新式工业企业设立的县
1895—1911 年	天津、武清、安次、大兴、北京、宛平、涿县、定兴、徐水、清苑、望都、定县、新乐、正定、获鹿、栾城、元氏、高邑、临城、内邱、邢台、沙河、永年、邯郸、磁县、易县、通县、静海、青县、沧县、南皮、东光、吴桥、井陉、房山	天津、宁河、丰润、滦县、北京、清苑、获鹿、磁县、井陉、通县、宝坻、安新、饶阳、迁安、曲阳
1912—1926 年		天津、宁河、丰润、滦县、昌黎、临榆、北京、宛平、清苑、正定、获鹿、井陉、邢台、邯郸、沧县、南皮、通县、宝坻、文安、固安、辛集、南宫、高阳
1927—1937 年		天津、宁河、丰润、临榆、北京、宛平、清苑、定县、获鹿、邢台、邯郸、磁县、通县、交河、遵化、宝坻

资料来源：马里千，陆逸志．中国铁路建筑编年简史（1881—1981）[M]．北京：中国铁道出版社，1983.

杜恂诚．民族资本主义与旧中国政府（1840—1937）[M]．上海：上海社会科学院出版社，1991.

杜恂诚．中国的民族资本主义（1927—1937）[M]．上海：上海财经大学出版社，2019.

近代河北地区新式工业企业的设立依据是否位于铁路沿线，大致可以划分为位于铁路与铁路交会处的县（市）、铁路沿线各县以及非铁路沿线各县。其中位于铁路与铁路交会处的县（市）有天津、北京、获鹿。天津是津榆铁路、津芦铁路的交会处，贯穿北京到天津直至山海关的铁路线，在京沈铁路修通之后，具有重要的地理优势。北京是京沈铁路、京汉铁路、京张铁路的交会处，其地理位置的优越性不言而喻。因此，天津和北京均为新式工业企业设立较多的地区。获鹿位于京汉铁路和正太铁路交会处，由于铁路的修建，获鹿也快速发展起来，尤其是当时属于获鹿镇的石家庄村，由于其独特的位置得到迅速发展，新中国成立后更是成为河北省的省会。1912 年石家庄开办 1 家纺纱厂，1915 年开设 1 家火柴厂，1922 年开办 1 家纺纱厂，1925 年开办 1 家面粉厂，1933 年开办 1 家出版印刷企业。虽然石家庄开设的新式工业企业数量不多，但是在很大程度上促进了石家庄经济的发展，奠定了发展基础。

位于铁路沿线的县城数量较多。除北京、天津、获鹿外，有铁路经过的县有 36 个，其中有 22 个县有新式工业企业设立记录。比如，清苑县曾经是直隶总督府所在地，因此清苑县所设新式工业企业较多，1907 年新设 1 家航运企业，1909 年各设立 1 家制蛋企业和染织企业。北洋政府期间又新设 6 家新式工业企业，而 1927—1937 年仅新设 1 家新式工业企业。邯郸县城是邯郸县的政治、经济中心，工商业在铁路开通前已有一定发展，京汉铁路开通后，车站附近工商业开始兴起。1926 年前，京汉铁路邯郸车站东南建有 1 家机器工厂——怡丰机器面粉公司，[①] 1929 年又新设 1 家面粉厂。

非铁路沿线县城，新式工业企业设立非常少，安新县 1 家、高阳 1 家、固安 1 家、交河 2 家、南宫 1 家、迁安 1 家、文安 1 家、辛集 1 家、饶阳 1 家、遵化 1 家。此外，虽然通县和宝坻县这一时期未有铁路开通，但是由于两县分别毗邻北京及天津，具有一定的地缘优势，故有数家新式工业企业设立。

在近代工业方面，河北地区的工业企业多集中于天津、北京等大中城市和唐山、石家庄等新兴城镇，大多数县城近代工业发展水平较低，少有近代工业企业设立。

6.2.2 近代江苏省铁路发展与工业布局

（1）近代江苏省铁路发展情况

长江三角洲是近代中国铁路最先动议和兴建的地区。1865 年，英商怡和洋行在上海成立了吴淞道路公司，计划修筑上海至吴淞的铁路，但遭到了清政府的拒绝。1872 年，英、美商人背着清政府擅自修筑淞沪铁路，后经交涉，由清政府出巨资将淞沪铁路购下拆毁。中日甲午战争后，中国朝野“实业救国”呼声高涨，自建淞沪铁路被提上议事日程。1898 年 8 月淞沪铁路全线竣工，成为江苏省第一条正式投入使用的铁路。但是，淞沪铁路的建成，并未真正开启江苏省铁路修建的高潮，江苏省直至 1905 年才开始修建第二条铁路——沪宁铁路，此后沪杭铁路、津浦铁路、陇海铁路、苏嘉铁路相继修建。总体而言，近代江苏省修建的铁路里程较短、途经县（市）较少。

自淞沪铁路后，沪宁铁路于 1905 年 4 月在上海开工，同年 11 月上海至南翔（17.3 公里）通车，1906 年 7 月 18 日通车至无锡（上海到无锡，128.6 公里），1907 年 5 月通车至常州，1907 年 10 月 15 日通车至镇江，1908 年 4 月 1 日通车至南京下关（今南京西站），至此沪宁铁路全线开通。沪宁铁路全长 311 公里，途经上海、嘉定、昆山、吴县、无锡、武进、丹阳、丹徒、句容、南京（江宁）各县。沪宁铁路的建成，大大便利了沿途各地的客货运输。

沪杭铁路于 1906 年开始修建，分为苏路和浙路分别修建，并与枫泾接轨。沪杭铁路苏路由张謇发起成立江苏铁路公司负责修建，于 1907 年 4 月开工兴建，1908 年 11 月沪杭铁路苏路上海南站至枫泾建成通车，全长 61.2 公

---

① 转引自熊亚平，张利民．华北铁路沿线县城工商业的“差异化发展”（1905—1937）[J]．南开史学，2020（2）：223-24，306.

里，途经上海、松江、金山各县。

津浦铁路以天津为起点，自1908年修建，终点始为镇江，后改为浦口，1912年建成通车，由天津出发，经河北、山东、安徽、江苏4省，在江苏主要经过铜山、江浦、江宁各县。

陇海铁路是贯穿中国东西方向的主干线，其“西至潼关，东达海州，长2000余里，自郑州而西为洛阳、陕州、潼关，自郑州而东为开封、商丘、徐州、海州，全路共有5000有奇”。[①] 江苏段主要经过砀山、萧县、铜山、邳县、宿迁、沭阳、东海、灌云各县，于1926年建成通车。

苏嘉铁路，自苏州至嘉兴，是沪宁、沪杭甬铁路的一条支线。1932年“一·二八”抗日战争在上海爆发，南京与杭州间铁路交通中断，当局决定修筑该路作为沪宁、沪杭两条铁路的联络线，1935年苏嘉铁路开工。线路起自沪宁铁路的苏州站，向南经吴江、平望、盛泽，前越苏浙两省交界至王江泾，至嘉兴与沪杭铁路接轨，形成以上海为顶点，该路为底线的近似等腰三角形。1935年2月22日，苏嘉铁路正式动工修筑，于次年7月完成，全长74公里。全路有桥梁73座，拱桥2座，涵洞24处，1936年7月15日正式通车。[②] 苏嘉铁路的开通，大大缩短了苏州与嘉兴间铁路运行的时长。苏州以西、嘉兴以南之间往来的客货运输均可不再绕道上海，可缩短行程约110公里，途经嘉兴、吴江、吴县。

江苏省还修建了几条支线，但是线路均较短，一是清杨铁路，自清江浦至杨庄，于1909开始修建，1911年完工，次年并入陇海铁路，作为支线，全长17.3公里。清杨铁路的修建是为了便利两淮盐运，后因营业不振而废弃，约1932年拆除。二是沪杭铁路上海北站接轨线，于1915年修建，是沪宁铁路与沪杭铁路的联络线，1916年完工通车，全长16.6公里。三是宁省铁路，于1907年开工建设，由于南京城区范围较大，为便利下关码头到城南的旅客运输，由两江总督端方主持修建，1909年2月建成通车，全长11.2公里。四是青三铁路，位于与上海一江之隔的江苏海门，由张謇筹建，于1921年6月通车，全长6.5公里，从青龙港通往大生三厂，故名青三铁路。青龙港原是海门长江岸边通往上海的8个小港（即浒通港、宋季港、圩角港、青龙港、茅家港、新港、太平港、灵甸港）之一，自小火车通行后迅速成为海门及周

① 李文海．民国时期社会调查丛编（二编）·社会组织卷［M］．福州：福建教育出版社，2009：412.

② 黄华平．国民政府铁道部研究［M］．合肥：合肥工业大学出版社，2011：281.

边地区通往上海和苏南地区的主要港口，客货进出频繁。①

近代江苏省铁路里程虽然较短，但是通过津浦铁路连通江苏与安徽、山东、河北，继而与京奉铁路相连，沪宁铁路以上海为起点、南京为终点继而与津浦铁路相连。沪杭铁路则将江苏与浙江相连，继而至宁波，形成了贯通长江三角洲经济发达地带的交通干线沪杭甬铁路。陇海铁路更是贯穿东西连通江苏、河南、陕西，成为东西大动脉。因此，江苏省铁路路线虽未在区域内形成网络，但是将江苏省与其他省份相连接，江苏省的干线和支线客货运输均很活跃。

（2）近代铁路与江苏省工业布局

从近代江苏省工业企业设立的情况看，有新式工业企业设立的县（市）共49个，其中铁路沿线县（市）有20个，占比为40.8%，不足一半。从各县的新式工业企业设立的数量看，近代江苏省新式工业企业设立累计数量为1866家（有明确地区记载的企业），其中铁路沿线县新式工业企业设立累计数量为1672家，占比为89.6%。此外，由于上海是最早开埠的通商口岸之一，具有较强的国际贸易优势，故若将上海新式工业企业设立数量剔除，则近代江苏省其他各县累计设立的新式工业企业数量为528家，其中铁路沿线各县累计设立的新式工业企业数量为334家，占比为63.3%。为了进一步分析近代江苏省铁路的设立与工业空间格局的变化之间的关系，接下来本书探讨近代江苏省工业企业扩散的时空特征。

1895年及以前江苏省仅有一条淞沪铁路，但很快被拆除。故这一阶段，江苏省实际并无可使用的铁路。因而，这一期间新设工业企业与铁路的修建无关。这一阶段有新式工业企业设立的县（市）为上海、奉贤县、无锡县、丹徒县、句容县、涟水县、铜山县。上海是近代最先被迫开埠通商的口岸之一，其工业企业发展迅速。无锡县、丹徒县、句容县因水系连通具有较好的水运条件。毗邻上海的奉贤县，在一定程度上受到上海辐射效应的影响。铜山县具有丰富的煤等燃料资源，因此新设1家燃料采掘企业。

1895—1911年，自1898年铺设淞沪铁路开始，沪宁铁路、沪杭铁路、津浦铁路相继修建。沪宁铁路途经上海、嘉定、昆山、吴县、无锡、武进、丹阳、丹徒、句容、江宁各县。沪杭铁路苏路途经上海、松江、金山各县。津

① 李元冲：《张謇自办铁路的成功尝试》，海门市张謇研究会主办《张謇研究》2012年第2期。据文载，青三铁路于1958年12月拆除。

浦铁路在江苏省途经铜山、江浦、江宁各县。从这一阶段江苏省新式工业企业的设立情况来看，共有25个县有新式工业企业设立，相较上一时期有明显的扩散。其中有铁路经过的县仅有上海、吴县、无锡、武进、丹徒、江宁、松江、铜山，占比为30.8%。从整体来看，呈现沿沪宁铁路扩散的格局，而沪杭铁路的修建也对其沿线的松江县新式工业企业的设立有影响。其余18个县则无铁路经过。因此，这一时期江苏省工业企业有沿铁路扩散的趋势，但是并不能完全解释这一时期的工业布局。

1912—1926年陇海铁路江苏段修建，途经灌云、东海、沭阳、宿迁、邳县、铜山、萧县、砀山。这一时期有新式工业企业设立的县45个，相较上一阶段有明显的扩散。其中有铁路经过的县仅17个，较上一阶段有明显的增加。从扩散路径看，除沪宁铁路外，陇海铁路江苏段、津浦铁路及沪杭铁路沿线各县均有新式工业企业设立。因此，这一时期江苏省新式工业企业明显有沿铁路线扩散的趋势。与此同时，其余有新式工业企业设立的28个县未处于铁路沿线，相较上一时期非铁路沿线县的数量有所增加，对于这些工业企业的扩散路径，需进一步探讨。

1927—1937年，这一时期只有苏嘉铁路修建，途经吴县、吴江。此阶段有新设工业企业的县共计33个，相较上一阶段有明显下降。其中有铁路经过的县15个，从路径上看，基本上是沿沪宁铁路、陇海铁路分布。未处于铁路沿线的县有18个，相较上一阶段明显减少。虽然这一时期江苏省新设工业企业数相较上一阶段有明显增加，但是存在一定程度的集中趋势（见表6-2）。

表6-2 近代江苏省各县的铁路修建与新式工业企业的设立

阶段	有铁路经过的县（新增）	有新式企业设立的县
1895年前	无	上海、奉贤、无锡、丹徒、句容、涟水、铜山
1895—1911年	上海、嘉定、昆山、吴县、无锡、武进、丹阳、丹徒、句容、江宁、松江、金山、铜山、江浦	上海、吴县、无锡、武进、丹徒、江宁、松江、铜山、宝山、常熟、崇明、奉贤、高邮、灌云、淮安、江阴、涟水、南汇、南通、如皋、宿迁、太仓、泰兴、泰县、宜兴
1912—1926年	灌云、东海、沭阳、宿迁、邳县、萧县、砀山、铜山	上海、嘉定、昆山、吴县、无锡、武进、丹阳、丹徒、句容、江宁、松江、金山、灌云、东海、宿迁、铜山、海门、宝山、宝应、常熟、崇明、东台、奉贤、高邮、淮安、淮阴、江都、江阴、金坛、溧阳、涟水、六合、南汇、南通、青浦、如皋、太仓、泰县、泰兴、吴江、兴化、盐城、仪征、宜兴、川沙

续表

阶段	有铁路经过的县（新增）	有新式企业设立的县
1927—1937 年	吴江	上海、嘉定、昆山、吴县、无锡、武进、丹阳、丹徒、江宁、松江、灌云、铜山、萧县、江浦、吴江、常熟、崇明、东台、丰县、赣榆、淮安、淮阴、江都、江阴、溧阳、六合、南汇、南通、青浦、太仓、泰县、盐城、宜兴

资料来源：马里千，陆逸志．中国铁路建筑编年简史（1881—1981）［M］．北京：中国铁道出版社，1983.

杜恂诚．民族资本主义与旧中国政府（1840—1937）［M］．上海：上海社会科学院出版社，1991.

杜恂诚．中国的民族资本主义（1927—1937）［M］．上海：上海财经大学出版社，2019.

6.2.3 铁路修建与近代广东省工业空间格局

（1）近代广东省铁路发展情况

广东省铁路发展起步较晚，直至 1901 年广水铁路的建设开了近代广东省铁路建设的先河。与河北地区相比，近代广东省铁路建设路线较短，未形成连通南北、贯穿东西的铁路交通网络。近代广东省通行的铁路，共有如下几条主线与支线。

粤汉铁路。1906 年 9 月，粤汉铁路广韶段自南向北开工建设，广韶段起自广州珠江北岸的黄沙（南站），经西村、广州北站、花县、源潭，沿北江正流东岸北上，经黎洞、连江口、英德、河头、马坝而达韶州（今韶关市）。1908 年广州黄沙至源潭通车（72.1 公里）。1911 年 8 月粤汉铁路广韶段源潭至黎洞通车（33.8 公里）。1913 年 5 月粤汉铁路黎洞至英德段（35.2 公里）通车。1916 年 6 月粤汉铁路广韶段自英德至韶州修通（83.1 公里），至此全段完工。1930 年韶关至乐昌（49.8 公里）开工，1933 年 9 月完工。粤汉铁路广韶段自广州黄沙至韶州，全长 224.2 公里，途经番禺、花县、清远、英德、曲江、乐昌各县。

广三铁路。1901 年 12 月广三铁路开工，其中石围塘至佛山 16.6 公里为复线。广三铁路自广州珠江南岸石围塘始，经三眼桥、佛山、小塘至三水，分两段先后修筑，由美国合兴公司投资修筑。1901 年 12 月起，开始修筑广州石围塘至佛山一段，长 16.5 公里。1903 年 10 月 5 日，佛山至三水一段通车。广三铁路全长 48.9 公里，途经番禺、南海、三水各县。广三铁路与西、北江航运连接，是当时进入粤西、粤北的主要通道。

潮汕铁路。潮汕铁路是中国历史上第一条民营铁路，南起汕头，北迄潮安，共42公里，1904年动工兴建，至1906年全线完工，同年11月正式通车，全长39公里，途经汕头、潮安各县。

新宁铁路。1906年新宁铁路开工建设，是由中国人自己兴办、筹款、勘测、设计、施工的第一条民营铁路。线路起自新宁县东南斗山墟，北至公益埠，折而向东，止于新会县北街。1909年5月新宁铁路斗山墟至公益埠（59.3公里）通车，同年12月自公益埠向新会（32.2公里）续修，1911年9月公益埠到新会段通车。1911年2月，新会至北街段（12.9公里）开工，1913年8月完工。全长104.4公里，途经台山、新会各县。

广九铁路。1907年广九铁路开工，以深圳河为界，以北线路由中国修筑，以南部分由英国修筑。其中大沙头（今广州站）至深圳段长143.3公里，线路由大沙头向东，在石龙前后越东江及其支流后，转东南经樟木头、深圳。清宣统三年（1911年）广九铁路南北两段在深圳桥接轨，全线通车，全长178.6公里，途经番禺、增城、东莞、宝安各县。

汕漳轻便铁路。汕头至潮安的潮汕铁路虽已开通，但是汕头至澄海之间仍然是崎岖小道，因此建设一条连接汕头和澄海重要港口樟林的铁路，可以大大方便两地交通，促进两地经济发展。1915年“汕漳轻便铁路股份有限公司”在汕头成立，次年正式动工，1923年全线通车，途经汕头、澄海。

近代广东省的铁路以广州为枢纽，连通粤汉铁路、广三铁路、广九铁路等主干线。其中粤汉铁路，途经广东、湖南，进而与京汉铁路相连，形成连通南北的主干线。但由于粤汉铁路修建缓慢，直到1930年才修至乐昌，1936年9月才全线通车。因此，其对区域间的经济发展影响较小。广九铁路连通广州至九龙，便利了区域的经济效益。广三铁路、新宁铁路、潮汕铁路以及汕漳轻便铁路由于里程较短，仅便于短途铁路运输，仅惠及两三个县。

（2）铁路与近代广东省工业空间格局

从表6-3可以看出，1937年前广东省有新式工业企业设立的市县中，其中铁路经过的市县有16个，占比为28.6%。从各县的新式工业企业设立数量看，近代广东省新设工业企业累计数量为326家（有明确地区记载的企业），其中铁路沿线各县新式工业企业设立累计数量为181家，占比为55.5%。此外，由于广州是最早开埠的通商口岸之一，具有较强的国际贸易优势，故若将广州新式工业企业设立数量剔除，则近代广东省其他各县累计设立的新式工业企业数量为215家，其中铁路沿线各县累计设立的新式工业企业数为70

家，占比仅为32.6%。可见，近代广东省铁路的建设与新式工业企业的设立相关性不高，近代广东省铁路的建设对其工业空间格局的影响不大。

接下来，本书进一步探讨近代广东省工业企业扩散的时空特征。近代广东省铁路建设相对较晚，1901年开始铺设广三铁路，故1895年前广东省新式工业企业的设立与铁路的建设无关。这期间有新式工业企业设立的县（市）为广州、南海县、顺德县、中山县、汕头县，基本上位于珠江三角洲地区和出海口。

1895—1911年，广东省修设的铁路主线主要有5条，分别为：①广三铁路，经过广州、南海、三水各县；②潮汕铁路，经过汕头、潮安各县；③新宁铁路，经过新会、台山各县；④广九铁路，经过广州、增城、东莞、宝安各县；⑤粤汉铁路，经过广州、花县、清远各县。从这一阶段广东省新式工业企业设立的12个县来看，仅有广州、南海、三水、汕头、新会5个县有铁路经过。铁路的修设有可能助推了广州、南海、三水等地新式工业的发展。与前一阶段相比，新增了新会和三水，而新会县新式工业企业为1905—1909年开设，新宁铁路新会段于1911年才修通。可见，新会县新设工业企业与铁路铺设关系不大。宝安县一家新式工业企业设立，在一定程度上可能与铁路的修设有关。另外，无铁路修建但是有新式工业企业设立的县如顺德位于珠江三角洲地区，澄海则位于出海口，而合浦、惠阳、揭阳、梅县、四会更是远离铁路。因此，这一阶段广东省新式工业企业的扩散与铁路的铺设关系不大。

1912—1926年开通汕头至澄海段铁路，粤汉铁路继续修至英德及曲江，有新式工业企业设立的县有23个，而有铁路经过的县仅有11个。潮汕铁路的修筑，促进了汕头、潮安新式工业的发展。新宁铁路的开通，对新会和台山的新式工业也起到了一定的促进作用。随着粤汉铁路的开通，清远、曲江也有了新式工业企业。这一阶段铁路的发展在一定程度上促进了新式工业的扩散，但是对于非铁路沿线各县新式工业企业的设立解释力不强。

1927—1937年，粤汉铁路沿线的乐昌开始有铁路开通。这一时期广东省有新式工业企业设立的县有16个，与上一阶段相比有所下降。其中有铁路经过的县有10个。粤汉铁路经过的花县、曲江各县，广九铁路经过的增城、东莞、宝安各县，潮汕铁路经过的汕头、潮安各县，以及新宁铁路上的台山均有新式工业企业设立。

从以上分析可知，近代广东省铁路修建时间较晚，并且里程较短，其新式工业企业的设立与铁路的铺设关联性不高，并未真正发挥其价值。

表 6-3　近代广东省各县的铁路修建与新式工业企业的设立

阶段	有铁路经过的县（新增）	有新式企业设立的县
1895 年前	无	南海、汕头、顺德、广州、中山
1895—1911 年	广州、南海、三水、汕头、潮安、台山、新会、增城、东莞、宝安、花县、清远	广州、南海、三水、汕头、新会、合浦、惠阳、揭阳、梅县、顺德、四会、澄海
1912—1926 年	澄海、曲江、英德	广州、南海、三水、汕头、潮安、新会、台山、东莞、宝安、清远、曲江、乐昌、防城县、高要、合浦、惠阳、揭阳、钦县、琼州、顺德、兴宁、阳江、中山
1927—1937 年	乐昌	广州、三水、花县、曲江、增城、东莞、宝安、汕头、潮安、台山、四会、电白、揭阳、钦县、顺德、中山

资料来源：马里千，陆逸志．中国铁路建筑编年简史（1881—1981）［M］．北京：中国铁道出版社，1983.

杜恂诚．民族资本主义与旧中国政府（1840—1937）［M］．上海：上海社会科学院出版社，1991.

杜恂诚．中国的民族资本主义（1927—1937）［M］．上海：上海财经大学出版社，2019.

从以上分析可知，近代广东省的铁路修建对工业布局的影响较小：①局限于与水运的竞争。受水运影响，铁路货运利用率较低。如粤汉铁路，在一般情形下，汉口土货运往上海的运费，比汉口运往广州的运费平均低39.1%。[①] 仅部分出口西欧的湖广货，选择从广州出口。②铁路以客运为主。例如，广三铁路建成时，以客运为主，每日平均运送旅客万人以上。据资料记载，当时广三铁路的客运量占广东铁路客运人数一半以上。广九铁路也同样，“轮船太慢、飞机太贵，所以广九铁路业务特别发达，每天对开四次至六次，也往往人满为患”。[②] ③铁路里程短，影响范围小。对于新宁铁路（新会、台山）、潮汕铁路（潮安、汕头）、汕漳轻便铁路（汕头、澄海）而言，由于里程短，途经范围仅限于两个县。通过以上分析可知，虽然开通铁路在一定程度上增加了相应各县新式工业企业的数量，但是影响范围较小，不能决定近代广东省工业布局及工业发展趋势。因此，在近代广东省，铁路等新式交通对工业的影响相对有限。

① 蔡谦．粤省对外贸易调查报告［M］．上海：商务印书馆，1939：17-19.

② 易宜曲．广州与香港［J］．旅行天地，1949，1（3）：42-43.

根据分析可以看出，铁路修建确实促进了近代工业的发展，但是存在一定的地区差异。首先，近代河北地区铁路修建相对而言较为密集，津榆铁路、津芦铁路、京汉铁路、京张铁路、正太铁路、津浦铁路的相继修建，构成了近代河北地区的铁路交通网络，且铁路沿线各县新式工业企业设立数量也较多。通过分析铁路修建与近代河北地区工业空间扩散的关系可以发现，近代河北地区工业企业沿铁路扩散的趋势明显，在较大程度上促进了近代河北地区工业的空间扩散。其次，近代江苏省铁路建设相较河北而言，密集程度较低，涉及范围较广的有两条铁路——沪宁铁路和陇海铁路江苏段。通过分析可以发现，在铁路经过的地区，的确促进了近代工业企业的设立。说明近代江苏省工业沿铁路扩散的趋势较为明显。最后，近代广东省修建铁路里程短，最长的一段为粤汉铁路广东段，其他几段铁路里程均较短。从分析来看，近代广东省工业沿铁路扩散的趋势不太明显。

6.3 铁路修建与近代工业空间扩散的相关性分析

为了更加清晰地展现铁路修建对近代中国工业空间扩散的影响，本书进一步对铁路与近代中国工业空间扩散及工业发展的关系进行探讨。本书从两个方面进行分析：一是基于空间分布分析铁路修建与各县新式工业企业设立的关系；二是使用简单回归分析。

6.3.1 空间分布

通过以上分析，在一定程度上可见铁路修筑与近代工业发展和空间布局的关系。

如果铁路修筑对工业空间扩散存在影响，则工业企业在较大程度上沿铁路线设立，或铁路经过的县设立工业企业的数量较多。以下，本书分别对3个区域依次进行分析。

（1）近代河北地区

近代河北地区铁路相对密集，近代河北地区工业企业基本上沿铁路线设立，铁路经过的各县大多设有工业企业。比如津榆铁路沿线的天津、宁河、丰润、昌黎、临榆各县均有新式工业企业设立。京汉铁路沿线的清苑、定县、正定、获鹿、栾城、高邑、临城、邢台、磁县、邯郸等也均有新式工业企业。

因此，近代河北地区工业企业沿铁路线扩散的趋势较为明显，这在一定程度上说明铁路的修筑促进了沿线地区工业的发展和扩散。

（2）近代江苏省

相对而言，近代江苏省铁路并不密集，主要有沪宁铁路和陇海铁路江苏段。从近代江苏省工业发展情况看，这两条铁路所经过的县工业企业的数量较多。比如，沪宁铁路沿线的上海、嘉定、昆山、吴县、武进、丹徒、丹阳、仪征、南京各县均有新式工业企业设立。陇海铁路沿线的灌云、东海、宿迁、铜山、萧县等的工业具有扩散趋势。总体而言，近代江苏省铁路线路较少，新式工业企业具有沿铁路线扩散的趋势，铁路修建在一定程度上推动了近代江苏省工业的空间扩散。

（3）近代广东省

近代广东省铁路相对分散，且铁路里程相对较短。近代广东省修筑的铁路中只有粤汉铁路广东段经过的县较多，而其经过的广州、花县、清远、曲江、乐昌相继有工业企业设立。但是除广州外，其他各县均较少设立。除粤汉铁路外，其他铁路均是局部的，但在一定程度上推动了局部地区工业的发展。比如广三铁路，其只经过广州、南海和三水。新宁铁路，经过新会和台山县。潮汕铁路仅涉及潮安和汕头。汕漳轻便铁路经过汕头和澄海两县。虽然有铁路经过的县有新式工业企业设立，但总体来看其影响范围有限。有铁路经过的县，新式工业企业的设立可能并非由于铁路修筑而带来的，或可能是这些地区工业的发展，强化了局部地区修筑铁路的需要。因此，从空间分布来看，近代广东省工业企业未呈现明显的沿铁路线扩散的趋势。

6.3.2 相关性分析

为进一步探讨铁路修建与近代工业空间扩散的相关性，以下使用两种方式进行分析：一是通过计量回归单纯探讨铁路修筑与近代工业发展的因果关系。二是制作散点图直观展现二者之间的相关性。

（1）简单的OLS分析

首先通过回归分析，简单探讨铁路修筑（有铁路为1，否则为0），对近代工业发展（某年新设工业企业的数量）的影响，为此，设置回归中解释变量为铁路（是=1），被解释变量为每年各县新设工业企业的数量。回归结果如下，从结果可以看出铁路修筑显著地促进了近代工业的发展，这在一定程度上解释了近代铁路修筑对工业空间分布的影响，如表6-4所示。

表 6-4　铁路对近代中国工业发展的影响

新式工业企业数量	简单 OLS
铁路（是=1）	3.261*** （0.705）
Cons	1.759** （0.539）
N	700
R^2	0.030

资料来源：马里千，陆逸志．中国铁路建筑编年简史（1881—1981）［M］．北京：中国铁道出版社，1983.

杜恂诚．民族资本主义与旧中国政府（1840—1937）［M］．上海：上海社会科学院出版社，1991.

杜恂诚．中国的民族资本主义（1927—1937）［M］．上海：上海财经大学出版社，2019.

注：括号内为稳健标准误；**、***分别表示显著性水平为5%和1%。

（2）散点图

由于铁路开通的时间长短会对该地区的经济以及工业的发展产生深远影响，因此本书进一步用铁路开通时间长度作为解释变量。具体而言，若某县铁路开通的时间为1899年，而1912年新设工业企业数量为3家，则解释变量为新设工业企业年份与最初开通铁路年份之差，被解释变量为该年新设工业企业数量，以此类推，得到近代铁路开通时间长度与工业发展的散点图，见图6-1。

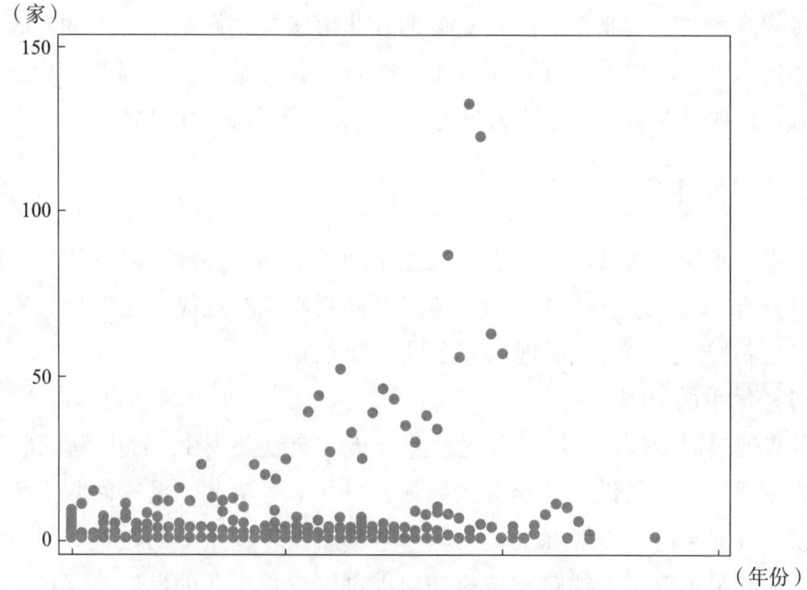

图 6-1　近代铁路开通时间长度与工业发展散点图

注：横轴表示近代某县铁路开通时间长度，纵轴表示该县新式工业企业设立的数量。

从图6-1可以看出，近代铁路开通时间长度与新式工业企业设立数量呈正相关关系。也就是说铁路开通时间越长，新式工业企业设立的数量越多。这在一定程度上表明，铁路开通可以解释近代工业空间分布格局，开通铁路的县（市）分布较多的新式工业企业，并且随着近代铁路在空间上延伸，新式工业企业也呈现沿铁路扩散的趋势。

通过对简单的回归结果和散点图进行分析，可以看出铁路开通对近代工业发展存在正向影响，进一步推动了工业的扩散。虽然分析存在不足，但可以直观地展现铁路修筑对近代工业发展及空间布局的影响。

6.4 铁路修建促进近代工业发展的机制分析

工业布局需要考察很多因素，铁路运输是重要因素之一。铁路作为一种新生事物进入近代中国，在经历了冲突、碰撞和调和之后，逐渐在中国大地上展现出价值，在相当程度上推动了近代中国经济社会的转型。已有文献从诸多方面探讨了铁路对近代中国社会变迁和经济转型的影响。在近代中国，铁路作为一种高效的交通工具，推动了经济发展，主要包括：①推动近代中国的城市化进程，刘晖（2015）主要以郑州为例，阐述了近代铁路修建对城市格局转变的影响。②引起农村经济的分化与重组，马义平（2012）探讨了近代农村手工业的发展情况，认为手工业依托新式交通运输体系和商业网络，提高了生产效率，引起了农村经济的分化和重组。③推动近代工业化的发展，梁若冰（2015），欧阳峣等（2020）均探讨了近代铁路的修建对工业化、民族资本主义企业的促进作用。此外，近代铁路的修建还对经济产生长期的影响（王辉、刘丛、颜色，2014）。通过分析近代铁路修筑对近代经济转型，尤其是工业化的影响，本书认为可以将铁路促进近代工业化的作用机制概括如下：①降低运输成本，缩短运输时间；②提高运输效率，强化地区间贸易联系；③拓宽经济辐射面，重组空间格局；④改善区位条件，带动相关产业发展。接下来，深入分析铁路修建对近代工业发展的作用机制。

6.4.1 铁路的修建缩短运输时间，降低运输风险

近代铁路的建设，提供了长距离快捷的陆路运输方式，缩短运输时间，

在较大程度上加强了地区间的经济联系。塘沽铁路开通后，李鸿章视察后的评价是："自天津至唐山铁路一律坚实，桥梁车轨均属合法，除停车查验工程时刻不计外，计程260里，只走一个半时辰，快利为轮船所不及。"① 津芦铁路修通后，"从北京到塘沽以及从塘沽到北京大部分货运已经转向铁路去了"。② 近代随着对外贸易的发展，内陆地区的商品可以通过陆路和水路交通运输到沿海沿江口岸，将产品输送到国外。铁路的开通，从根本上消除了内地与沿海沿江口岸之间货物运输的障碍，大大缩短了物资运输的时间。"最主要的是中国人已经乐意利用这个快速旅行方式，并且用这种方式来从事商业与社交。"③

表6-5是上海至苏州和杭州，使用铁路和轮船两种不同交通工具的里程和用时。从表中可以看出，铁路相对距离更近，所用时间更短。比如从上海至苏州，轮船里程为270里，而火车则只有140里。从所用时间来看，轮船用时12小时，而火车仅为1小时46分，铁路的优势明显。

表6-5　上海到苏杭的轮路时间差异

差异	小轮由沪至苏	火车由沪至苏	小轮由沪至杭	火车由沪至杭
里程	二百七十里	一百四十里	四百五十里	三百五十里
时刻	十二点钟	一点四十六分	快轮，十八点钟 慢轮，二十五点钟	快车，五点五十一分 慢车，六点二十六分

资料来源：苏全有.近代中国铁路的另面影响——论20世纪初我国铁路对内河航运的冲击［J］.石家庄铁道大学学报（社会科学版），2011，5（4）：82-86.

对于近代河北地区逐渐形成了一个以天津等口岸城市为枢纽的铁路网，使天津与腹地之间的交通运输有了很大改善，高效地协调了海、陆间的运输。"铁路运输条件日渐便利，对这种进展起了极大的作用。先前，货物一直由骆驼、大车与木船运至本埠，这种运输方式不可避免地会迁延时日，并且有遭受损失的可能性。现在只有从产地到最近的火车站一段仍采用这种旧的运输方式，到车站后就由火车转运至天津了。这样节省了许多时日，而且大大减

① 中国史学会.中国近代史资料丛刊洋务运动（六）［M］.上海：上海人民出版社，1961：199.

② 天津社会科学院历史研究所.天津历史资料（第13期）［A］//许逸凡.天津海关1902—1911年十年调查报告书.天津社会科学院历史研究所，1982：99.

③ 天津社会科学院历史研究所.天津历史资料（第13期）［A］//许逸凡.天津海关1902—1911年十年调查报告书.天津社会科学院历史研究所，1982：99.

少了风险。”①

因此，铁路作为一种高效快捷的运输方式，大大缩短了地区间客货的运输时间，减少了运输风险，是传统的以人力和畜力为主的交通运输方式所不及的。运输时间的缩短和风险的降低，在一定程度上降低了运输成本，而成本对企业的发展至关重要，是工业企业布局的重要因素。

6.4.2 铁路的修建提高运输效率，促进地区间贸易

近代铁路的修建与开通，使交通运输方式发生了深刻的变革，一方面铁路运输效率的提升，大大扩大了运输规模。铁路开通前，以陆路和水路为主，传统的陆路运输基本上靠的是人力、畜力，不仅运输时间长，且运输效率低。近代铁路的运输效率和运输规模是传统交通方式所不能比拟的。比如，京张铁路开通不久，津海关贸易报告则称：“方今铁路宏通，货运便利，出口贸易之腾振不无由来。出口土货，曩之用驼或土车或船只载运来津，受途中种种耽延，种种遗失者。今则虽仍用旧法载运，不过自产地至本省之张家口，或丰台或晋省之太原府，即可易由火车转运本埠矣，故迟误既少，伤耗亦轻。本年出口之货……进步堪为猛锐。”②

另一方面，运输能力的提升，促进了地区间的贸易往来。由于铁路运输快捷、运量巨大，铁路开通后，很多商品的流通路径从传统的水路转向铁路。以天津与内地各省市间贸易为例，京汉铁路开通前，铁路运输仅占天津与内地贸易的20%。京汉铁路通车后，上升到44%。1912年后，陆运所占比例逐年上升，1912—1925年均超过50%。各地区运往天津出口的产品量显著增长。据统计，1912年的出口量与1910年相比，河南增加76.92%。据统计，津浦铁路开通后，1912年的出口量与1910年相比，山东增加了286.21%。京张铁路的开通也显著增加了张家口与天津的货物运输量，1912年和1910相比，增加了251.67%。③ 江苏省铁路的开通带来了贸易量的明显增加，比如南京虽为行政中心，但商业的发展相较镇江和扬州等地缓慢。1911年（宣统三年），津浦铁路通车后，南京的贸易量出现了巨大增长，此年该口岸土货出口总值为297万两，洋货进口总值为395万两；两年后，出口总值增至581万两，进

---

① 天津社会科学院历史研究所．天津历史资料（第13期）［A］//许逸凡．天津海关1902—1911年十年调查报告书．天津社会科学院历史研究所，1982：31.

② 樊如森．天津——近代北方经济的龙头［J］．中国历史地理论丛，2003，21（2）：40-50.

③ 罗澍伟主编．近代天津城市史［M］．北京：中国社会科学出版社，1993：450-451.

口总值增至641万两；1920年，又分别增至2500万两和2100万两，几乎是1911年的10倍和7倍。[①] 再以海州为例，经海州由海路转运的货物量，尤其是运往上海的增长迅速，海关资料记载："1926年陇海铁路从徐州延伸至海州，给上海开拓了一个新的重要的后方基地。"[②] 1936年陇海铁路终端海港连云港完工，据统计，1936年和1937年上半年，连云港与上海间的贸易货物各占连云港当时吞吐量的42.9%和55.5%，其中输入分别占58.5%和66.2%，输出分别占46.9%和53.6%。[③] 此外，据海关资料统计，沪宁铁路商品和煤炭运输量的增长更为突出，1912年的货运总吨位为490000吨，1920年增至1400000吨，增长率为185.71%。沪杭铁路1915年的货运量为482000吨，1920年增至587000吨，增长率为22.04%。[④] 1911年杭州海关报告称，自沪杭铁路全线通车，"干线和支线客货运输都很踊跃——与上海的快捷交通大为改善本地区的生活条件"。[⑤]

近代铁路的兴建，给地区间的贸易带来新的发展，尤其是北方地区。近代河北地区修筑了四通八达的铁路交通，津榆铁路、津芦铁路、正太铁路、京张铁路的通车，大大降低了地区间的运输成本，带动了天津、北京与河北、河南、内蒙古、山西、山东等各地的货物流通。比如，"随着北京—张家口的铁路通车，无疑，大量的由于高运费而未运到市场的便宜物品将会运来加大出口贸易。同时，每向西部与西北的矿产与农产宝库扩张一次，这种贸易增加的过程就会重复一次"。[⑥]

因此，铁路的开通使得近代交通运输方式得以革新，一方面，以其高效的运输，大大提升了运输规模；另一方面，由于运输规模的提升促进了地区间货物的流通，扩大了地区间的贸易规模。近代铁路的修建是运输方式上的深刻变革，从而促进了经济变革和工业化发展。

---

① 宓汝成．帝国主义与中国铁路［M］．上海：上海人民出版社，1980：612.

② 徐雪筠，等．上海近代社会经济发展概况（1882—1931）——《海关十年报告》译编［M］．上海：上海社会科学院出版社，1985：312.

③ 戴鞍钢．中国近代经济地理（第二卷）·江浙沪近代经济地理［M］．上海：华东师范大学出版社，2014：75.

④ 徐雪筠，等．上海近代社会经济发展概况（1882—1931）——《海关十年报告》译编［M］．上海：上海社会科学院出版社，1985：219-220.

⑤ 丁日初主编．上海近代经济史（第2卷）［M］．上海：上海人民出版社，1997：340.

⑥ 天津社会科学院历史研究所．天津历史资料（第4期）［A］//许逸凡．天津海关1902—1911年十年调查报告书．天津社会科学院历史研究所，1982：99.

6.4.3 铁路的修建拓宽经济辐射面，重组空间格局

近代铁路的修建不仅加强了地区间的联系，还在一定程度上重组了经济空间格局。一方面，铁路对口岸城市腹地范围的扩大起到了非常重要的作用，铁路连通了口岸与铁路经过的地区，这些地区通过铁路加强了与口岸的联系，口岸城市的腹地范围随着铁路的铺设而不断扩大，口岸城市通过铁路连通腹地，对于双方的发展和联系都是至关重要的。一般而言，交通运输设施的位置与质量、运输的可得性与可达性可以极大地影响两个地区的经济发展。开埠以后，铁路这种近代交通工具的出现，不仅在速度、运量及运输便利性上发挥了传统交通工具不具有的优势，而且促进了经济要素的跨区域流动，促进了区域经济的发展和新式工业企业的布局。以近代河北地区为例，铁路修筑后，其量大快速的运输方式，对天津及其腹地的货物运送产生了重大影响。比如 1912 年后，天津成为其腹地农产品出口的重要港口城市，腹地的大量农产品均由天津港运输到国外。其中花生便是出口的重要农产品之一，其在河北境内的主要输出线路有 4 条，均是重要的铁路线。一是经津榆铁路，将唐山及附近所产花生运往天津；二是经津芦铁路，将北京附近的密云、怀柔、黄村所产的花生运往天津；三是由京汉铁路，将大名、南乐及其附近各地所产的花生运往北京，再转津芦铁路运往天津；四是经津浦铁路，将衡水、沧州附近的深州、武强、献县、饶阳、肃宁等处所产花生运到天津。

据此可见，铁路的修建，虽然不能通达每一个地区，却使得广大区域的货物可以直接或间接地通过铁路这种现代交通运输方式，便捷地通达口岸地区；也可以先利用水路运输方式，将货物运输到铁路沿线的车站，再借助铁路这种比较快捷、高效的运输方式运往港口。因此，铁路大大加强了口岸和广大地区之间的经济联系，使口岸的腹地范围进一步扩大。

另一方面，近代铁路的兴建重组了经济的空间格局。铁路运输的快速发展，不仅便利了口岸及其附近地区的进出口贸易，而且使沿线一些城镇不断融入进出口贸易，在增加地区贸易量的同时，也使得地区经济迅速发展，不断提高商品化程度，带动经济的外向化，使得地区迅速崛起。因铁路而兴盛的现代交通枢纽城市鳞次栉比。比如，河北的石家庄、河南的郑州、安徽的蚌埠等都是典型。以石家庄为例，1900 年前后，石家庄只不过是获鹿县一个 800 余人的小村子。京汉铁路修建经过石家庄，在一定程度

上优化了石家庄的外部交通环境。特别是1907年正太铁路的修筑，在石家庄与京汉铁路交会后，石家庄迅速发展成为沟通河北与山西乃至西北等地的交通枢纽，极大地改善了石家庄的外部环境。石家庄的贸易量增长尤其迅速，据记载，每年通过石家庄运到天津等地的西北皮毛，有900车以上。[①] 大量的土、洋货物运输到这里，向北到达北京并顺津芦铁路直至天津，向南可以直达汉口，商业日趋繁荣。石家庄因此由一个小村庄迅速发展起来，1926年，城市人口已经达到4万余人，1933年达63000余人。苏州也因铁路的兴建而商业日盛，“近今沪宁铁路火车开行，尤为快捷，是以一切市面与沪市不相上下。至于货产进出，均以沪地转运”。[②] 江苏嘉定县南翔镇也是类似情况，“距京沪铁路车站仅有一里，交通方面十分便利，商贾很多，物产也丰，所以成为各镇中的首镇”。[③] 同时，随着铁路的发展，有的地区因铁路而兴盛，也有的地区因铁路而衰落。[④] 由于铁路的开通，一些传统的旧式交通线路日渐废弃，转而形成以铁路为主的贸易运输线路；有的地区则由于传统路线的废弃，而新式的铁路又未能经过而趋于衰落，比如江苏的淮阴、河南的周口；有的地区虽然有铁路经过，但是在新的交通路线中的地位相比以前下降了，进而影响了地区的经济发展，比如镇江。可见，铁路的开通，在很大程度上重组了空间格局，使得经济发展和变迁的空间扩散路径发生变化。

通过以上分析，可以看出近代铁路的兴建，拓宽了经济辐射面，使得铁路沿线的地区进入了口岸的辐射范围，加快了地区的发展。同时，铁路作为一种现代交通工具，它的发展极大地强化了地区间的联系，拓宽了口岸的辐射范围，随着铁路的修建和延伸，口岸的腹地逐渐深入内陆。因而，铁路使得近代中国的经济空间格局得以重组。李书源和徐婷（2014）认为近代铁路促进了交通体系的重构，由此将引起一系列的经济社会反应，因而有着更加

---

① 《中外经济周刊》，1926年9月25日。

② 章开沅，等．苏州商会档案丛编（第1辑）［M］．武汉，华中师范大学出版社，199：202-203.

③ 上海市嘉定区地方志办公室．嘉定县卷（全四册）［M］．上海：上海古籍出版社，2012.

④ 江沛、熊亚平的《铁路与石家庄城市的崛起，1905—1937》，熊亚平、张利民的《华北铁路沿线县城工商业的“差异化发展”（1905～1937）》认为铁路加快了沿线及周边地区的城市化进程。当然，铁路促使一些城镇崛起的同时，也使一些不通铁路的城镇衰落下去，城镇的功能和地位都发生变化。造成这种现象的原因，除铁路的作用外，还有当地的自然资源、地理位置、商业习惯。吴宝晓的《清末华北铁路与经济变迁》则认为铁路在促进华北经济发展的同时，引起一些原有行业的衰落和经营方式的变革。

广阔和深层的研究空间。铁路的修建拓宽经济辐射面、重组空间格局，而经济空间的重组也推动了工业企业在空间的扩散。

6.4.4 铁路的开通改善地区的区位条件，影响区域的工业布局

铁路是陆路运输的重要交通工具，铁路的贯通大幅度地改善了当地的区位条件，使产业发展环境得到明显优化，是影响区域产业布局的重要因素之一。近代铁路的修建使得铁路经过的地区的区位条件发生改变，原本交通不便的地区，因为铁路的修建，改善了区位条件，放大了区位优势，从而成为工业企业布局的重要区域。交通的便或不便，可以缩小或扩大与港口城市的空间距离。如果没有便利的交通，即使是靠近东部沿海地区，也不一定比远离沿海或港口城市却有便利交通的地方工业发展得更好。比如，以石家庄为例，由于铁路的兴建，石家庄的区位优势得以凸显，石家庄成为连通河北、山东、河南、山西乃至西北的桥梁，促进了地区间货物的流通。与此同时，大兴纺织公司、振华洋火公司、荣裕玻璃厂、英美烟草集团工业企业，都在此发展壮大。再如滦县是河北地区的重要县份，近代以来，随着唐山铁路的兴建、开滦煤矿的创办和其他近代工业企业的兴起，滦县的工业化水平一度有明显提高。然而，离天津不远处的静海，其工业发展水平却很低。可见，铁路对沿线地区的影响存在差异性，铁路作用的发挥，受到自然地理环境、交通状况、县域经济与区域经济发展水平等因素的制约（熊亚平，2020），从而使得有的地区虽有铁路经过，但是其地位却不如其他地区，从而影响其发展水平。朱从兵（1998）分析了铁路与社会经济之间双向需求的互动关系，认为铁路以工业为中介影响整个社会经济的发展，进而改变一个区域的整体经济地理面貌。因此，铁路可以通过影响铁路经过地区的区位优势，从而改善地区的区位条件，影响区域的工业布局。

6.5 本章小结

本章分析了铁路修建对近代中国工业空间扩散的影响，首先，本书对近代铁路的发展历程进行了简要回溯，近代中国铁路的修筑大致可以分为4个阶段：第一阶段是1881年至1895年中日甲午战争结束，修筑铁路不足

500 公里，里程短且范围有限。第二阶段是 1895 年至 1911 年，是中国修筑铁路的高潮时期，里程及范围均较前一阶段有大幅上升。第三阶段是 1912 年至 1927 年，出现了帝国主义争夺路权的第二次高潮，修筑的里程不及第二阶段，东北是铁路修筑的集中地。第四阶段是 1928 年至 1937 年，修筑里程较上一阶段有大幅增长，但东北修筑的铁路依然占半数以上。近代铁路修筑的空间分布极不平衡，绝大部分铁路分布在东部沿海和东北地区，西部极少。

其次，分析了不同阶段各区域铁路修建及工业企业设立情况：①近代河北地区是铁路修筑里程较多的省份，初步形成纵横交错的铁路网络。近代河北地区铁路的建设与工业企业的设立有高度的一致性，近代河北地区新式工业企业的设立基本上沿铁路线扩展。对于近代河北地区而言，铁路的开通影响着工业的空间格局，新式工业企业沿铁路线扩散的趋势明显。②近代江苏省修筑的铁路线与河北相比较短，且未形成网络，但是在江苏省铁路沿线，均有较多新式工业企业设立，在一定程度上能够解释其工业空间扩散的趋势。③近代广东省铁路修建时间较晚，且铁路里程较短，多为局部铁路线路，其工业企业的设立与铁路的修建关联性不高。可见，铁路对近代广东省工业空间格局的影响有限。

再次，对铁路修建与近代工业发展及空间扩散进行了相关性分析：①从空间布局上看，分析铁路与近代工业空间扩散的相关性。近代河北地区和江苏省铁路沿线地区设立工业企业数量均较多，铁路的修建在一定程度上可以促进工业的空间扩散，尤其是近代河北地区。近代广东省的铁路的修建，未能充分体现其促进工业空间扩散的作用。②对铁路修建与近代新式工业企业设立进行了简单的 OLS 分析，从结果来看，铁路的修建可以显著地促进近代工业的发展。通过散点图分析铁路开通与近代中国工业发展的关系，得到铁路开通时间越长，新式工业企业设立的数量越多的结论。这在一定程度上表明，铁路修建可以解释近代工业空间分布格局。

最后，分析了铁路修建对近代工业发展的作用机制，包括 4 个方面：①近代铁路修建缩短了运输时长，降低了运输风险。②近代铁路的修建提高了运输效率，促进了地区间贸易。一方面，铁路运输效率的提升，大大扩大了运输规模。另一方面，运输能力的提升，也促进了地区间的贸易规模扩大，从而带动了工业化发展。③近代铁路的修筑拓宽了经济辐射面，重组了空间格局。一方面，近代铁路对口岸城市腹地的扩展起了非常重要的作用。另一方面，铁路的开通使得铁路沿线地区融入更大的贸易体系中，而非沿线城市则相对衰落，重组了经济的空间格局。④铁路的开通改善了地区的区位条件，影响了区域的工业布局。铁路可以通过影响铁路经过地区的区位优势，从而改善地区的区位条件，影响区域的工业布局。

第7章　水运交通与近代中国工业的空间格局

航运作为非常重要的交通运输方式，在进出口贸易中发挥着重要的作用。中国地域辽阔、海岸线长、河流众多，漕运和内河运输在传统中国的发展中占据重要地位。利用自然河流发展起来的内河航运畅通了地区之间的经济联系，特别是畅通了口岸与腹地的联系。尤其是水系发达的地区，内河航运和海运四通八达，河流的走向基本上决定了经济空间的密度。因此，探讨水运交通与近代中国工业的空间格局的关系至关重要。

接下来，本章首先探讨不同区域水运交通对近代空间格局的影响，其次对不同区域水运交通与近代工业空间格局的关系进行对比分析，最后阐述水运交通影响近代中国工业空间格局的作用机制。

7.1　水运交通与近代工业的空间格局

7.1.1　近代河北地区的水运交通与工业的空间格局

（1）近代河北地区的海运与内河航运

河北地区是沿海省份，沿海地区主要有天津、临榆、昌黎、乐亭、滦县、丰润、宁河、沧县、盐山等县（市）。

河北地区主要通过5条内河航线，进行地区间的物资运输，这5条航线分别为南、北运河航线，子牙运河航线，大清河航线和蓟运河航线，具体如表7-1所示。[1] 这5条主要航道在联系河北及其邻域方面发挥着重要作用。

南运河又名御河，自古便是南来漕船的重要航道，也是京杭大运河的一段，

---

① 樊如森．中国近代经济地理（第七卷）·华北与蒙古高原近代经济地理［M］．上海：华东师范大学出版社，2015：164-165.

南运河水深，四季水量均匀。南运河南起山东临清，流经德州，过河北经吴桥、东光、南皮、沧县、青县、静海，入天津，与北运河汇合后入海河。

北运河是海河的支流之一，也是京杭大运河的北段，自古便是通八省漕运的重要河段。北运河航线向北流入通县，然后流经河北的香河县、武清县，进入天津汇入海河。航运干流全长148公里，全年的可航行期达9个月。

子牙运河也是海河的重要支流，至献县后分两段，一段向东经饶阳、安平、深泽、藁城到正定；一段向南经武强、衡水、新河、曲周到邯郸。子牙运河连接着河北地区南部的广大地区，进一步通往河南、山西、陕西等省，是重要的航运水道。

大清河发源于山西，它的主要航段在雄县到天津之间，长约128公里。经天津、文安、雄县。

蓟运河干流从北塘到五里桥，途经天津、宁河、宝坻到蓟县。

表7-1　近代河北地区的内河航线

主要航线	经过各县
南运河航线	天津、静海、青县、沧县、南皮、东光、吴桥
北运河航线	天津、武清、香河、通县
子牙运河航线	天津、大城、河间、献县、饶阳、安平、深泽、藁城、正定、武强、衡水、冀县、新河、巨鹿、曲周、邯郸等
大清河航线	天津、文安、雄县等
蓟运河航线	天津、宁河、宝坻、蓟县等

（2）水运交通与近代河北地区的工业空间格局

1860年口岸开放以后，受国内外市场商品流通的拉动，天津地区的海上和内河航运都得到了发展。在天津紫竹林租界港区和塘沽沿海港区都有轮船停留，而海河各支流的南、北运河航线，子牙运河航线，大清河航线和蓟运河航线均有帆船停靠，构成了以天津为中心的内河航运网络。

从统计数据看，近代河北地区有新式工业企业设立的县35个，其中沿海沿河的县12个，占比为34.3%，也就是只有约1/3的县是沿海或沿河。从各县的新式工业企业设立数量看，近代河北地区累计设立336家（有明确地区记载的企业），由于天津的特殊性，将天津所设新式工业企业剔除，新式工业企业累计数量为180家，其中沿海沿河县新式工业企业设立数量为45家，占比为25%。即3/4的企业未设立在沿海沿河各县。可见，近代河北地区沿海沿河与新式工业企业设立的关联不大，近代河北地区工业沿海沿河扩散的趋势不甚明显。

接下来，进一步探讨近代河北地区工业扩散的时空特征。通过对新式工业企业设立的数据进行分析，可知在1895年前，有新式工业企业设立的县为天津、北京、滦县、临城、磁县。其中天津和滦县沿海，天津除了海运外，内河航运也十分发达。其他3个地区均未沿海，内河航运也不发达。

1895—1911年，有新式工业企业设立的县为天津、宁河、丰润、滦县、北京、清苑、获鹿、磁县、井陉、通县、宝坻、安新、饶阳、迁安、曲阳。这些县中除天津、滦县、北京、磁县上一阶段有新式工业企业设立外，其他县均是在这一时期开始设立新式工业企业。其中，宁河、通县、饶阳3个县沿海或沿河。宁河县沿海，且蓟运河流经此地；通县是北运河流经之地；饶阳县则在子牙运河航线上。3个县新设工业企业数量均非常少，各新增1家。由此可见，这一时期虽存在工业企业的空间扩散，但是沿水运交通扩散的趋势并不明显。

1912—1926年，这一阶段有新式工业企业设立的县进一步增加，为天津、宁河、丰润、滦县、昌黎、临榆、北京、宛平、清苑、正定、获鹿、井陉、邢台、邯郸、沧县、南皮、通县、宝坻、文安、固安、辛集、南宫、高阳。这些县中天津、宁河、丰润、滦县、昌黎、临榆、沧县均沿海，而正定、邯郸、通县、宝坻、文安沿河，其中正定县在子牙运河航线上，邯郸县则位于子牙运河航线的另一条支线，通县位于北运河航线上，宝坻县位于蓟运河航线上，文安县位于大清河航线上，沧县既沿海，又处于南运河航线上。从这一时期新式工业企业设立情况看，23个县有新式工业企业设立，其中12个县沿海或沿河，且所有沿海县均有新式工业企业设立，而内河航运上各航线所经县仅有1个县有新式工业企业设立。因此，这一阶段，新式工业企业有沿海扩散的趋势，但是内河航运对新式工业企业的扩散影响不大。

1927—1937年，这一阶段有新式工业企业设立的县为天津、宁河、丰润、临榆、北京、宛平、清苑、定县、获鹿、邢台、邯郸、磁县、通县、交河、遵化、宝坻。其中，沿海沿河的县7个，不足一半。可见，这一时期水运交通对河北省工业空间扩散的影响不大。

总体而言，通过对近代河北地区新式工业企业设立情况及水运交通航线进行对比分析，可以看出近代河北地区工业企业沿水运航线扩散的趋势并不明显，也就是说水运交通并非近代河北地区工业空间扩散的动力。

7.1.2 水运交通与近代江苏省的工业空间格局

（1）近代江苏省的海运与内河航运

江苏省是中国的沿海大省，从地理上看，江苏省沿海县有上海、金山、松江、奉贤、南汇、川沙、崇明、启东、海门、南通、如皋、东台、盐城、阜宁、涟水、灌云、赣榆等。

江苏省境内江河纵横，形成便利的水运交通网，辐射四方，与国内各大水系大多有河道相通，其中最重要的是京杭大运河和长江水系。通过长江水系将苏南的大部分地区联系起来，而京杭大运河贯通南北，将苏北各县连接，并与长江相汇于镇江，两大水系将江苏省大部分县连通起来。江苏省内还有很多水系支流和小湖泊，众多河道几乎将江苏省各县连通在一起，尤其是苏南地区。以上海为例，上海可沿京杭大运河，向西经苏州，到镇江向北经过沿途各县到达山东、河北境内，向南可抵杭州、宁波，也可以沿长江，过太仓、常熟，进入南京，向西到达安徽。

在上海开埠通商后，外国商船涌入，中国传统的木质帆船受到冲击，1865年（同治四年）上海海关贸易报告载："有各种理由认为帆船货运的黄金时代已成为历史。"① 在各主要航线上，轮船已是人们首选的运输工具。② 外国商船和华商开辟了多条航线，1895年9月，翁同龢称"小轮分六路，沪至苏，沪至崇明、通州，苏至镇，镇至清江，沪至宁波"。③ 后又开辟新的航线，渐次形成"内河小火轮船，上海为苏、杭之归宿，镇江为苏、宁、清江之枢纽"的基本格局。④

江苏省的内河航线主要有长江航线和运河航线，具体如表7-2所示。长江南岸航线途经上海、宝山、太仓、常熟、江阴、扬中、丹徒、仪征、江宁、江浦各县。美商琼记洋行"火鸽号"在1861年4月率先开通长江航运，之后多家轮船公司在长江沿线航行。

长江南岸沿线开通后，北岸的南通、海门等地与上海隔海相望，近代航

---

① 聂宝璋．中国近代航运史资料（第1辑）［M］．上海：上海人民出版社，1983：1266.

② 戴鞍钢．中国近代经济地理（第二卷）·江浙沪近代经济地理［M］．上海：华东师范大学出版社，2014：38.

③ 谢俊美．翁同龢集［M］．北京：中华书局，2005：1230.

④ 张之洞：《筹设商务局片》（光绪二十二年正月初五日），《张文襄公全集》卷四三，第16页。转引自戴鞍钢．中国近代经济地理（第二卷）·江浙沪近代经济地理［M］．上海：华东师范大学出版社，2014：39.

运业兴起前，由于内外因素的影响，上海与北岸的交流相对较少。上海开埠后，开辟了连通南通和上海，进而扩展到如皋、泰兴，最后到达扬州的航线。长江北岸航线途经海门、南通、如皋、靖江、泰兴等县。

京杭大运河在江苏省内连通苏南和苏北，1902 年招商内河轮船公司，先驶往苏、杭，后航线进一步扩展到南浔、湖州、宜兴、溧阳、江阴，并从苏州经无锡、常州至镇江，过长江抵达扬州、清江，又从清江越宿迁至铜山，形成覆盖苏南和苏北大部的内河航运网。运河航线经过吴县、无锡、武进、丹阳、丹徒、江都、高邮、宝应、淮安、淮阴、泗阳、宿迁、邳县、铜山等县。

表 7-2 近代江苏省的内河航线

主要航线	经过各县
长江南岸航线	上海、宝山、太仓、常熟、江阴、扬中、丹徒（镇江）、仪征、江宁（南京）、江浦
长江北岸航线	上海、崇明、海门、南通、如皋、靖江、泰兴等
运河航线	上海、昆山、吴县（苏州）、无锡、武进（常州）、丹阳、丹徒（镇江）、江都、高邮、宝应、淮安、淮阴、泗阳、宿迁、邳县、铜山等

资料来源：戴鞍钢．中国近代经济地理（第二卷）·江浙沪近代经济地理［M］．上海华东师范大学出版社，2014．38-62．

（2）水运交通与近代江苏省的工业空间布局

江苏省的水系及内河航运发达，不仅可以通行民船，亦有轮船航行，连通上海至长江流域及京杭运河流域各县，将苏南和苏北连接，形成江苏省发达的水系交通网络。从统计数据看，江苏省有新式工业企业设立的县共 49 个，而有航运交通经过的县 39 个，占比约达 80%。从新式工业企业数量来看，有航运交通经过的县新式工业企业累计设立数量占比高达 98.6%，即使将上海剔除，其余的县中有航运交通经过的工业企业累计设立数量占比也达 97.98%。可见，近代江苏省水运交通对工业的发展具有重要的促进作用。

接下来，从近代江苏省工业发展的时空变化来进行分析。从统计数据来看，1895 年前，江苏省有新式工业企业设立的县为上海、奉贤、涟水、铜山。从工业的空间格局看，上海、奉贤均沿海，且上海是各内河航运的起讫点。铜山在京杭运河线上，但是在 1895 年前，运河航运还未充分发展起来。这一时期，从新式工业企业设立的数量看，除上海有较多工业企业设立外，其他地区均较少。因此，新式工业企业沿内河航运线扩散的趋势还没有形成，一部分原因是这一时期清政府不允许外轮驶入通商口岸以外的内河，内河航运还未得到充分发展。这一时期，虽然内河航运未获得充分发展，但江苏省发达的水系，向来是商船来往运输货物的重要途径。

1895—1911年，江苏省有新式工业企业设立的县明显增多，共有25个，分别为上海、吴县、无锡、武进、丹徒、江宁、松江、铜山、宝山、常熟、崇明、奉贤、高邮、灌云、淮安、江阴、涟水、南汇、南通、如皋、宿迁、太仓、泰兴、泰县、宜兴，从空间布局上呈现明显的扩散趋势。有内河航运交通经过的县22个，占比约达88.0%。除涟水、泰县、宜兴外，其他各县均为沿海、沿长江或大运河。从新式工业企业设立数量来看，有航运交通经过的县所设企业数量占比高达96.39%，即使将上海剔除，其余各县中有航运交通经过的县所设工业企业数量占比也达91.6%。

这一时期，江苏省内河航运有了较快发展。1895年中日《马关条约》签订，准许外国船只“从上海驶进吴淞口及运河以至苏州府、杭州府”。1898年颁布的《内港行船章程》，又将范围扩大到各通商省份的内河水道。[①] 长江流域、京杭运河沿线均已开通航线。从这一时期江苏省新式工业企业扩散路径看，内河航运主要沿3个方向：①长江流域南岸各县。长江南岸的大部分地区均有新式工业企业设立，如南汇、宝山、太仓、常熟、江阴、镇江、南京，以及入海口的崇明。②长江流域北岸各县。长江北岸的南通、如皋、泰兴，以及支线的泰县也有新式工业企业设立。③京杭运河。京杭运河在江苏省境内共经过14个县，其中吴县、武进、无锡、高邮、淮安、宿迁、铜山各县均有新式工业企业设立。此外，沿海的奉贤、松江、涟水、灌云也有新式工业企业设立。从以上数据可知，这一时期江苏省海运和内河航运，促进了沿线各县工业的发展，近代江苏省工业沿海、沿江、沿河扩散的趋势明显，水运交通的发展极大地推动了近代江苏省工业的空间扩散。

1912—1926年，江苏省有新式工业企业设立的县的数量进一步增多，共45个，较上一时期增加20个，有上海、嘉定、昆山、吴县、无锡、武进、丹阳、丹徒、句容、江宁、松江、金山、灌云、东海、宿迁、铜山、海门、宝山、宝应、常熟、崇明、东台、奉贤、高邮、淮安、淮阴、江都、江阴、金坛、溧阳、涟水、六合、南汇、南通、青浦、如皋、太仓、泰县、泰兴、吴江、兴化、盐城、仪征、宜兴、川沙，从空间布局上呈现明显的扩散趋势。

---

① 王铁崖．中外旧约章汇编（第1辑）[M]．北京：生活·读书·新知三联书店，1959：786.

有航运交通经过的县 37 个，占比约达 82.22%。从新式工业企业的数量来看，有内河航运交通经过的县所设工业企业数量占比高达 92.33%。此外，沿海地带也有 5 个县有新式工业企业设立。从这一时期江苏省新式工业企业扩散路径来看，继续沿着以上 4 个方向扩散：①长江流域南岸各县。除上一时期各县外，川沙、仪征及其支线的六合有新式工业企业设立。②长江流域北岸各县。除上一时期各县外，海门也有新式工业企业设立。至此，长江沿线南北岸除靖江县外均有新式工业企业设立。③京杭运河。京杭运河除上一时期各县外，宝应、淮阴、丹阳、吴江以及位于支线的溧阳均有新式工业企业设立。除以上 3 条重要的内河航线外，苏沪线有新的发展，嘉定、青浦、昆山以及苏杭线上的松江、金山也被纳入工业的空间格局中。④沿海地带。这一时期沿海的东台、灌云、涟水、盐城、奉贤也有新式工业企业设立。从统计数据来看，这一时期江苏省工业沿江、河、海扩散的趋势明显。

1927—1937 年，江苏省有新式工业企业设立的县共 33 个，分别为上海、嘉定、昆山、吴县、无锡、武进、丹阳、丹徒、江宁、松江、灌云、铜山、萧县、江浦、吴江、常熟、崇明、东台、丰县、赣榆、淮安、淮阴、江都、江阴、溧阳、六合、南汇、南通、青浦、太仓、泰县、盐城、宜兴，较上一时期有所减少，在空间布局上呈集聚略有扩散趋势。有内河航运交通经过的县 27 个，占比约为 81.82%。从新式工业企业的数量来看，有航运交通经过的县所设工业企业数量占比高达 99%。此外，沿海地带有 4 个县有新式工业企业设立。从这一时期江苏省新式工业企业设立情况来看，依然主要沿着以上 4 个方向发展，以干线为主，长江沿线江浦新增 1 家新式工业企业。沿海地带除上一时期几个县外，新增赣榆县。从数量上看，向上海集中的趋势明显。总的来看，这一时期近代江苏省工业沿江、河、海扩散，尤其以沿河、沿江扩散的趋势更加明显。

通过对水运交通与近代江苏省新式工业空间格局的分析，可以看出，水运交通的发展对近代江苏省新式工业企业设立的影响明显，推动了近代江苏省工业空间的扩散。

7.1.3 水运交通与近代广东省的工业空间格局

（1）近代广东省的海运与内河航运

广东省濒临南海，珠江、韩江以及其他河流水系纵横域内，无论是沿海还是内河的交通均较为便利。广东省沿海的县有合浦、廉江、海康、遂溪、吴川、梅茂、电白、阳江、台山、赤溪、中山、宝安、惠阳、海丰、陆丰、惠来、潮阳、汕头、澄海、南澳、饶平等（除今属海南省外）。

广东省内河宽广，主要包括珠江流域、韩江流域等。珠江流域包括珠江三角洲、北江、东江、西江的中下游地带，具体如表7-3所示。珠江流域的珠江三角洲地区是近代以来经济发展变革最显著的地区。此地区县（市）包括宝安、东莞、中山、番禺、南海、顺德、三水。

西江是珠江的主流，是连接两广、西南各省的水上交通要道。西江中下游，三水是西江与北江的汇合处，从三水向西经高要、德庆、封川进入广西。三水支流经高明、鹤山，到达新会。

北江是粤北地区最重要的水道，一度是江南、江西进入广东最重要的路线，连通着乐昌、曲江、英德、清远到三水直至广州的重要干线。

东江是连通粤赣闽的水上航线，东江由三水向东，经番禺、增城、博罗与东莞交界，到达惠阳。

韩江是东南沿海最重要的河流之一。韩江上游由梅江和汀江汇合而成，梅江为主流，流经兴宁、梅县、大浦。汀江发源于福建，由福建流入大浦与梅江汇合为韩江，向北流经广东省的丰顺、潮安、澄海、汕头各县，汇入南海。

广东省水系较为密集，尤其是珠江三角洲，珠江水系、韩江水系连通了广东至湖南、广西以及福建的区域。在珠江水系两侧还有鉴江、阳谟江、钦江、廉江、海南岛等水系。

表7-3　近代广东省的内河航线

主要航线	经过各县
珠江三角洲	宝安、东莞、中山、番禺（广州）、南海、顺德、三水
西江	高要、德庆、封川、高明、鹤山、新会等
北江	三水、清远、英德、曲江、乐昌等
东江	番禺、增城、博罗、惠阳等
韩江流域	兴宁、梅县、大浦、丰顺、潮安、澄海、汕头等

资料来源：方书生. 中国近代经济地理（第五卷）·华南近代经济地理[M]. 上海：华东师范大学出版社，2015：267-273.

（2）水运交通与近代广东省的工业空间布局

广东省的内河航运较为发达，此外由于多个口岸位于沿海地带，通过海上贸易航线将广东省的多个口岸连通起来。从统计数据看，近代广东省有新式工业企业设立的县共28个（除今属海南省各县外），而有内河航运交通经过的县19个，此外还有6个县虽未处于内河航运线上，但是均沿海，沿河、沿海县数量占比约达 89.3%。从新式工业企业设立的数量来看，沿河、海的县所设新式工业企业数量占比高达 97.45%。

接下来，从近代广东省工业发展的时空变化来进行分析。从统计数据来看，1895 年前，广东省有新式工业企业设立的县为广州、南海、顺德、中山、汕头。从工业的空间格局看，集中分布在珠江三角洲地带，汕头则是韩江流域的中心县。从设立数量看，顺德县新设工业企业数量最多，且为缫丝业。丝织品是中国的重要传统产品，中国古代的丝织品远销海外，深受各国喜爱。广东最重要的实业之一是缫丝业，而广东机器缫丝厂最集中的区域是顺德，顺德在宋代时期便开始种桑养蚕。这一时期顺德也是广东新式工业企业设立数量最多的地区。

1895—1911 年，广东省有新式工业企业设立的县的数量明显增多，共有 13 个县，包括广州、南海、三水、汕头、新会、宝安、合浦、惠阳、揭阳、梅县、顺德、四会、澄海，从空间布局上看呈明显的扩散趋势。有航运交通经过的县有 11 个，仅揭阳、四会未处于沿海、沿江地区，而这两个县所设新式工业企业数量也非常少，各新增 1 家。从这一时期广东省新式工业企业扩散路径看，主要沿着以下几个路径扩散：①珠江三角洲。处于珠江三角洲的广州、南海、顺德、宝安依然是新设工业企业数量较多的县。②韩江流域。韩江流域的汕头、澄海、梅县均有新式工业企业设立。③三江交汇的三水及以北的新会，东江的惠阳县均有新式工业企业设立。合浦县沿海，且有 1 开埠口岸北海，便利的航运交通对其工业的发展有一定的助力。通过以上数据可知，这一时期广东省沿河、沿海航运，促进了沿线各县工业的发展，近代广东省工业沿江、沿海扩散的趋势明显。

1912—1926 年，广东省有新式工业企业设立的县的数量进一步增多，共有 22 个，较上一时期增加了 9 个，包括广州、南海、三水、汕头、潮安、新会、台山、东莞、清远、曲江、乐昌、防城、高要、合浦、惠阳、揭阳、钦县、琼州、顺德、兴宁、阳江、中山，从空间布局上看，呈现明显的扩散趋势，其中 19 个县沿海或沿江。从新式工业企业设立数量来看，沿海沿江县的企业数量占比高达 97.2%。从这一时期广东省新式工业企业扩散路径看，沿着以下 5 个方向扩散：①珠江三角洲。除上一时期各县外，东莞、中山各县也有新式工业企业设立。②韩江流域。韩江流域的汕头、潮安有新式工业企业设立。③北江沿线。这一时期北江沿线的曲江、清远、乐昌均有新式工业企业设立。④西江流域增加高要县。三水、新会、惠阳依然有新式工业企业设立。⑤沿海地带，除合浦县外，防城、钦县、台山和阳江各县也有新式工业企业设立。这一时期广东省新式工业企业沿北江及沿海扩散的趋势明显。

1927—1937年，广东省有新式工业企业设立的县共16个，包括广州、三水、花县、曲江、增城、东莞、宝安、汕头、潮安、台山、四会、电白、揭阳、钦县、顺德、中山，其中沿海、沿江的县有14个，较上一时期有明显减少，空间布局上呈扩散中兼集聚的趋势。从新式工业企业设立数量来看，沿海、沿江的县所设企业数量占比高达94.12%。从这一时期广东省新式工业企业设立情况看，依然主要沿着以上几个方向发展。从数量上看，向广州集中的趋势明显。总体而言，这一时期广东省新式工业企业沿江、沿海发展的趋势依然明显。

通过对水运交通与近代广东省新式工业空间格局的分析，可以看出，水运交通的发展对近代广东省新式工业企业的设立影响明显，推动了近代广东省工业空间的扩散。

7.2 水运交通与近代中国工业空间分布及差异分析

7.2.1 空间分布

通过以上分析，在一定程度上可见水运交通与近代工业发展和空间布局的关系。接下来，本书进一步基于空间分布分析水运交通与近代工业空间扩散的关系。

如果水运交通对工业空间扩散存在影响，则工业企业在较大程度上沿海、沿江设立，或沿海、沿江的县设立工业企业的数量较多。以下分别对3个区域依次进行分析。

（1）近代河北地区

近代河北地区水网并不发达，主要有南、北运河航线，子牙运河航线，大清河航线和蓟运河航线。其中，子牙运河航线经过的县最多，但是从工业发展情况看，只有天津、饶阳、正定各县（市）有新式工业企业设立，其他各县没有。除天津外，饶阳和正定所设工业企业数量非常少，未形成沿子牙运河航线扩散的趋势。南运河航线除天津和沧县外，其余各县均未有新式工业企业设立。其他几条航线，经过的县少，其影响只是区域性的。河北地区沿海的临榆、昌黎、滦县、丰润、宁河、天津、沧县等均有新式工业企业设立。近代河北地区工业发展未呈现明显的沿内河航线扩散趋势。河流经过的县，新式工业企业设立的数量并不多。

（2）近代江苏省

长江和京杭大运河是江苏省内最重要的水路航线，除了长江和京杭大运河外，还有很多河流和湖泊，将江苏省各县连接起来。从近代江苏省工业发展情况看，工业企业基本上设立在长江沿岸。

两岸各县和京杭大运河经过的县，比如长江南岸的宝山、川沙、太仓、常熟、江阴均有新式工业企业设立。长江北岸的海门、南通、如皋、泰兴和泰县新式工业企业数量也较多。京杭大运河所经过的苏州、无锡、武进、丹阳、丹徒、江都、高邮、宝应、淮安、淮阴、宿迁、铜山各县均有新式工业企业设立，尤其是苏南地区。同时，沿海的金山、奉贤、南汇、崇明、东台、盐城、灌云所设新式工业企业数量也较多。总体而言，近代江苏省水网发达，新式工业企业存在沿海、沿河、沿江扩散的趋势，水运交通在一定程度上推动了近代江苏省工业的空间扩散。

（3）近代广东省

近代广东省水网密度较大，且沿海县较多。从近代广东省工业发展情况来看，基本上集中在珠江三角洲附近，这里水网发达，广州、三水、南海、顺德、新会、台山、中山、东莞、宝安、增城所设新式工业企业均较多。沿海的合浦、电白、阳江、台山、惠阳、汕头、澄海以及西江和北江沿线的高要、四会、花县、清远、曲江及乐昌均有新式工业企业设立。从空间分布上看，近代广东省工业围绕珠江三角洲、沿海及沿江扩散趋势明显，水运交通对近代广东省工业空间扩散具有一定的推动作用。

7.2.2 差异原因

从以上分析可以看出，近代江苏省和广东省的海运和内河航运在很大程度上决定着工业空间格局，水运交通的发展推动了工业空间的扩散。但是相较于江苏省和广东省，近代河北地区的水运交通的发展与工业空间格局的相关性不大。导致差异的原因可以归纳为两个方面：一是水系网络方面；二是航运量方面。

（1）水系网络方面

首先就海运而言，河北地区、江苏省、广东省都是沿海省份，但是相较于江苏省和广东省，河北地区沿海县较少，不足 10 个，而其他两省的沿海县数量均在 20 个左右。沿海各县可以通过较为便利的海上运输，进行地区间的贸易，比如广东省的合浦可以从北海通过海上运输将货物运送到沿海的其他区域，北海是开埠口岸，可以直接进行进出口贸易。然而，河北省海运方面条件有限，不仅表现在对外贸易方面，在国内航运方面也存在不足。

内河航运方面，虽然河北省有海河的5大支流，但是这些支流是以不同的方向最终流向海河，未能形成连接东西、贯穿南北的网络。这些河流基本上只是连接省内各县，除南运河外，与经济发达的南方省份联系较少，并且在津浦铁路开通后，很大一部分贸易转向铁路运输，南运河的影响大为下降。然而，江苏省不仅有贯穿东西的长江水系，还有连通南北的京杭运河，并在镇江交汇，南可至浙江，北可至山东进入河北，东可至长江出海口，西可入安徽，且江苏省内还有很多小河道与干流相连，几乎将江苏省内各县大大小小的河道连接起来，形成纵横交错的网络。广东省水网也较为密集，不仅沿海口岸可以直接进行进出口贸易，并且可通过内河与其他省份相连接。沿北江向北直达湖南，沿西江向西到达广西，韩江流域向东可达福建。

因此，河北省海运和内河航运网络相较于江苏省和广东省均有不足，水运交通在连通省内各县和省外方面的作用相对较弱。水系网络的不发达限制了河北地区的市场网络和商业发展，制约了水运交通对工业空间扩散的影响。

（2）航运量方面

近代河北地区水运交通对工业空间格局影响有限，除水系网络不发达外，在航运量方面与江苏省和广东省也是不能比拟的。在近代交通方式的变革中，江苏省和广东省的轮船逐渐代替木帆船，成为海上和内河航运的重要运输工具，并且开辟的多条轮船航线增加了贸易量。河北省的主要航线上还是以木帆船为主。比如南运河航线，可通航的是100吨左右的木帆船，而子牙运河航线通航的是50~150吨的木帆船，滹沱河藏家桥到正定，仅通航25~35吨的木帆船。在所有航线中仅有一小部分航段能够通行汽船。但江苏省的河流干线水深且宽，可航行的轮船吨位几乎在千吨。

在货物运输量方面，木帆船的运量也难以与轮船相比。20世纪20年代各航线运往天津的物产约为70万吨，天津运往各县地区的杂货有70万~80万吨。[①] 1899年上海港口吞吐量已超过890万吨，到1931年更是达1400万吨。近代河北地区内河航运量呈下降趋势，据统计1912年内河航运占天津输往腹

① 樊如森. 中国近代经济地理（第七卷）·华北与蒙古高原近代经济地理［M］. 上海：华东师范大学出版社，2015：165.

地商品运输总量的41.61%，占内地输往天津商品总量的45.87%；① 到1921年，内河航运在天津与腹地货物运输量的比重下降到25.5%②，在一定程度上是由于铁路交通兴起给河北省水运交通带来的冲击。

因此，无论是水系网络还是航运量方面，近代河北地区与江苏省和广东省均有一定差距。随着其他交通运输工具的陆续出现，水运交通在近代河北地区物资交流和经济发展中的作用有所下降，对近代河北地区工业空间扩散的影响较小。

7.3 水运交通促进近代工业发展的作用机制

7.3.1 简单的OLS分析

为了清晰地展现近代水运交通对工业发展及空间扩散的影响，本书进一步对水运交通与近代工业发展的相关性进行探讨。本书通过计量回归单纯探讨水运交通与近代工业发展之间的因果关系。在回归分析中，设置解释变量为水运交通（沿海沿江河为1，否则为0），被解释变量为近代工业发展（某年新设工业企业的数量）。使用简单的OLS回归，回归结果见表7-4。从结果可以看出水运显著地促进近代工业的发展，在一定程度上解释了水运交通对近代工业空间分布的影响。

表7-4 水运交通与近代中国工业的发展

新式工业企业数量	简单OLS
沿海沿江河（是=1）	2.211** (1.000)
Cons	1.737* (0.912)
N	700

资料来源：杜恂诚．民族资本主义与旧中国政府（1840—1937）［M］．上海：上海社会科学院出版社，1991.

杜恂诚．中国的民族资本主义（1927—1937）［M］．上海：上海财经大学出版社，2019.

注：括号内为稳健标准误；*、**分别表示显著性水平为10%、5%。

① 李洛之，聂汤谷．天津的经济地位［A］//经济部驻津办事处，1948.

② 樊如森．中国近代经济地理（第七卷）·华北与蒙古高原近代经济地理［M］．上海：华东师范大学出版社，2015：164-165.

7.3.2 作用机制

（1）轮船运量大，贸易量增加明显

中国海岸线长，河流众多，航运历史悠久。中国传统航运以木船为主，由人力和风力驱动。而中国大门被迫打开后，欧美货船特别是轮船的到来，使中国旧式航运业受到冲击，促进了中国航运业的变革，蒸汽机取代帆桨，机器代替了人力。轮船的运载量和效率是传统木帆船无法企及的。“中国人充分感觉到把他们的货物交由外国轮船运输有迅速和安全的优点，他们知道外国轮船可在任何季节和季候风里航行。”① 随着海运大轮船的发展，内河各航线小轮船开始兴起，轮船的巨大运量，推动了对外贸易及内河航运贸易的增长。

随着航运业的发展，船舶的总吨位不断增加，贸易量大幅扩大。从轮船吨位来看，以上海港为例，1844 年进出上海港船舶总吨位为 8584 吨，1869 年上升至 1840000 吨，1899 年又增长至 8940000 吨，与 1844 年相比增长高达千倍。1931 年港口货物吞吐量达 1400 万吨。② 在水道纵横交错的江苏，清末虽已有铁路开通，但是铁路里程较短，且受线路限制，水运通达四方，在货物运输中仍然占据重要地位。比如 1927 年上海海运、河运的货运总量为 1082 余万吨，其货运量之大是铁路所不及的。再如镇江，“大量的布匹、糖和金属系由轮船运往镇江在那里分运，因为镇江具有通往南北水路以及长江河流的有利条件”。③ 1890 年（光绪十六年）镇江海关资料记载：其“外洋贸易进口洋货，并非由外洋径行来镇，均由上海转运而来，与沿海之贸易相似”；其“出口土货，亦非由本口径行运往外洋，如金针菜、药材、丝、鸡毛、鸭毛等类，由上海转运者居多”。④

再以广州港为例，1861 年前，广州的船只吨位不足 100 万吨，1876 年后突破 200 万吨，1900 年前后超过 400 万吨，至 1930 年超过 900 万吨，其船只吨位整体上呈现持续增长的趋势。作为北方第一大港的天津，其航运业发生

---

① 聂宝璋．中国近代航运史资料（第 1 辑）下册［M］．上海：上海人民出版社，1983：1272.

② 戴鞍钢．中国近代经济地理（第二卷）·江浙沪近代经济地理［M］．上海：华东师范大学出版社，2014：35.

③ 李必樟．上海近代贸易经济发展概况：英国驻上海领事贸易报告汇编（1854—1898）［M］．上海：上海社会科学院出版社，1993：352.

④ 中国第二历史档案馆，等．中国旧海关史料（1859—1948）（第 16 册）［M］．北京：京华出版社，2001：135-136.

了帆船到轮船的变革。据统计，在19世纪60年代，天津港的帆船吨位占总吨位的50%；到1880年，帆船不到总数的1/3，占总吨位的1/6；到了1890年，只有52艘帆船入港，而轮船却有533艘；1905年以后，除偶尔有1艘不定期的帆船到大沽口外，就再也没有帆船来到天津了。[①] 此后，天津港进出船只的吨位，都在大幅度上涨。就天津内河航运而言，南运河航线“差不多以一条直线将天津与河南心脏部分连接起来，也同山西省的矿产区与煤产区的东南边界连接起来”。河南的船队每年运载各种产品来天津，其中包括天津的大宗出口商品——河南药材，最多时每年运送价值达300万海关两，最少时不低于13万海关两。[②] 船队返回时由天津运往河南的主要是食盐。南运河航线是山东棉花、羊毛、羊皮、牛皮、牛骨、花生等农畜产品以及河北省“御河棉”的重要集运航线。

（2）航运的发展降低了运输成本

船运是最经济的货物运输方式，尤其对于沿海地区和内河水系发达的地区而言。随着技术的进步和航运业的发展，运输成本大幅下降。亚当·斯密（1776）在其《国富论》中指出：交通运输是经济发展的条件，商品交易的范围在很大程度上取决于交通的便利与运输成本的低廉。运输成本对于企业的发展至关重要，运输成本的下降，能够大大降低企业的生产成本，因此一个企业的选址在很大程度上取决于运输条件等外部环境。具体来讲，运输条件、运价、通达性将影响甚至决定地区的工业布局。以韦伯（1929）为代表的古典工业区位理论构建了一个以成本（尤其是运输成本）为核心的企业区位选择理论。D. 洛克林（1935）指出运费对工业布局的重要影响。因此，一个地区通常会由于交通的改善、运输成本的降低，改变其工业发展的外部环境条件，进而影响工业布局。

近代航运业的发展大大降低了运输成本，既针对对外贸易的大轮船，也包括地区间通行的小轮船。在五口通商之初，便有“中国人部分的沿海贸易从本地船转移到外国船的手里”，“外国船由于行驶迅捷，防范盗匪周备，可以保险和取费低廉等原因，已经为人们所偏爱了”。[③] 1899年8月4日《申报》曾记载：“内地通行小轮船，取费既廉，行驶亦捷，绅商士庶皆乐出于其

---

① 樊如森．近代环渤海经济一体化及其动力机制［J］．学术月刊，2011，43（7）：131-143.

② ［英］奥依森．天津海关十年报告书（1902—1911年）［A］//天津社会科学院历史研究所·天津历史资料（第13期），1982.

③ ［美］泰勒·丹涅特．美国人在东亚［M］．姚曾廙，译．北京：商务印书馆，1959：274.

途。”一些航运公司为了招揽货源、扩大营业，加上非常激烈的竞争，运费也会因货而异、因人而异，私运漏税以及乱降价等情况时有发生。[①] 即使在有铁路经过的地方，也会因水路航运价格低廉而倾向于水运，尤其是在水运网络发达的地区。以江苏松江县为例，“自沪杭铁路开车，小轮船之往来淞沪者无法营业，惟因船资取费较廉，乡村中人犹乐就之”。[②] 为了提高经济效益，轮船都在减少途中靠岸的次数，而且都集中于少数大商埠以承接航运业务。先把货物卸于上海港，再通过固定而廉价的区域航线转运。[③] 从咸丰十年（1860年）开放长江轮船通航后，不过数年时间“数千艘帆船便被逐入支流”。[④] 到同治年间，已经是“长江轮舶横行，价贱行速，民船生意日稀，凋零日甚”。[⑤] 广东省的水路网络相当发达，由于水运成本的低廉，近代华南地区的商货运输也以水运为主，水运在广东的货物运输中占据绝对地位，相对而言，铁路仅在局部地区存在优势。[⑥] 据蔡谦的调查，广州与九龙进出口货物的77%由轮船运输、17%用民船、6%用铁路。广州输出土货经过广九铁路至香港，比轮船运输贵73.2%，洋货从香港到广州，经过广九铁路运送，比轮船贵93.9%。[⑦]。相较于江苏省和广东省，河北省的内河航运并不发达，随着铁路的兴建，内河航运的货物量有明显的下降，但是由于内河航运价格低廉、转运灵活，仍是天津连通腹地的重要交通运输手段。

（3）航运线路多，加强了地区间的经济联系

随着航运的发展，轮船数量增长得非常快，并且航运线路也在增多。以水系发达的江苏省为例，“内河小轮集中于上海、南京、镇江、吴县、无锡、武进诸处，各城市乡镇除偏僻不通水道者外，几乎皆有小轮定期开驶”。[⑧] 登记的内河轮船数量增长极快，如上海港1901年登记注册的内河轮船数量为

---

① 戴鞍钢. 中国近代经济地理（第二卷）·江浙沪近代经济地理［M］. 上海：华东师范大学出版社，2014：51.

② 民国《松江志料》，交通类。

③ 徐雪筠，等. 上海近代社会经济发展概况（1882—1931）——《海关十年报告》译编［M］. 上海：上海社会科学院出版社，1985：258.

④ 姚贤镐. 中国近代对外贸易史资料 1840—1895（第3册）［M］. 北京：中华书局，1962：1415.

⑤ 朱荫贵. 清代木船业的衰落和中国轮船航运业的兴起［J］. 安徽史学，2014（6）：5-17.

⑥ 方书生. 中国近代经济地理（第五卷）·华南近代经济地理［M］. 上海：华东师范大学出版社，2015：46.

⑦ 蔡谦. 粤省对外贸易报告［M］. 上海：商务印书馆，1939：17-19.

⑧ 参见《江苏六十一县志（上卷）》。

142 艘，1906 年增至 314 艘，短短 5 年增长一倍多，1911 年增长至 359 艘。从航运线路来看，江苏省凭借其四通八达的航运网络，以上海为中心将江南各镇紧密地联系起来。

表 7-5 是 1912 年上海与江苏各地间内河轮船航线，从线路来看，主要以上海为起点或终点，沿两条线路：一条是沿京杭大运河经过苏州、常州、镇江、扬州等地；另一条是沿长江沿岸，所经各地。“盖长江未通商以前，商贾运货，行旅往来，悉系雇用民船，帆樯如织。自有轮船行驶，附载便捷，商贾士民莫不舍民船而就轮船。”① 这是两条主要航线，每条航线都有多家船运公司的轮船往来。据统计，1912 年以上海为始发港的航线有 47 条，投入运营的轮船总计 79 艘。② 至 1936 年以上海为始发港或中继港的航线总计 100 条以上。③ 此外以苏州为起点的航线也有很多，比如苏沪线、苏虞线、苏杭线等，每条航线都有数十艘甚至上百艘船参与营运。以无锡为中心的客货内河运输航线有 36 条，比如锡沪线、锡溧线、锡澄线等，由 36 家轮船公司（局）的 63 艘小轮参与营运，航线总里程为 1656 公里。④ 至 1936 年，全国 500 吨以上的本国资本轮船企业共 99 家，船 404 艘，其中总部设在上海的有 58 家，船 252 艘。⑤ 航运的发展加强了地区间的经济联系。上海陈行镇，“塘口地滨黄浦，船厂最多，夏间帆船聚修于此，市面为之一振。舟行候潮，皆寄泊港口，港内有税务分所（前清名抽厘分卡），以征往来商货”。⑥ 1900 年（光绪二十六年），《江西商务报》亦载：“凡由镇江购运洋货之处，以江北及山东、河南、安徽等省水路近便者居多，镇江为该水路之总口，水路指运河而言，可通江北、山东等处，若往安徽、河南两省，则清江浦过洪泽湖及淮河一带均属一水可达。”⑦

---

① 《江西巡抚德馨奏》（光绪十四年四月二十日），中国社会科学院经济研究所藏“清户部档案抄件”。

② 戴鞍钢 . 中国近代经济地理（第二卷）· 江浙沪近代经济地理［M］. 上海：华东师范大学出版社，2014：44.

③ 倪红 . 上海市档案馆馆藏近代上海港建设档案概况［M］. 上海：上海古籍出版社，2005：273.

④ 戴鞍钢 . 中国近代经济地理（第二卷）· 江浙沪近代经济地理［M］. 上海：华东师范大学出版社，2014：52.

⑤ 倪红 . 上海市档案馆馆藏近代上海港建设档案概况［M］. 上海：上海古籍出版社，2005：273.

⑥ 参见沈颂平的《陈行乡土志》。

⑦ 《江南商务报》第 21 期（1900 年 9 月 14 日），列说。

表 7-5 上海与江苏各地间内河轮船航线经过站点（1912 年）

航线起讫点	航线经过站点
苏州至上海	三江口、陆家浜、青阳江、四江口、黄渡、北新泾
常熟至上海	八字桥、东塘市、巴城、昆山、四江口、黄渡
荡口至上海	湘城、巴城、昆山、四江口、黄渡
无锡至上海	新安、望亭、浒墅关、苏州、巴城、昆山、三江口、黄渡
上海至启东	海洪港、湾港、宋季港、青龙港、川洪港、岸头港
上海至崇明	吴淞、七效、堡镇、新开河、二条竖河
上海至南通天生港	仁港
上海至扬州霍家桥	浒通、浒浦、姚桥、任港、天生港、张黄港、八圩港、天星桥、口岸、三江营
上海至镇江	苏州、无锡、常州
上海至泰兴	崇明、海门、南通、如皋、泰兴
上海至清江浦	苏州、常州、镇江、扬州

资料来源：郭孝义．江苏航运史（近代部分）［M］．北京：人民交通出版社，1990：65-66.

广东省水系通达，且沿海县多，内河航运业很发达。“沿海航线，外洋轮船航线均以香港地区为枢纽，广州、汕头、琼州、北海等埠为海轮寄碇之所，余如黄冈、崖濠、潮阳、汕尾、香港、澳门、斗山、阳江、电白、吴川等埠亦有小轮航行其间焉。”① 有关区域内的水上航运路线，东江乘轮船可以到达惠阳，改用民船可到达汕头，西江乘轮船可进入广西，北江可以乘轮船到达英德，换用民船可以到达南雄。由广州出发的航线有 3 条：①溯东江至老隆；②溯北江至韶州；③溯西江至梧州。汕头可以通过内河航运将货物运输到其他地区，也可以通过海上航线进行区域间的贸易交流。汕头的主要航线有：①汕头至厦门、台南、淡水、上海、青岛、烟台、天津、牛庄等口岸的国内航线；②汕头至香港、新加坡、西贡、印尼、泰国等口岸的国际航线，航运业比较发达。②

（4）航运业带动相关产业的发展

交通的改善，会提升区域的区位条件，从而促进经济的发展。河道的疏通和航运的变革，也直接影响着区域的发展进程。航运业的发展，会促进商业的兴起，进而带动相关产业的发展。比如，江苏省宝山县大川沙口，“其地

① 洪懋熙．最新中华形势一览图［Z］．上海：东方舆地学社，1936：6.
② 张洪祥．近代中国的口岸与租界［M］．天津：天津人民出版社，1993：119.

向无市面，仅二三店铺，以便行人休息，解渴疗饥。光绪元年，浚大川沙河，舟楫往来，交通便利，居民筑室，开张店肆，以有易无”。南汇县泥城镇，“自光绪初年商贩分至，……而有善堂，有学堂，有工厂，市廛栉比，百业完备”。[①] 奉贤县青村镇，“在泰日乡南，居奉贤县中心，市况极盛。……程伟渔、程伟杰昆仲在此创办实业，颇为蒸蒸日上，尤以程恒昌轧米厂闻名遐迩”。[②]

此外，航运业的发展在一定程度上决定了城镇的兴衰，内河航运在带动相关产业发展的同时，也推动了一些小城镇的崛起。例如，南汇县闸港镇，“为邑西南境门户，向来商店寥寥，近自轮船通行后，商市大增，百货都有”。[③] 闵行由于位于进出港要塞，沟通江苏与浙江，城镇经济尤其活跃。《上海乡土地理志》载：“闵行为本邑首镇，地当水陆之冲，户口殷阗，商业繁盛，距县治约六十里许。地产棉花多于粳稻。风俗素称朴实，近亦渐趋浮靡。水道有小轮，陆路有汽车，交通颇便。”[④] 可见，内河航运的发展会促进商业的发展和市镇的繁荣。

随着航运的发展，与航运相关的行业陆续兴起，如修理业、打包业、机器工业等开始兴盛，促进了人口的集聚，并进一步带动与消耗品相关的轻工产业发展及基础设施的建立。

7.4 本章小结

本章分析了水运交通对近代中国工业空间扩散的影响，首先，分析了近代河北地区海运及内河航运发展对近代工业空间格局的影响。河北沿海主要有天津、临榆、抚宁、昌黎、乐亭、滦县、丰润、宁河、沧县、盐山各县。内河航线主要有南、北运河航线，子牙运河航线，大清河航线，蓟运河航线。通过对各沿海、沿江县及新设工业企业数量的分析，发现近代河北地区工业

---

① 戴鞍钢．中国近代经济地理（第二卷）·江浙沪近代经济地理［M］．上海：华东师范大学出版社，2014：47-48.

② 戴鞍钢．中国近代经济地理（第二卷）·江浙沪近代经济地理［M］．上海：华东师范大学出版社，2014：48.

③ 戴鞍钢．中国近代经济地理（第二卷）·江浙沪近代经济地理［M］．上海：华东师范大学出版社，2014：48.

④ 戴鞍钢．中国近代经济地理（第二卷）·江浙沪近代经济地理［M］．上海：华东师范大学出版社，2014：48.

分布未呈现明显的沿海、沿江扩散趋势，也就是说水运交通对近代河北地区工业空间扩散的影响不大。

其次，分析了近代江苏省海运及内河航运发展对近代工业空间格局的影响。江苏省沿海县份较多，并且水系网络发达，长江沿岸及京杭运河和内河小水系相互连通，形成四通八达的内河航运网络。通过对各沿海、沿江县及新设工业企业情况的分析，发现近代江苏省工业企业沿海、沿江、沿河扩散的趋势明显，可见水运交通对江苏省工业空间布局影响巨大。

再次，分析了近代广东省海运及内河航运发展对近代工业空间格局的影响。广东省沿海县份较多，有珠江流域圈，包括西江、北江及韩江流域圈。通过对各沿海、沿江县及新设工业企业情况的分析，发现近代广东省工业企业沿海、沿江、沿河扩散的趋势较为明显，尤其是沿海和珠江三角洲地带，可见水运交通对广东省工业空间布局的影响较大。

此外，通过对近代不同省份水运交通及工业空间布局进行分析，可以看出：①近代江苏省和广东省沿海、沿江各县设立新式工业企业数量均较多，水运交通在一定程度上促进了近代工业的空间扩散。近代河北地区新式工业企业沿海、沿江扩散的趋势并不明显，可见工业空间布局与水系网络相关性不高。②对不同地区水运交通引起的工业空间扩散差异进行了分析，归纳出导致差异的两方面原因：一方面，由于水系网络的发达程度不同，相比较而言，江苏省的水系发达。广东省的内河水系虽没有江苏省密集，但是由于广东省沿海县较多，且有开埠口岸，因此除内河水系外，通过海运可以与其他各县进行联系。河北地区虽然有几条水系，但并未形成网络。另一方面，航运量的差异。近代江苏省和广东省的内河航运经历了从木帆船向轮船的变革，轮船吨位较大，对贸易形成极大的刺激。近代河北地区内河航运依然是木帆船，无论是运力还是抗风险能力均较弱。由于不同地区内河航运存在较大差异，水运交通对工业空间扩散的影响也有所不同。

最后，分析了水运交通对近代工业空间扩散的作用机制。对水运交通与近代新式工业设立进行了简单的 OLS 分析，发现沿海、沿河可以显著地促进近代工业的发展，其作用机制主要包括 4 个方面：①轮船运量大，贸易量增加明显。随着海运大轮船的发展，内河各航线小轮船开始兴起，轮船的巨大运量，推动了对外贸易及内河航运贸易的增长。②航运的发展降低了运输成本。运输成本的降低，改变了工业发展的外部环境条件，进而影响工业布局。③航运线路多，加强了地区间的经济联系。航运将不同线路沿线的地区联系起来，随着航线的延伸，更多的区域融入贸易中，在很大程度上提高了市场整合程度，促进地区的经济变迁和工业发展。④航运业带动相关产业的发展。航运业的发展一方面带动了沿线地区商业的繁荣，另一方面也带动了与航运业相关行业的兴起，随着人口的集聚，进一步促进了消费品行业的发展和基础设施的建立。

第 8 章　近代中国工业空间扩散动力的实证分析

本书分别从口岸、铁路、水运交通 3 个方面对近代中国工业空间扩散的动力进行了分析，发现这 3 个因素对近代中国工业空间扩散都产生一定的影响。然而，须注意的是：①影响工业空间扩散的因素很多，除了这 3 个因素外，还有矿产资源的分布等因素可能对工业的空间扩散产生影响。因为近代中国的工业化是从军事工业开始的，而军事工业的发展需要煤矿等动力资源。因此，最开始的工业企业基本上是为采矿而设立的，尤其是河北地区，矿产资源丰富的地区是设立工矿企业的重要地区。②这些因素对近代中国工业空间扩散的影响有可能被夸大，或者存在相互影响。比如以江苏省为例，江苏省的口岸基本沿海、沿江或者处于铁路沿线，因此口岸的作用有可能是由于其他两个因素的共同作用而产生。此外，修建的沪宁铁路与京杭大运河所经苏南各县相重合，沪宁铁路沿线地区工业发展以及工业的空间扩散是受铁路修建的影响，还是依赖于水运交通，或者二者兼有，则需要进一步探讨。

因此，本章先对影响工业发展及空间扩散的其他因素进行简单分析，主要是矿产资源分布，并进一步使用数据，对近代工业空间扩散的动力进行实证分析。

8.1　矿产资源与近代中国的工业空间布局

矿产资源和水资源都是自然禀赋资源，自然资源是经济运行和增长的自然基础。一个区域的发展离不开其所在的地理环境。在产业布局的初始阶段，丰富的自然资源会引导该地区的产业结构逐渐形成资源依赖型产业模式。

进入近代，随着蒸汽机动力的普遍运用和现代工业的勃兴，作为能源和原料的煤、铁等原被忽视的矿产资源，受到了中外投资者的日益重视，现代化的矿产企业应运而生。比如在近代河北地区的矿产工业中，煤矿和铁矿的开采，无疑占据了突出地位。河北地区重要的煤矿区有房山、宛平、唐山、临城、磁县、井陉、临榆等县。据方志所考，河北“房山煤业发轫于辽、金以前，滥觞于元、明以后，榷税于前清中叶”;“乾隆二十九年，宛平有煤窑 1 座，房山有煤窑 9 座，是房之煤业在当时较宛平繁盛”。[①] 表 8-1是 1928 年前后河北地区煤矿企业的分布概况。

表 8-1 1928 年前后河北地区煤矿企业概况

矿企名称	所在地	经营情况
门头沟煤矿	河北宛平	以中英合资的通兴公司为主，另有 72 个小窑
斋堂煤矿	河北宛平	均为土法开采小煤窑
滦州煤矿	河北唐山	开平矿务局经营
临城煤矿	河北临城	临城矿务局经营
磁县煤矿	河北磁县	怡立公司经营
井陉煤矿	河北井陉	井陉矿务局、宝昌公司、正丰公司经营
临榆煤矿	河北临榆	柳江公司经营

资料来源：樊如森. 中国近代经济地理（第七卷）·华北与蒙古高原近代经济地理［M］. 上海：华东师范大学出版社，2015：313.

此外，近代以来金矿开采的规模进一步扩大。金属于贵金属，所以和其他矿产资源相比，它的开采历史更加久远。金矿开采是河北矿业的重要组成部分。河北的金矿主要分布在昌平、密云、临榆、迁安、遵化等县。

1895 年前，直隶所设的 9 家新式工业企业中，有 3 家属于燃料等采掘业，1 家属于金属采掘业，可见燃料及金属开采在河北地区工业发展中占据了非常重要的位置。3 家燃料采掘企业分别设在磁县、唐山和临城，而这 3 个地区也是重要的煤矿区。另外 1 家金属采掘企业，未标明具体地址。因此，矿产资源的分布对于近代河北地区工业企业的设立有重要影响。

1895—1911 年，河北地区新设工业企业数量为 72 家，其中 6 家为燃料等采掘企业，还有 1 家是金属采掘企业，共占据河北地区全部新设工业企业数量的 1/10。6 家燃料等采掘企业分别设在磁县、井陉、滦县、曲阳、天津等地。1 家金属采掘企业位于迁安，迁安是河北金矿的重要分布区。1912—1926

① 参见冯庆澜等修纂《房山县志（卷五）》，民国十七年铅印本。

年，河北地区新设工业企业171家，其中20家为燃料采掘企业，2家为金属采掘企业，占比超过河北地区全部新设工业企业数量的1/8。其中20家燃料采掘企业分别位于北京、大兴、丰润、井陉、临榆、天津、宛平，这些地区基本上都是重要的煤矿产区。1927—1937年，河北地区新设工业企业96家，采矿冶炼业共18家，分布在北京、磁县、房山、宛平、遵化等地。

通过对近代河北地区的矿产资源分布与矿产企业设立的情况进行分析可以看出，近代河北地区工矿企业的设立与矿产资源的分布有一定的相关性。

就近代江苏省而言，相较于河北地区矿产资源不甚丰富，煤矿主要分布在徐州，铁矿主要分布在南京、徐州等地。从近代江苏省工矿企业设立情况看，1895年前，江苏省矿产企业仅有1家，设立在铜山县（今属徐州市），即江苏煤矿的主要产区。1895—1911年，新设金属燃料等采掘企业3家，其中1家金属采掘企业设立在句容，另外2家是燃料采掘企业，分别设立在南京和徐州。1912—1926年，江苏省新设的工业企业中，金属采掘企业4家，分别设立在上海、无锡等地；燃料采掘企业10家，分别设立在东台、南京、句容、上海、宿迁、盐城、镇江等地。1927—1937年，江苏省采矿冶炼企业共有20家，分布在六合、南京、上海、萧县等地。因此，从地区分布上看，近代江苏省矿业企业并未严格地设立在矿产资源丰富的地区。

广东省矿产资源的私人开采直到清末才开放。1908年5月11日，粤督张人骏奏请，将同治二年（1863年）因“矿场易聚匪滋事”而封禁的花县煤矿开放。不过，广东省内的煤虽有产出，但品质不佳，且运输成本高，城市所需的煤大多从日本或河北输入。广东省铁矿主要分布在高要、清远、从化、广州等地，金矿分布在阳江等地，锑矿分布在曲江等地。北海、钦县、防城的矿产资源丰富，主要有铁、铅、锡、锑等。

1895年前，广东省设立两家金属采掘企业，分别位于中山县和昌江县（今属海南省），这两个地区都有丰富的铁矿和金矿资源。1895—1911年，广东省新设3家燃料采掘企业，均在合浦县，也是矿产资源分布区。1912—1926年，广东省新设金属采掘企业2家，分别位于防城县和钦县，这两个县的矿产资源较为丰富。1927—1937年，广东省新设采矿冶炼企业5家，其中有2家位于广州，其余的在电白、钦县、曲江，各有1家。从对近代广东省矿产资源分布和矿产企业设立情况看，广东省所设矿产企业基本上位于矿产资源丰富地区，但是数量相对较少。

通过以上分析可以看出，矿产资源丰富的地区所设工矿企业较多，尤其是河北地区的矿产资源分布在一定程度上可以解释工业企业分布情况。

8.2 近代中国工业空间扩散动力的实证分析

8.2.1 近代中国工业空间扩散的动力

通过分析可以看出，口岸、铁路、水运交通和矿产资源分布对近代中国工业空间扩散均存在一定的影响，但是有一定的地区差异。

首先，口岸作为连接中国与西方的窗口，是现代化因素输入的主要渠道，在近代中国的社会转型和经济变迁中扮演着重要的角色，进而展开了近代中国的工业化进程。通过对不同区域的口岸城市与工业空间格局的研究发现，口岸的发展的确促进了近代工业的发展，在一定程度上推动了工业的空间扩散。但是，不同区域口岸的作用存在差异。口岸开埠在一定程度上可以解释近代江苏省和广东省的工业空间扩散，但是对于近代河北地区的工业空间扩散的影响不明显。

其次，铁路作为一种现代化的交通工具，在提升运输效率和降低运输风险方面具有显著的优势，铁路的修建在一定程度上改变了铁路经过地区的区位条件，进而促进地区间的贸易增长，推动地区的近代化转型和工业化进程。通过研究不同地区铁路修建对工业空间格局的影响发现，铁路的修建在很大程度上促进了铁路经过地区的工业发展，新设工业企业数量明显增加，并随着铁路线的延伸，进一步推动工业的空间扩散。然而，铁路对区域工业空间扩散的影响存在地区差异。具体而言，铁路的修建在很大程度上能够解释近代河北地区的工业空间扩散，也在一定程度上促进了近代江苏省的工业空间扩散，但是铁路的修建对近代广东省的工业空间扩散的解释力度不足。原因在于：一方面广东省的水系交通发达，相对而言铁路的作用并没有完全体现；另一方面近代广东省铁路修筑的里程较短，未形成网络，其影响只是局部性的。

再次，水运交通作为一种运输便利、运输成本较低的运输方式，自古在地区间贸易和商品流动上发挥了重要作用。近代随着轮船的发展，其运输优势进一步体现。通过对近代水运交通与工业空间格局的研究发现，水运交通促进了地区工业的发展，进而推动了工业的空间扩散。但是，水运交通对区域工业空间扩散的影响也存在差异。具体而言，对于水系较为发达的江苏省和广东省而言，水运交通在很大程度上决定了工业的空间布局。然而，近代河北地区的工业企业并没有沿河扩散的趋势。究其原因，一方面，河北省水系网络不发达，并且河道较浅，相较于四通八达的铁路而言，优势不明显。在铁路修建之后，原来使用水路运输的商品，开始转向铁路。另一方面，近代河北地区的水运交通运输工具相较而言落后，江苏省和广东省均陆续使用轮船，开辟轮船航线进行商品流通，而河北省还是使用木帆船，仅在航线的部分航段使用汽船，这在很大程度上限制了地区间的商品流通，水运交通逐渐被铁路所取代。

最后，矿产资源作为一种重要的自然资源，在工业发展初期扮演着重要的角色，为工业发展提供重要的动力能源。通过对近代矿产资源与地区工业布局的分析，可以发现由于不同地区矿产资源分布存在差异，其对地区工业空间扩散的影响也略有不同。对于近代河北地区而言，其工业发展初期工业企业明显设立于矿产资源丰富的地区，近代河北地区工矿企业设立与矿产资源分布有一定的相关性。近代江苏省矿业企业未明显设立于矿产资源分布地区，矿产资源与工业的空间扩散关联性不强。近代广东省的矿业企业基本上位于矿产资源丰富的地区，但是数量相对较少，因此对广东省工业空间扩散的影响需进一步分析。

通过以上分析，可知口岸、铁路、水运交通和矿产资源对近代中国工业空间扩散均产生一定的影响，但是存在地区差异。同时需要注意的是，这些因素虽然在一定程度上促进了近代工业的空间扩散，但是对近代工业发展的影响如何，还需进一步探讨。接下来，本书进一步实证分析口岸、铁路、水运交通及矿产资源对近代工业发展的影响。

8.2.2 模型设定与数据来源

（1）模型设定

根据以上分析，本书对近代中国工业空间扩散的动力，包括口岸、铁路、水运交通、矿产资源等进行实证分析，设定计量模型如下：

$$y_{ijz}=\alpha+\beta_1 port_{ijz}+\beta_2 rail_{ijz}+\beta_3 riv_{jz}+\beta_4 res_{jz}+\varepsilon_{ijz} \tag{1}$$

其中，y_{ijz}为i年j省z县工业发展情况；$port_{ijz}$为i年j省z县口岸开埠情况；$rail_{ijz}$为i年j省z县铁路开通情况；riv_{jz}为j省z县水运交通情况；res_{jz}为j省z县资源分布情况；ε_{ijz}表示误差项。

①被解释变量，y_{ijz}为工业发展情况，本书使用i年j省z县新设工业企业

数量来表示。

②解释变量，包括口岸 $port_{ijz}$，若 i 年 j 省 z 县有口岸则记为 1，否则记为 0；铁路 $rail_{ijz}$，如果 i 年 j 省 z 县有铁路经过则记为 1，否则记为 0；水运交通 riv_{jz}，j 省 z 县沿海、沿江则记为 1，否则记为 0；矿产资源 res_{jz}，j 省 z 县为煤炭、金属资源分布地则记为 1，否则为 0。这些条件可以影响地区的区位条件，进而影响新设工业企业的设立及工业发展水平。

（2）数据来源

本书新设工业企业数据主要来源于杜恂诚的《民族资本主义与旧中国政府（1840—1937）》及《中国的民族资本主义（1927—1937）》中相关资料。这两组数据跨越时间长，且涉及范围广，《民族资本主义与旧中国政府（1840—1937）》跨越 1858—1927 年，包括江苏、浙江、河北、湖北、广东等 25 个省份的企业设立信息。《中国的民族资本主义（1927—1937）》则跨越 1928—1937 年，包括 29 个省份的企业设立信息。本书在进行数据整理时，主要选取企业设立时间、所在地，以地区和时间为关键词，将原数据中企业所在地匹配到县，将各县每年新设工业企业进行合并，建立近代河北地区、江苏省和广东省从 1858—1937 年每年新设工业企业数量的县级数据集。同时，需要说明的是：在数据使用上，本书剔除了工业企业设立地区不明的数据，有的企业只有省份信息，但是未注明具体的县，则将其剔除。

是否为开埠口岸本书根据王铁崖编《中外旧约章汇编（第 1 册）》，严中平等的《中国近代经济史统计数据资料选辑》，张洪祥的《中国近代通商口岸与租界》及复旦大学历史地理研究中心、韩国仁荷大学韩国学研究所编《海洋·港口城市·腹地：19 世纪以来的东亚交通与社会变迁》所提供信息综合考虑而得。具体结合本书第 5 章相关分析，是则设置为 1，否则设置为 0。

是否有铁路，本书结合马里千等编《中国铁路建筑编年简史（1881—1981）》中相关铁路修建的信息及严中平等的《中国近代经济史统计数据资料选辑》、谭其骧的《简明中国历史地图集》（八）及郭利民的《中国近代史地图集》，样本地区 i 年已通铁路设置为 1，否则设置为 0。具体可见本书第 6 章相关内容。

是否沿海、沿江，本书结合谭其骧的《简明中国历史地图集》（八）及郭利民的《中国近代史地图集》以及第 7 章相关分析确定，是设置为 1，否则设置为 0。矿产资源分布则结合本章 8.1 节相关分析。

8.2.3 描述性统计与相关性分析

（1）描述性统计

对主要的解释变量口岸（是=1）、铁路（有=1）、水运交通（沿海、沿江=1）及矿产资源（是=1），被解释变量近代新设工业企业数量进行描述性统计，见表8-2。

表8-2 主要变量的描述性统计

变量	*n*	*mean*	*sd*	min	max
新设工业企业数量 *y*	700	3.576	9.935	1	133
是否为口岸 *port*	700	0.383	0.486	0	1
是否有铁路 *rail*	700	0.546	0.498	0	1
是否沿江、沿海 *riv*	700	0.831	0.375	0	1
是否为主要矿产资源区 *res*	700	0.144	0.352	0	1

资料来源：新设工业企业数据主要来源于杜恂诚《民族资本主义与旧中国政府（1840—1937）》及《中国的民族资本主义（1927—1937）》。开埠口岸根据王铁崖编《中外旧约章汇编（第1册）》、严中平等的《中国近代经济史统计数据资料选辑》、张洪祥的《中国近代通商口岸与租界》及复旦大学历史地理研究中心、韩国仁荷大学韩国学研究所编《海洋·港口城市·腹地：19世纪以来的东亚交通与社会变迁》所提供信息综合考虑而得。铁路修筑信息结合马里千等编的《中国铁路建筑编年简史（1881—1981）》中相关铁路修建的信息及严中平等的《中国近代经济史统计数据资料选辑》、谭其骧的《简明中国历史地图集》（八）及郭利民的《中国近代史地图集》而得。沿海、沿江信息结合谭其骧的《简明中国历史地图集》（八）及郭利民的《中国近代史地图集》而得。矿产资源分布结合国家自然资源分析情况相关信息汇总而得。

（2）相关性分析

接下来，对数据进行相关性分析，本书使用的是Pearson检验，具体结果见表8-3。

表8-3 相关性分析

变量	*y*	*port*	*rail*	*riv*	*res*
y	1.000				
port	0.258***	1.000			
rail	0.186***	0.331***	1.000		
riv	0.083**	0.355***	0.021	1.000	
res	−0.091	−0.014	0.070*	−0.108**	1.000

注：*、**、***分别表示显著性水平为10%、5%和1%。

通过对变量进行相关性分析，可以看出口岸、铁路、水运交通均对新设工业企业数量呈正向影响，也就是说这些因素均显著促进了相关地区工业企业的设立；而矿产资源与工业企业的设立呈负相关。这只是初步相关性分析，为了清晰地了解不同因素对工业发展的影响，接下来进行回归分析。

8.2.4 回归分析

（1）基本回归分析

表8-4是口岸、铁路、水运交通及矿产资源分布等因素对近代工业水平影响的回归结果，从使用OLS对全样本进行的回归分析结果来看，口岸对新式工业企业设立数量的影响为正，且在1%的水平上显著，这说明若该县有口岸则能够显著促进该县新式工业企业的设立。铁路对新式工业企业设立的影响为正，且在5%的水平上显著，说明有铁路经过的县能够显著促进该地区工业企业的设立。水运交通对工业企业的设立的影响为负，但是并不显著，说明沿海、沿河地区工业企业的数量并未显著增加。矿产资源分布对新式工业企业设立的影响为负，且在5%的水平上显著，说明有矿产资源分布的县，反而显著地降低了新式工业企业设立的数量。

结合近代新式工业企业的空间分布，可见工业企业会在有口岸的地区选址，从而随着口岸的设立工业在空间上呈现扩散的趋势，并且口岸开埠能显著促进该县工业发展水平的提高。工业企业会在铁路经过的地区选址，从而随着铁路的修建在空间上呈现扩散的趋势，并且铁路经过能显著促进该县工业的发展。同时，工业企业可能会在沿海、沿河地区选址，但沿海、沿河并不能显著提高该县的工业水平。此外，企业有在矿产资源丰富的地区设立的可能，但是矿产资源丰富可能存在地区工业发展的“资源诅咒”，过度依赖矿产资源对地区经济可持续发展存在不利影响。

从控制时间固定效应和省份固定效应的回归结果看，即使在控制了时间固定效应和省份固定效应后，结果也没有太大变化。口岸、铁路对近代新式工业企业设立数量的影响依然显著为正，且系数变大了。水运交通对近代新式工业企业的设立影响为负，但并不显著。矿产资源对该县新式工业企业设立的影响显著为负。

表 8-4 基本回归分析

变量	全样本	控制时间和省份效应
口岸	4.475*** (0.844)	4.849*** (0.917)
铁路	2.409** (0.772)	2.597** (0.967)
水运交通	-0.197 (1.040)	-0.860 (1.208)
矿产资源	-2.758** (1.033)	-2.716** (1.114)
时间固定效应	不控制	控制
省份固定效应	不控制	控制
cons	1.102 (0.988)	5.965 (9.817)
N	700	700
R^2	0.087	0.135

注：括号内为稳健标准误；**、***分别表示显著性水平为5%和1%。

通过对促进近代工业空间扩散的不同动力因素的回归分析，并结合工业空间分布，可以看出，不同因素对近代工业的空间扩散均存在一定程度的影响，但有差异。口岸和铁路能够显著促进近代工业的发展，而矿产资源丰富的地区则显著降低了近代工业的发展水平，水运交通对近代工业发展水平的影响不显著。

（2）分阶段

由于不同阶段各因素对近代工业发展的影响可能存在差异。因此，接下来分阶段进行回归分析，见表 8-5。使用 OLS 回归，同时控制时间固定效应和省份固定效应，分别对 1895 年前、1895—1911 年、1912—1926 年和 1927—1937 年进行回归分析。

从对 1895 年前数据的回归分析结果看，口岸对近代新式工业企业的设立数量影响为负，但并不显著。这在一定程度上是由于这一时期清政府对新式工业企业的设立有限制，官办、官督商办或官商合办企业在选址上基于政治性，而民间办厂的热情不高，设立工业企业的数量相对较少。铁路对近代新式工业企业设立数量的影响也为负，但并不显著。主要是因为这一时期，铁路的修筑刚刚起步，在河北地区基于采矿需要而设立的铁路，里程短，通车时间短，尚未对近代工业的发展发挥作用。水运交通对近代新式工业企业的设立影响为正，但并不显著。此外，矿产资源的影响也不显著。

从对1895—1911年数据的回归分析结果看，口岸对新式工业企业设立数量的影响为正，且在5%的水平上显著。说明这一时期口岸开始发挥作用，有口岸的县工业发展水平显著提高。铁路对近代工业发展的影响为正，且在1%的水平上显著。这一阶段随着铁路的修建，改变了铁路经过县的区位优势，促使新式工业企业在铁路经过县选址设立。水运交通和矿产资源对近代新式工业企业设立的影响依然不显著。

从对1912—1926年数据的回归分析结果看，口岸对近代新式工业企业的设立影响依然显著为正，其系数为5.581。说明这一时期，有口岸开埠的县新式工业企业设立数量增加5.581家，工业企业在口岸地区设立的趋势更加明显。铁路对这一时期新式工业企业设立数量的影响依然显著为正。水运交通的影响为负，但并不显著；而矿产资源的影响为负，且在5%的水平上显著。

从对1927—1937年数据的回归分析结果看，可知这一时期口岸对近代新式工业企业设立的影响更加显著，有口岸的县，其新式工业企业设立的数量增加10.505家。说明这一时期新式工业企业向口岸集聚的趋势较为明显，而铁路、水运交通和矿产资源的影响不显著。

表8-5 分阶段回归分析

变量	1895年前	1895—1911年	1912—1926年	1927—1937年
口岸	-0.732 (0.676)	1.257** (0.584)	5.581*** (0.929)	10.505** (3.428)
铁路	-1.144 (1.992)	2.637*** (0.620)	2.054** (0.894)	2.415 (3.561)
水运交通	1.555 (1.343)	-0.706 (0.882)	-1.064 (1.061)	-3.000 (4.592)
矿产资源	-0.847 (1.036)	-1.164 (0.886)	-2.529** (1.051)	-4.900 (3.479)
时间固定效应	控制	控制	控制	控制
省份固定效应	控制	控制	控制	控制
cons	2.252* (1.160)	2.180* (1.219)	3.879** (1.953)	1.271 (10.965)
N	56	168	309	167
R^2	0.501	0.295	0.219	0.136

注：括号内为稳健标准误；*、**、***分别表示显著性水平为10%、5%和1%。

通过分阶段不同时期各因素对近代新式工业企业设立数量的影响的回归分析，可知不同阶段各因素的影响存在差异。1895年前，口岸、铁路、水运交通和矿产资源对工业发展的影响均不显著；1895—1911年，口岸和铁路对近代工业发展的影响显著为正，而水运交通和矿产资源对近代工业发展的影响均不显著；1912—1926年，口岸和铁路对近代工业发展的影响依然显著为正，而矿产资源对近代工业发展的影响显著为负，水运交通对近代工业发展的影响不显著。1927—1937年，仅有口岸对近代工业发展的影响显著为正，其他因素均不显著。

（3）分区域

由于不同区域的区位条件和资源禀赋不同，不同区域各因素的影响可能存在较大差异。因此，接下来分区域对各因素的影响进行回归分析，见表8-6。使用OLS回归，同时控制时间固定效应和省份固定效应，分别对近代河北地区、江苏省和广东省进行回归分析。

从对河北地区的回归分析结果看，口岸对近代河北地区新式工业企业设立数量的影响为正，且在1%的水平上显著。近代河北地区的开埠口岸为天津和秦皇岛，这两个地区均有新式工业企业设立，尤其天津是河北地区新式工业企业设立数量最多的地区。因此，近代河北地区口岸的开埠明显促进了地区工业的发展。铁路对近代河北地区新式工业企业设立数量的影响为正，且在10%的水平上显著。河北地区是近代铁路相对密集的区域，铁路的修筑带动了铁路沿线各县新式工业企业的设立，在空间上呈现沿铁路扩散的趋势。水运交通对近代河北地区新式工业企业的设立影响为负，但并不显著。河北地区水系网络并不发达，水运贸易相对铁路而言规模较小，未能显著促进相应地区工业的发展。此外，矿产资源对近代河北地区工业发展的影响也不显著。

从对江苏省的回归分析结果可以看出，口岸对近代江苏省新式工业企业的设立数量的影响为正，且在1%的水平上显著。近代江苏省开埠口岸较多，有口岸开埠的县工业发展水平也较高。铁路对近代江苏省工业的发展显著为正，近代江苏省铁路修筑相对河北地区并不发达，但是铁路沿线各县的新式工业企业设立数量均较多。水运交通对近代江苏省工业发展的影响为负，但并不显著。江苏省水系网络发达，从空间分布上看，江苏省新式工业有随水运交通扩散的趋势，但是在新式工业企业设立数量上，可能存在一定的地区差异。苏南地区沿海、沿河各县工业企业设立数量均较多，而苏北各县新式工业企业设立数量相对较少。矿产资源对江苏省工业发展的影响显著为负，矿产资源丰富的地区新式工业企业设立的数量相对较少。

从对广东省的回归分析结果看，口岸、铁路和水运交通的影响均为正，这些因素在一定程度上均促进了近代广东省的工业发展，但并不显著。矿产资源的影响显著为负。

表 8-6　分区域的回归分析（1）

变量	河北地区	江苏省	广东省
口岸	2.260*** (0.449)	7.608*** (1.464)	2.282 (0.257)
铁路	0.726* (0.384)	4.780*** (1.442)	0.157 (0.259)
水运交通	−0.482 (0.383)	−2.215 (2.297)	0.477 (0.580)
矿产资源	−0.520 (0.345)	−7.493*** (2.184)	−0.809** (0.367)
cons	1.358** (0.388)	2.355 (2.088)	1.303** (0.558)
N	155	382	163
R^2	0.271	0.147	0.062

注：括号内为稳健标准误；*、**、***分别表示显著性水平为10%、5%和1%。

通过不同时期分区域各因素对近代新式工业企业设立数量的影响的回归分析，可知不同区域各因素的影响存在差异。近代河北地区口岸、铁路对河北地区工业发展的影响均显著为正，而水运交通和矿产资源对近代河北地区工业发展的影响则不显著；近代江苏省口岸和铁路对工业发展的影响显著为正，而矿产资源对近代江苏省工业发展的影响显著为负，水运交通对近代江苏省工业发展的影响不显著；近代广东省口岸、铁路和水运交通对近代广东省工业发展的影响均为正，但不显著，而矿产资源对近代广东省工业发展的影响显著为负。

然而，近代河北地区的天津、江苏省的上海以及广东省的广州，由于其特殊的区位优势吸引了大量的工业企业在这些地区设立。这些地区新设的工业企业数量甚至占据所在省份全部工业企业数量的一半以上，这有可能会影响不同因素的回归结果。因此，为了减少由于工业过度集中于某地而对结果产生的影响，本书剔除这些地区后再进行回归，以分析不同因素对近代工业发展的影响，表 8-7 为回归结果。

使用 OLS 回归，同时控制时间固定效应和省份固定效应，剔除天津、上海、广州后分别对近代河北地区、江苏省和广东省进行回归分析。

从对河北地区的回归分析结果看，剔除天津后，口岸对近代河北地区工业的发展影响为负，但并不显著。剔除天津后，河北地区开埠口岸仅剩秦皇岛，而秦皇岛新式工业企业的设立数量较少。铁路对近代河北地区工业发展的影响依然显著为正，铁路的修筑显著增加了沿线地区新式工业企业的设立数量。水运交通对近代河北地区工业发展的影响显著为负，沿海、沿河地区新式工业企业设立的数量显著降低。矿产资源对近代河北地区工业发展的影响则不显著。

从对江苏省的回归分析结果可以看出，剔除上海后，口岸对近代江苏省工业的发展依然显著为正。铁路对近代江苏省工业发展的影响为正，且在 1% 的水平上显著。水运交通对近代江苏省工业的影响显著为负，矿产资源对近代江苏省工业发展的影响显著为负。

从对广东省的回归分析结果看，剔除广州后，口岸对近代广东省工业发展的影响显著为负，广东省除了广州外，其他口岸地区的工业发展水平相对较低。铁路对广东省工业发展的影响显著为负，近代广东省铁路修筑相对较短且是局部，铁路沿线地区新式工业企业的设立数量相对较少。水运交通对近代广东省工业发展的影响显著为正，广东依托其密集的水网和发达的水运交通，工业发展水平获得显著提升。矿产资源对近代广东省工业发展的影响显著为负。

表 8-7　分区域的回归分析（2）

变量	河北地区	江苏省	广东省
口岸	-0.037 (0.605)	0.330* (1.464)	-0.385* (0.215)
铁路	0.558** (0.267)	0.530*** (0.168)	-0.625*** (0.209)
水运交通	-0.613** (0.256)	-0.475* (0.241)	0.809* (0.415)
矿产资源	-0.085 (0.345)	-0.428* (0.238)	-0.560** (0.266)
cons	1.358** (0.250)	1.790 (0.218)	1.210*** (0.398)

续表

变量	河北地区	江苏省	广东省
N	117	321	126
R^2	0.113	0.062	0.141

注：括号内为稳健标准误；*、**、***分别表示显著性水平为10%、5%和1%。

剔除天津、上海、广州后，不同区域各因素的影响发生较大变化。对于近代河北地区而言，铁路对近代河北地区工业发展的影响较为显著，且为正，而水运交通对近代河北地区工业发展的影响显著为负，口岸和矿产资源对近代河北地区工业发展的影响不显著；近代江苏省口岸和铁路均对其工业发展产生显著的正向影响，而水运交通和矿产资源对其近代工业发展的影响显著为负；近代广东省水运交通对其工业发展的影响显著为正，而口岸、铁路和矿产资源对其近代工业发展的影响显著为负。

本书对近代中国工业空间扩散的动力进行了回归分析，从工业空间分布来看，口岸、铁路、水运交通和矿产资源均在一定程度上促进了工业的空间扩散。但是不同因素对工业发展水平的影响存在一定的差异。从基本回归分析结果看，无论是否控制时间固定效应和省份固定效应，口岸和铁路均能够显著促进近代工业的发展。分阶段来看，不同阶段各因素的影响也存在较大差异。1895年前，口岸、铁路、水运交通和矿产资源对工业发展的影响均不显著；1895—1911年，口岸和铁路显著促进近代工业的发展；1912—1926年，口岸和铁路对近代工业发展的影响依然显著为正；1927—1937年，口岸对近代工业发展的影响显著为正，但是其他因素均不显著。分区域来看，各因素的影响也存在差异。近代河北地区口岸、铁路对工业发展的影响均显著为正；近代江苏省口岸和铁路对工业发展的影响显著为正；而近代广东省口岸、铁路和水运交通对其工业发展的影响均为正，但并不显著。剔除天津、上海和广州后，分区域来看不同因素的影响也存在差异。对近代河北地区而言，铁路对工业发展的影响显著为正；近代江苏省口岸和铁路均对其工业发展产生显著的正向影响；而近代广东省水运交通对其工业发展的影响显著为正。

8.2.5 进一步探讨

通过对近代工业空间扩散动力的实证分析，可以看出不同因素对工业空间扩散的影响存在一定的差异。通过回归分析，进一步得到不同因素对近代工业发展的影响存在差异，无论是分阶段还是分区域，影响略异。接下来，对不同因素的影响进行具体分析。

(1) 口岸对近代工业空间扩散和工业发展的影响

口岸在一定程度上促进了近代工业的空间扩散。近代中国新式工业随着口岸开放、对外贸易的发展而产生，具有明显的外生性。最开始设立的民族工业基本以对外贸易为主或为对外贸易服务，因而具有对外贸易优势的地区成为企业设立的首选。近代有口岸的县基本上均有工业企业设立，表现出明显的口岸扩散趋势。戴鞍钢等（2000）、吴松第（2009）认为工业企业集中于通商口岸和沿海大城市是由于最开始所建工业企业以对外贸易为主，这些地方具有区位优势。到1930年，通过条约开放和自行开放通商口岸达一百多个，除了山西、贵州、陕西、青海、宁夏等少数省份，中国绝大部分省份都有了多个通商口岸。因此，近代中国工业呈现一定的随口岸分布趋势。

就口岸对近代中国工业发展的影响而言，存在一定的差异。就全样本看，口岸显著促进了近代工业的发展。通过第5章的分析，可知口岸促进近代工业发展，一方面是由于口岸开埠地区相对稳定的国内环境，以及引进的先进技术、管理制度及金融制度等为近代工业的发展降低了制度成本或融资成本，具有工业投资的优越环境和有利条件；另一方面是由于对外贸易的繁荣带动了工业的发展。

不同阶段的表现略有不同，在近代工业发展的起步阶段，基本上以军事工业为主，因此政治因素的影响较大。进入近代工业的快速发展阶段后，其区位优势凸显，口岸对近代工业的显著促进作用得以呈现。

不同的区域也略有不同，口岸显著促进了近代河北地区和江苏省的工业发展，对广东省的促进作用则不显著。然而，剔除天津、上海、广州等工业企业高度集聚的地区后，发现口岸对江苏省工业发展的促进作用显著，而广东省有口岸的县新式工业企业的设立数量有显著降低，对河北地区工业发展影响不显著。从具体数据来看，近代江苏省开埠的口岸除上海外，吴县、无锡、南京、镇江等地均为经济较发达地区，口岸开埠则进一步增强了其区位优势，促进了其工业的发展。近代广东省开埠口岸较多，但是除广州、汕头外，其他口岸均未能发挥其区位优势。近代河北地区口岸较少，除天津外，秦皇岛地处偏远，区位优势不显著。因此，口岸对工业发展的作用，还与其本身的经济发展水平及地理区位有很大关系。

（2）铁路对近代中国工业空间扩散和工业发展的影响

铁路对近代中国工业空间扩散的影响尤为显著。在进出口贸易的推动下，国内市场迅速扩大。随着国内贸易的发展，机器工业品深入内地，新式工业企业开始在内陆设厂，而铁路沿线成为工业空间扩散的重要通道。随着铁路的修筑，国内市场不断扩大，进一步推动了工业随铁路的延伸与扩散。但是不同区域铁路对工业空间扩散的影响存在一定的差异。近代河北地区工业企业较多地设立在铁路沿线，尤其是津榆铁路和京汉铁路沿线；江苏省沿沪宁铁路扩散的趋势较为明显；而广东省工业企业随铁路扩散的趋势相对不明显。

就铁路对近代工业发展的影响而言，存在一定的差异。从全样本看，铁路显著促进了近代工业的发展。铁路对工业的促进作用主要表现为通过降低运输成本、增加地区间贸易、拓宽经济辐射面、改善区位条件等带动相关产业发展。在发展过程中，铁路对近代中国工业发展的影响存在一定的差异。

不同阶段的影响存在差异。在近代工业发展的起步阶段，铁路对其影响不显著，主要是由于铁路刚刚起步，修建里程较短，除河北地区修建部分路线外，其他地区均未开始修筑，因此未能发挥其影响。随着铁路的修筑，铁路经过的地区开始呈现出明显的区位优势，带动了新式工业企业的设立。因此，在近代工业快速发展阶段，铁路对工业发展呈现显著促进作用。1927—1937 年这一阶段，各个区域均呈现明显收缩趋势，向天津、上海和广州集聚的态势明显，在一定程度上与国内环境有关。因此，这一时期铁路对工业发展的影响不显著。

从区域来看，铁路对不同区域的影响存在差异。铁路显著促进了近代河北地区和江苏省的工业发展，但是对广东省的工业发展影响并不显著。近代河北地区是铁路网相对密集的区域之一，铁路的修建改变了地区的区位优势，促进了地区间的交流，扩大了地区的商品贸易规模，从而带动了新式工业企业的设立。近代江苏省虽然铁路网络不算密集，但是主要铁路线沪宁铁路经过的上海、吴县、无锡、武进、镇江、南京等地，均为经济较为发达的地区，铁路的修筑进一步增强了其区位优势，从而促进了工业的发展。广东省铁路发展相对较慢，且是局部性的，因此对工业发展的促进作用较弱。

（3）水运交通对近代中国工业空间扩散和工业发展的影响

水运交通对近代中国工业空间扩散也有一定的影响。在现代化因素从口岸向内陆地区扩散过程中，沿海沿河成为工业空间扩散的重要通道。谢放（1998）认为抗战前中国的工业，总体上讲，主要集中在沿海沿江地区的城市。虽然这一时期通商口岸已延伸到湖北、湖南、广西等内陆地区，但是贸易水平相对较低，远远不及沿海、沿河地区。因此，近代工业呈现一定的沿海、沿河扩散的趋势。但是不同区域水运交通对工业空间扩散的影响存在差异。近代江苏省和广东省水网密集，水运交通发达，工业沿海、沿河扩散的趋势较为明显；而河北地区水系未形成网络，且水运交通不发达，其工业沿海、沿河扩散的趋势相对不明显。

就水运交通对近代工业发展的影响而言，也存在一定的差异。从全样本看，水运交通对近代工业发展的影响并不显著。从不同阶段来看，影响也不显著。这可能是由于水运交通的影响存在较大的区域差异，因此无论是全样本还是分阶段均不显著。分区域来看，在剔除了天津、上海和广州后，广东省水运交通对工业发展的影响显著为正，这与广东省发达的水运交通有关。江苏省水运交通的影响仍不显著，虽然江苏省水系网络较密集，但是基本上集中于苏南地区、京杭大运河的东南段以及长江南岸各县；而长江北岸以及镇江以北京杭大运河经过的各县，所设工业企业数量相对较少，从整体来看，水运交通对近代江苏省工业发展的影响不显著。河北地区水运交通并不发达，沿海沿河各县新式工业企业设立的数量相对较少。

（4）矿产资源对近代中国工业空间扩散和工业发展的影响

矿产资源对近代中国工业空间扩散也存在一定的影响。尤其是近代工业发展初期，工业的发展需要大量的煤炭，因而工业企业在矿产资源丰富的地区设立的趋势较为明显；而随着工业的发展，在矿产资源所在地设立企业的趋势弱化。从各区域来看，近代河北地区、江苏省和广东省在工业发展初期均有企业设立在矿产资源分布地，比如河北的唐山、磁县、井陉等地，江苏的铜山以及广东的昌江、北海等地。然而在工业发展过程中，行业种类越来越完善，开始更多地受经济区位优势的影响，矿产资源丰富的地区所设立的工业企业数量相对较少。

就矿产资源对近代工业发展的影响而言，也存在一定的差异。从全样本看，矿产资源显著降低了近代工业的发展水平。不同阶段存在差异，仅在1911—1926年这一阶段显著为负，其他阶段均不显著。分区域来看，矿产资源对江苏省和广东省工业发展的影响显著为负。这两个省份的煤炭资源相对不丰富，且煤质较差，更多依赖于进口，主要发展棉纺织业、缫丝业、面粉业等其他行业，因此矿产资源较丰富的地区工业受到一定的抑制，新设工业企业数量较少；而近代河北地区矿产资源对工业发展的影响不显著，一定程度上可能与不同发展阶段有关。在河北地区工业发展初始阶段，工业企业较多地设立在资源相对发达的地区，以获得更多的煤炭资源。随着资源的开发，河北地区开始设立更多的工业企业以满足消费需求，矿产资源丰富的地区受到“资源诅咒”的影响。因此，在整个时期近代河北地区矿产资源对工业发展的影响都不显著。

通过分析可以看出，不同区域工业发展的影响因素存在较大差异。近代河北地区主要是铁路推动工业空间扩散和工业发展；而近代江苏省则受口岸和铁路的共同影响，且苏南地区工业的空间扩散和工业的发展同时受益于水运交通的优势；广东省则更多受水运交通的影响，工业企业沿海、沿河扩散，沿海、沿河地区的工业发展较快。由此可见，在近代工业化过程中，不同地区在各自的禀赋优势下获得了工业的快速发展。

8.3 本章小结

本章主要分为两个部分：一是对影响近代工业空间分布的因素——矿产资源进行分析；二是对近代工业空间扩散的动力进行实证分析。

矿产资源对近代工业空间扩散的影响。通过对近代河北地区、江苏省和广东省矿产资源分布与工业企业设立情况进行分析可知，近代河北地区矿产资源与新式工业企业的设立有一定的相关性，尤其在近代工业发展起步阶段，工业企业基本上设立在矿产资源丰富的地区；而近代江苏省矿产资源与工业空间分布的关联性不强，矿业企业未严格设立在矿产资源分布地；近代广东省所设立的矿业企业基本位于矿产资源所在地，但是数量相对较少，无法确定其对工业空间扩散的影响。

对近代工业空间扩散的动力进行实证分析。为了明确不同因素对近代工业发展的影响，本书运用计量方法，进行口岸、铁路、水运交通和矿产资源等因素对近代工业发展的影响的回归分析，结果表明不同因素对近代工业的影响存在一定的差异。口岸和铁路能够显著促进近代工业的发展，而矿产资源丰富的地区显著降低了近代工业的发展水平，水运交通对近代工业发展水平的影响不显著。通过分阶段回归分析，发现不同阶段各因素的影响存在差异。1895 年前，口岸、铁路、水运交通和矿产资源对工业发展的影响均不显著；1895—1911 年，口岸和铁路的影响显著为正，而水运交通和矿产资源的影响均不显著；1912—1926年，口岸和铁路的影响依然显著为正，而矿产资源的影响显著为负，水运交通的影响不显著；1927—1937年，仅有口岸的影响显著为正，其他因素均不显著。通过分区域回归分析，发现各因素的影响存在地区差异。近代河北地区口岸、铁路对工业发展的影响均显著为正；近代江苏省口岸和铁路对工业发展的影响显著为正；而近代广东省口岸、铁路和水运交通对工业发展的影响均为正，但并不显著。剔除天津、上海和广州后，分区域来看不同因素的影响也存在差异。近代河北地区铁路对工业发展的影响显著为正；近代江苏省口岸和铁路均对其工业发展产生显著的正向影响；近代广东省水运交通对工业发展的影响也显著为正。

近代工业发展的动力差异与地区的区位禀赋影响。近代江苏省口岸和铁路对工业发展的影响均为正，在很大的程度上是由于江苏省开埠的口岸以及铁路经过的地区，大多自身经济发展较好，人口密度较高，口岸的开埠和铁路的修筑进一步强化了这些地区的区位优势，从而促进了该地区工业的发展。近代河北地区铁路对工业发展的影响显著为正，很大一部分原因是天津开埠推动对外贸易发展，带动了国内商品市场的繁荣，而近代河北地区铁路的修筑则成为加强地区间联系的重要通道，从而带动了铁路沿线各县贸易的增加和工业的发展。水运交通对近代广东省工业发展有显著的促进作用。广东省水网密集，水运交通发达，不仅有利于对外贸易，同时通过发达的水网能够增强地区间的贸易水平，从而促进工业的发展。因此，在工业的发展过程中，应该充分考虑区域的差异及各自的禀赋优势，有针对性地提出促进工业发展或经济增长的对策建议。

第9章　近代中国工业发展中的集聚与扩散效应

对于近代中国工业发展中空间扩散的动力机制，本书主要从区位条件如口岸开埠、铁路的修建、水运交通以及矿产资源分布等方面进行分析，并得出不同因素对近代中国工业空间扩散及工业发展的影响不同。对于近代中国工业的空间布局，很多学者认为是不平衡不合理的（陈真，1958；许绍李，1956；等），有学者认为工业布局的不合理是由社会生产方式决定的（许绍李，1956），沿海及通商口岸的区位优势使得工业向这些地区集中（谢放，1998；戴鞍钢，2000；等）。近年来，有学者开始关注近代工业发展过程中集聚效应的影响。袁为鹏（2007）认为自然资源、交通运输、社会经济、军事政治、文化历史等因素综合影响了近代中国工业布局，而市场与交通条件、产业集聚效应是工业布局的最终决定因素。

近代中国工业发展中存在明显的集聚现象，甚至有学者认为近代中国工业是畸形发展的。传统的区位理论学者认为，地区自然优势，如要素禀赋和市场位置等对工业区位选择有重要作用（Losch，1959，等）；Weber（1929）认为影响工业区位分布的因素是运输和要素成本；新古典贸易理论认为产业区位由技术、劳动力和自然资源等外生资源禀赋决定，产业集聚发生在具有比较优势的地区；以Fujita、Krugman为代表的新经济地理学派强调运输成本、规模经济在产业区位选择中的作用。区位优势或规模报酬递增等因素，会促使企业向某地区集中进而形成产业集聚，即产业集聚效应。产业集聚对地区经济和工业的发展是两种力量相互作用的结果，即集聚效应和拥挤效应。如果该地集聚效应占主导，则表现为工业企业向该地集聚；如果拥挤效应占主导，则表现为工业企业向周边地区扩散。为此，越来越多的学者开始讨论产业集聚效应对区位选择的影响。

那么，近代中国工业发展过程中产业集聚情况如何？是否存在集聚效应？

集聚效应对近代中国工业空间格局产生了怎样的影响？是否因为产业集聚产生的不同效应，从而导致近代中国工业空间格局的变化？这些都是需要关注的问题。为此，接下来本章进一步探讨近代中国工业的空间集聚现象，及由此产生的集聚效应对工业空间格局的影响。

在之前章节，本书着重使用近代中国新设工业企业数据，以近代河北地区、江苏省和广东省为重点分析了不同因素对近代中国工业空间扩散的影响。该数据的指标较少，主要是新设工业企业的数量。当然，也有资本额数据，但是并不完整，运用该数据进一步对近代中国的产业集聚效应进行分析存在一定的困难。因此，本章使用刘大均的《中国工业调查报告》中的数据进行分析。该数据调查的是1933年中国工业的发展情况，既包括地区的工业发展情况，也包括行业的情况；不仅包括工厂数，还包括资本额、工人数以及产值等情况。因此，该数据能够清晰地展现近代中国工业发展的具体情况。

接下来，本章从3个方面进行探讨，一是使用《中国工业调查报告》对近代中国工业发展中的集聚现象进行分析，主要包括：①近代中国工业的地区及行业分布情况；②近代中国工业发展的集中度分析。二是运用相关数据对近代中国工业的集聚效应进行实证分析。三是从工业发展路径进一步分析不同地区产业集聚效应差异。

9.1 近代中国工业发展中的集聚现象

近代中国工业发展过程中存在着明显的集聚现象。工业企业倾向于设立在通商口岸、交通要道。本书第3章简要论述了近代中国工业发展中存在的集聚现象，主要包括地区的集聚和行业的集聚两个方面，接下来对这两个方面进行深入分析。

9.1.1 近代中国工业的地区及行业分布情况

本书前几章对近代中国工业的地区和行业分布情况进行了探讨，主要根据新设工业企业数据来分析。这里，进一步使用刘大均的《中国工业调查报告》中的相关数据进行分析。

（1）近代中国工业的地区分布情况

地区集聚是工业企业向某些地区集中设立的现象，上海、天津、广州等地都是企业相对集中的地方。接下来从两个方面来分析中国工业的地区集聚，一是省域范围，二是县（市）范围。

省域范围。表 9-1 展示了 1933 年不同省份工厂数、资本额和工人数占比情况，从数据可以看出，不同省份的工业发展存在较大的差异。

从工厂数来看，江苏所占比重最高为 33.28%，将近全部工厂总数的 1/3。排名第二的是河北工厂数占比为 13.91%，四川紧随其后，占比也超过 10%，为 11.31%。广东、浙江工厂数占比则分别为 9.99%和 9.72%。其他省份工厂数占比较低，山东、湖北、安徽占比不足 5%，分别为 4.96%、4.47%和 4.03%，福建仅为 2.14%。江西、河南、湖南占比不足 2%，广西、山西、陕西不足 1%，分别为 0.69%、0.64%和 0.56%。绥远和察哈尔工厂数占比不足 0.1%。

从资本额占比看，不同省份差距更大，江苏占比达 53.51%，占据全部工厂资本额的一半以上。紧随其后的河北资本额占比仅为 14.37%，山东占比为 6.74%，湖北占比为 5.57%，其他省份占比则不足 5%。安徽、广西、绥远、陕西、察哈尔资本额占比甚至不足 1%。

从工人数占比看，江苏依然最高达 51.37%，排在第二的河北甚至不足 10%，仅为 8.96%，浙江为 8.36%。占比不足 1%的省份有 7 个，分别是江西 0.86%、湖南 0.84%、福建 0.62%、广西 0.22%、陕西 0.20%、绥远 0.06%和察哈尔 0.06%。

从不同省份工业占比情况看，地区间存在较大差异且有明显的集聚现象，尤其是江苏占比最高。

表 9-1　近代中国各省工业发展情况（1933 年）

省份	工厂数占比/%	资本额占比/%	工人数占比/%
安徽	4.03	0.63	1.03
察哈尔	0.03	0.003	0.06
福建	2.14	1.70	0.62
广东	9.99	3.56	7.47
广西	0.69	0.41	0.22
河北	13.91	14.37	8.96
河南	1.37	1.91	1.62
湖北	4.47	5.57	6.46
湖南	1.26	1.06	0.84
江苏	33.28	53.51	51.37

续表

省份	工厂数占比/%	资本额占比/%	工人数占比/%
江西	1.56	1.16	0.86
山东	4.96	6.74	4.66
山西	0.64	3.46	1.71
陕西	0.56	0.04	0.20
四川	11.31	2.22	5.49
绥远	0.09	0.20	0.06
浙江	9.72	3.47	8.36

资料来源：刘大均．中国工业调查报告［Z］．经济统计研究所，1937.

注：表中的工厂数占比是该省工厂数/各省工厂总数；资本额占比是该省工业资本额/各省资本总额；工人数占比是该省工厂工人数/各省工厂工人总数。

县（市）范围。存在明显集聚于若干县（市）的情况，见图9-1。从工厂数占比情况看，上海市占比最高为18.78%，其次为成都县占比7.70%，天津市占比为6.60%，北平市占比为6.37%，广州市占比为5.17%，南京市占比为3.66%，这6个县（市）的工厂数占比达48.28%，将近一半，其他各县（市）工厂数占比则相对较低。可见，近代中国工业的发展存在高度集聚的现象。从数据来看，除上海市超过10%，其他县（市）均不足10%，南京市甚至低于5%。在6个县（市）中，也存在分布上的不平衡，近代工业明显集聚于上海。

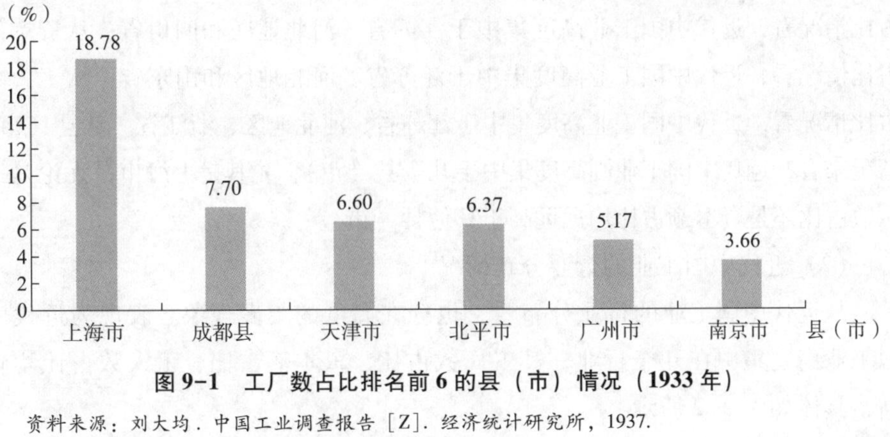

图9-1 工厂数占比排名前6的县（市）情况（1933年）

资料来源：刘大均．中国工业调查报告［Z］．经济统计研究所，1937.

注：图中各县（市）工厂数占比是该县（市）工厂数/全部工厂总数。

接下来，对各县（市）工业资本额占比情况进行分析。从图9-2可以看出，近代中国工业资本额占比排名靠前的分别是上海、天津、唐山、青岛、无锡、北平、武昌和广州。8 个县（市）资本额占比达到 63.81%，近代中国一半以上的工业资本额分布在这 8 个县（市）中。其中，上海市资本额占比最高，达 40.5%。若结合工厂数情况来看，工厂数占比 18.78%的上海，其资本额占据将近一半的份额。可见，从近代工业的资本额看，近代中国工业分布更加不平衡，高度集中于上海一地。紧随其后的天津，资本额占比仅为 5.15%，而其他几个县（市）资本额占比则更低。

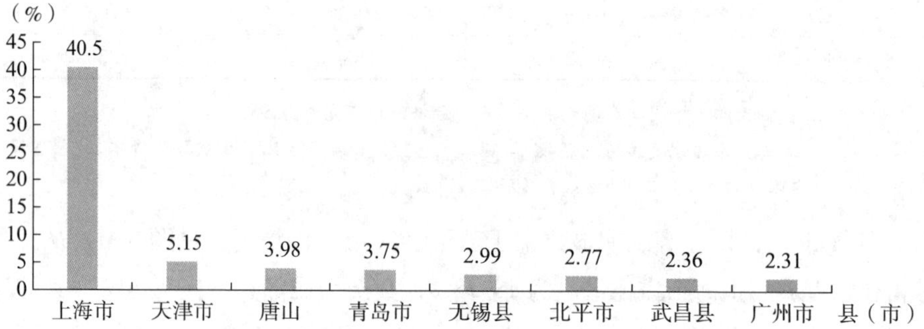

图 9-2　资本额占比排名前 8 的县（市）情况（1933 年）

资料来源：刘大均．中国工业调查报告［Z］．经济统计研究所，1937.

注：图中各县（市）资本额占比是该县（市）资本额/全部资本总额。

总而言之，近代中国工业发展存在明显的地区差异，无论是从工厂数占比、资本额占比还是从工人数占比方面看，均高度集聚在几个省份。从工厂数占比情况看，近代中国工业高度集中于江苏省、河北地区和四川省；从资本额占比情况看，近代中国工业高度集中于江苏省、河北地区和山东省，从工人数占比情况看，近代中国工业高度集中于江苏省、河北地区、浙江省。从县（市）情况来看，近代中国工业则高度集中于几个县（市），尤其是上海市，无论是工厂数占比还是资本额占比均远远高于其他县（市）。

（2）近代中国工业的行业分布情况

从近代中国工业的行业分布看，也存在高度的集聚现象。表现为近代中国工业高度集中在几个行业，其工厂数占比、资本额占比、工人数占比均较高，具体如表 9-2 所示。

从工厂数占比看，纺织工业的占比最高，达 37.30%，也就是说近代中国工业所设工厂中 1/3 以上为纺织工业。可见，纺织工业在近代中国工业发展中的重要地位。其次是服用品制造业，工厂数占比为 15.81%，所占份额也较高。纺织工业和服用品制造业工厂数占比之和高达 53.11%，一半以上的工厂集中在这两个行业。此外，造纸印刷业、饮食品制造业、机器及金属制品业工厂数占比也较高，分别是12.66%、11.90%和10.30%，均超过10%。其他行业工厂数占比则较低，化学工业、皮革及橡胶制造业、土石制造业、冶炼业，占比分别为3.94%、2.34%、1.83%、1.25%，均低于5%。家具制造业、交通用具制造业、饰物仪器制造业、木材制造业、建筑材料业和水电业工厂数占比则不足1%。

从资本额占比看，占比最高的依然是纺织工业，达38.94%。紧随其后的是饮食品制造业，占比为17.19%。只有这两个行业资本额占比超过10%，其他行业资本额占比均不足10%，化学工业、造纸印刷业、水电业、土石制造业资本额占比分别为7.96%、7.67%、6.95%和6.30%。交通用具制造业、机器及金属制品业、服用品制造业、皮革及橡胶制造业资本额占比则不足5%，分别为4.14%、4.11%、2.80%和1.68%。以上之外的行业资本额占比则不足1%，分别为冶炼业0.69%、饰物仪器制造业0.32%、家具制造业0.24%、木材制造业0.24%、建筑材料业0.09%。

从工人数占比看，占比最高的依然是纺织工业，高达53.46%，一半以上的工人从事纺织工业，而其他行业工人数占比不足50%，体现了纺织工业劳动密集型行业的特征。服用品制造业工人数占比为11.35%，也超过10%。其他行业所占比重均较低，饮食品制造业占比9.11%，造纸印刷业、化学工业、机器及金属制品业、土石制造业、皮革及橡胶制造业、交通用具制造业工人数占比均不足6%，以上之外的行业则不足1%，如冶炼业0.58%、饰物仪器制造业0.39%、家具制造业0.27%、水电业0.19%、木材制造业0.15%、建筑材料业0.10%。

由此可见，近代中国工业发展中各行业存在较大的差异，存在高度集中的现象。对数据进行分析可知，无论是工厂数占比、资本额占比还是工人数占比，纺织工业所占比重均较高，也就是说近代中国工业高度集中在纺织工业，而其他工业，如饰物仪器制造业、家具制造业、木材制造业等发展相对不足。

表9-2　近代中国不同行业发展情况（1933年）

行业	工厂数占比/%	资本额占比/%	工人数占比/%
纺织工业	37.30	38.94	53.46
服用品制造业	15.81	2.80	11.35
化学工业	3.94	7.96	5.40

续表

行业	工厂数占比/%	资本额占比/%	工人数占比/%
机器及金属制品业	10.30	4.11	4.67
家具制造业	0.88	0.24	0.27
建筑材料业	0.11	0.09	0.10
交通用具制造业	0.55	4.14	2.14
木材制造业	0.20	0.24	0.15
皮革及橡胶制造业	2.34	1.68	2.52
其他工业	0.31	0.68	0.31
饰物仪器制造业	0.54	0.32	0.39
水电业	0.09	6.95	0.19
土石制造业	1.83	6.30	3.74
冶炼业	1.25	0.69	0.58
饮食品制造业	11.90	17.19	9.11
造纸印刷业	12.66	7.67	5.61

资料来源：刘大均．中国工业调查报告［Z］．经济统计研究所，1937.

注：表中各行业工厂数占比是该行业工厂数/全部工厂总数；资本额占比是该行业资本额/全部行业资本总额；工人数占比是该行业工人数/全部行业工人总数。

9.1.2 近代中国工业发展的集中度分析

通过对近代中国工业的地区和行业发展情况进行分析可以看出，近代中国工业存在明显的地区和行业发展不平衡，即高度集中于某些地区或某几个行业。接下来，本书进一步对近代中国工业发展的集中度情况进行分析，本书使用的集中度指标是 CR_n，可分别衡量地区集中度和行业集中度。用 CR_n 衡量的地区集中度是工业发展得最好的几个地区所占市场份额之和，比如 CR_4，即排名前 4 位的地区所占的份额之和。用 CR_n 衡量的行业集中度是发展最好的几个行业所占市场份额之和，比如 CR_3，即排名前 3 位的行业所占的市场份额之和。

（1）近代中国工业发展的地区集中度

通过对近代中国各省工业发展情况进行分析，计算出近代中国工业发展的地区集中度指数 CR_4，即工业发展排名前 4 位的省份所占市场份额之和，以工厂数、资本额和工人数来表征市场份额，具体如表 9-3 所示。通过计算可得，以工厂数为指标进行分析，则工厂数处于前 4 位的分别是江苏省（包括上海）6168家、河北地区2579家、四川省2097家、广东省1851家，4个省工厂数占全国工厂总数的比重为68.49%。以资本额为主要指标进行分析，则处于前4位的分别是江苏省25161余万元、河北地区近6756万元、山东省3168余万元、湖北省2618余万元，4个省资本额占全国资本总额的比重为80.18%。以工人数为指标进行分析，则处于前4位的分别是江苏省为402017人、河北地区为70112人、浙江省为65420人、广东省为58483人，4个省的工人数占全国工人总数的比重为76.17%。从以上分析可以看出，无论是工厂数、资本额还是工人数，基本上集中于少数几个省份，尤其是沿海省份，工业的地区集中度非常高。

表9-3　近代中国工业发展中省域集中度情况（1933年）

指标	集中度（CR_4）/%	排名前4的省份
工厂数	68.49	江苏省、河北地区、四川省、广东省
资本额	80.18	江苏省、河北地区、山东省、湖北省
工人数	76.17	江苏省、河北地区、浙江省、广东省

资料来源：刘大均．中国工业调查报告［Z］．经济统计研究所，1937.

注：集中度CR_4是指工厂数、资本额、工人数排名前4的省份之和占全部省份总额的比重。

此外，据调查数据共有145个县有工业企业设立，若以县为单位计算排名前10的县（市）的地区集中度CR_{10}，则有表9-4的数据。

表9-4　近代中国工业发展的县（市）集中度情况（1933年）

指标	集中度（CR_{10}）/%	排名前10的县（市）
工厂数	58.65	上海、成都、天津、北平、广州、南京、芜湖、顺德、汉口、长山
资本额	67.50	上海、天津、唐山、青岛、无锡、北平、武昌、广州、汉口、济南
工人数	62.62	上海、无锡、天津、广州、汉口、成都、武昌、北平、杭县、南汇

资料来源：刘大均．中国工业调查报告［Z］．经济统计研究所，1937.

注：集中度CR_{10}是指工厂数、资本额、工人数排名前10的县（市）之和占全部县（市）总额的比重。

从工厂数来看，排名前10的县（市）的集中度为58.65%，也就是说上海、成都、天津等10个县（市）占据全国工厂数的一半以上。从资本额来看，排名前10的县（市）的集中度为67.50%，10个县（市）资本额所占份额更高。以工人数来衡量的集中度为62.62%，依然存在高度的集中现象。

通过以上分析可以看出，近代中国工业存在明显的集聚现象，从省份来看高度集中于排名前4的省份，从工厂数来看集中度达到68.49%，资本额集中度甚至高达80.18%，而工人数集中度也达76.17%。从县（市）集中度情况看，近代中国工业高度集中于10个县（市），工厂数集中度为58.65%，资本额集中度达67.50%，工人数集中度为62.62%。近代中国工业发展存在高度集中的特征，且高度集中于沿海或重要的大城市。

就各省份而言，近代中国工业也存在高度集中现象。接下来以省为单位，来分析不同省份的集中度情况。由于不同省份工业分布存在差异，有的省份工业基本上集中于一两个县，有的省份涉及的县则较多。因此，本书用各省前3位的县（市）不同指标所占的比重，来观测不同省份的地区集中度情况。表9-5是1933年不同省份的地区集中度情况。

表9-5 近代中国各省的地区集中度情况（1933年）

省份	工厂数（CR_3）/%	资本额（CR_3）/%	工人数（CR_3）/%
安徽	97.59	99.20	98.56
察哈尔	100.00	100.00	100.00
福建	100.00	100.00	100.00
广东	88.98	85.14	86.43
广西	86.25	96.12	93.56
河北	95.58	82.80	86.81
河南	80.71	81.73	66.97
湖北	94.32	86.96	95.32
湖南	100.00	100.00	100.00
江苏	74.06	84.27	80.33
江西	100.00	100.00	100.00
山东	75.33	94.58	66.18
山西	91.53	91.80	86.36
陕西	100.00	100.00	100.00
四川	98.52	95.75	91.87
绥远	100.00	100.00	100.00
浙江	61.85	73.48	48.89

资料来源：刘大均．中国工业调查报告［Z］．经济统计研究所，1937.

注：工厂数集中度CR_3是指各省工厂数排名前3的县（市）之和/该省工厂总数；资本额集中度CR_3是指各省资本额排名前3的县（市）之和/该省资本总额；工人数集中度CR_3是指各省工人数排名前3的县（市）之和/该省工人总数。

从表9-5可以看出，不同省份的地区集中度均较高，基本上处于60.00%以上，但各省存在一定的差异。从集中度情况看，察哈尔省、福建省、湖南省、江西省、陕西省和绥远省无论是工厂数、资本额还是工人数，集中度（CR_3）均达100.00%，也就是说这些省份的工业高度集中在3个县（市），如绥远省集中分布于包头县、丰镇市和归绥县，福建省则集中分布在闽侯县、龙溪县和厦门市。有的甚至仅有一两个县有工业企业设立，比如察哈尔省所设工业企业6家，全部分布在万全县。湖南省则分布在长沙市和岳阳市，且主要分布在长沙市，233家企业中有230家位于长沙市。江西省主要分布于九江市和南昌市，陕西省则集中分布于咸阳市和长安县。

无论是工厂数、资本额还是工人数，其余各省集中度情况则存在一定差异。从工厂数集中度看，四川、安徽、河北、湖北、山西均较高，超过90.00%。四川、安徽设有工厂的县（市）较少，安徽仅分布于4个县，且前3个县所占比例达97.59%；四川分布于6个县，其中成都、重庆、泸县所设工厂数占比均较高，高达98.52%，其他3个县则不足1.50%。河北、湖北、山西虽然从分布范围来看相对较广，但基本上集中于前3个县，如河北设有工厂的县（市）有16个，但是集中分布在天津和北平。广东、广西、河南排名前3位的县（市）占比分别为88.98%、86.25%、80.71%，均超过80.00%。山东和江苏分别为75.33%和74.06%。浙江的集中度最低，为61.85%，工业分布较广，且各县相对较为均衡。

从资本额集中度情况看，安徽、广西、四川、山东、山西均较高，分别是99.20%、96.12%、95.75%、94.58%、91.80%，均超过90.00%。湖北、广东、江苏、河北、河南分别为86.96%、85.14%、84.27%、82.80%、81.73%。浙江的资本额集中度最低，为73.48%。

从工人数集中度情况看，安徽、湖北、广西、四川均较高，超过90.00%，河北、广东、山西、江苏则超过80.00%，河南和山东的工人数集中度相对较低分别为66.97%和66.18%，浙江最低，仅为48.89%。浙江工业分布较为广泛，主要分布于19个县（市），其中排名前3位的分别是杭县14693人、永嘉县9550人、鄞县7741人。除此之外，吴兴县、绍兴县、嘉兴县、德清县等排名前11位的县工人数也均超过2000人。因此，浙江的工业集中度相对较低。

从以上分析可以看出，各省都存在一定的地区集聚现象，较多地集中于若干个县（市），且不同省份的地区集中度情况存在一定差异，可分为如下几种情况：①工业分布地区特别少，仅分布在3个以下县，集中度（CR_3）高达100%。②工业分布范围较小，且集中于若干个县，比如安徽省、四川省、广西省等。③工业分布范围较广，但主要集中于若干个县，如山东省、广东省、河北省、江苏省等。④工业分布范围较广，且较为分散，比如浙江省。因此，不同省份工业分布范围存在差异，集中度情况也略有不同。但是，总体来看，地区集中度水平较高。

（2）近代中国工业发展的行业集中度

从行业情况来看，共有16个行业大类，接下来以排名前4位的行业所占全部行业的比重来看行业集中度情况，所使用的指标依然是工厂数、资本额和工人数。通过分析可以看出：①以工厂数为指标进行分析，则工厂数处于前4位的行业分别是纺织工业6913家、服用品制造业2931家、造纸印刷业2347家、饮食品制造业2205家，4个行业工厂数占全国工厂总数的比重为77.67%。②以资本额为主要指标进行分析，则处于前4位的行业分别是纺织工业18310余万元、饮食品制造业8085余万元、化学工业3744余万元、造纸印刷业3607余万元，4个行业资本额占全国资本总额的比重为71.76%。③以工人数为指标进行分析，则处于前4位的行业分别是纺织工业418382人、服用品制造业88821人、饮食品制造业71253人、造纸印刷业43909人，4个行业的工人数占全国工人总数的比重为70.93%。从以上分析可以看出，无论是工厂数、资本额还是工人数，基本上集中于少数几个行业，尤其是纺织工业，占比最高（见表9-6）。

表9-6 近代中国工业发展的行业集中度（1933年）

指标	集中度（CR_4）/%	排名前4的行业
工厂数	77.67	纺织工业、服用品制造业、造纸印刷业、饮食品制造业
资本额	71.76	纺织工业、饮食品制造业、化学工业、造纸印刷业
工人数	70.93	纺织工业、服用品制造业、饮食品制造业、造纸印刷业

资料来源：刘大均．中国工业调查报告[Z]．经济统计研究所，1937.

注：工厂数集中度CR_4是指工厂数排名前4的行业之和/工厂总数；资本额集中度CR_4是指资本额排名前4的行业之和/资本总额；工人数集中度CR_4是指工人数排名前4的行业之和/工人总数。

中国工业不仅存在行业集聚的现象，同时不同的行业集中分布在某个省份，或某些地区。因此，接下来基于行业的地区集中度情况，以不同行业排名前3位的省份占比来衡量行业的地区集中度。表9-7为行业的地区集中度情况。

从表 9-7 可以看出，不同行业的地区集中度存在较大差异。例如，家具制造业、饰物仪器制造业及建筑材料业，无论是工厂数、资本额还是工人数排名前 3 位的地区所占比重均为 100.00%，3 个行业高度集中分布于 2 个或 3 个省份。饰物仪器制造业分布在 3 个省份，分别为河北、江苏、山东，3 个省份占据了 100.00%的份额。其中江苏所占比重最大，设立工厂数有 90 家，而河北和山东均为 5 家。家具制造业则主要分布于福建、广东和江苏，其中江苏设立工厂数最多。建筑材料业只有广东省和江苏省有分布。除这 3 个行业外，其他行业的地区集中情况也存在一定的差异，有的行业排名前 3 位的地区占比在 50%左右，有的行业占比则达 90%以上，且不同行业的工厂数、资本额和工人数集中情况存在较大差异。

从工厂数来看，地区集中程度较高的行业有交通用具制造业和冶炼业，分别为 86.27%和 86.15%。就交通用具制造业而言，主要分布于 10 个省份，而工厂设立较多的省份分别是江苏、河北和广东，分别为 45 家、37 家和 6 家。排名第 3 位的广东省所设工厂数不到江苏省的 1/7，其他省份所设工厂数量更少，可见行业地区分布的集中程度和不平衡性。冶炼业主要分布在 9 个省份，排名前 3 位的省份依然为江苏 115 家、河北 54 家、广东 30 家。木材制造业、机器及金属制品业和土石制造业排名前 3 位的省份占比分别为 78.38%、73.81%和 71.98%。然而木材制造业分布的省份有 7 个，并且各省工厂数量均较少。机器及金属制品业分布的省份较多，为 16 个，并且工厂数量相对较多，排名前 3 位的省份为江苏、广东、河北，分别为 981 家、215 家和 213 家。土石制造业分布的省份有 14 个，其中工厂数设立最多的为江苏 185 家。服用品制造业、饮食品制造业、造纸印刷业和纺织工业排名前 3 位的省份占比分别为 68.57%、64.76%、64.00%、60.71%。化学工业、皮革及橡胶制造业和水电业排名前 3 位的省份占比低于 60%，并且这几个行业分布较广，集中度较低。

从资本额情况来看，除饰物仪器制造业、家具制造业、建筑材料业外，冶炼业的地区集中程度较高，为 90.51%。排名前 3 位的省份占比在 80%~90%的行业有木材制造业、土石制造业、机器及金属制品业、皮革及橡胶制造业、造纸印刷业、服用品制造业和化学工业，分别为 89.10%、88.00%、86.57%、86.07%、84.99%、84.19%和 80.28%。交通用具制造业、饮食品制造业和纺织工业排名前 3 位的省份占比分别为 78.73%、77.96%和 77.43%。水电业排名前 3 的省份占比最低，为 64.10%。

从工人数情况看，排名前3位的省份占比在80%~90%的行业有皮革及橡胶制造业、土石制造业、木材制造业。占比在70%~80%的行业有交通用具制造业、饮食品制造业、服用品制造业、造纸印刷业、机器及金属制品业、纺织工业、冶炼业，而水电业占比为63.10%，化学工业占比最低为59.78%。

从以上分析可以看出，不同行业地区集中度情况存在较大差异，集中度越高说明该行业集中分布在某几个省份的情况越明显，分布越不平衡；集中度越低，则说明行业分布较为分散，且相对平衡。

表9-7　近代中国不同行业地区集中度情况（1933年）

行业	工厂数（CR_3）/%	资本额（CR_3）/%	工人数（CR_3）/%
纺织工业	60.71	77.43	71.19
服用品制造业	68.57	84.19	73.59
饮食品制造业	64.76	77.96	75.11
造纸印刷业	64.00	84.99	73.30
化学工业	59.45	80.28	59.78
机器及金属制品业	73.81	86.57	71.47
土石制造业	71.98	88.00	83.58
皮革及橡胶制造业	57.27	86.07	89.04
交通用具制造业	86.27	78.73	79.53
冶炼业	86.15	90.51	70.80
饰物仪器制造业	100.00	100.00	100.00
家具制造业	100.00	100.00	100.00
水电业	56.30	64.10	63.10
木材制造业	78.38	89.10	81.06
建筑材料业	100.00	100.00	100.00
其他工业	96.55	90.45	95.33

资料来源：刘大均．中国工业调查报告［Z］．经济统计研究所，1937.

注：工厂数集中度CR_3是指该行业工厂数排名前3的省份之和/该行业工厂总数；资本额集中度CR_3是指该行业资本额排名前3的省份之和/该行业资本总额；工人数集中度CR_3是指该行业工人数排名前3的省份之和/该行业工人总数。

（3）近代中国工业发展的地区行业集中度

近代中国工业在发展过程中存在地区工业企业主要集中在某几个行业，出现地区行业的集聚现象。接下来，本书进一步分析不同省份行业集聚的情况，以排名前3位的行业占全省工业比重指标来测度地区的行业集中度情况。

从表9-8可以看出，大部分省份行业集中度较高，无论是工厂数、资本额还是工人数排名前3的行业所占的比重均超过50.00%，绥远甚至达到100.00%，该省仅有3个行业，分别是纺织工业、土石制造业和饮食品制造业。

从工厂数来看，地区行业集中度较高的，除绥远外，还有湖南达到93.13%，四川达到91.61%，均超过90.00%。湖南9个工业行业中，工厂数占比最高的行业是纺织工业、机械及金属制品业和造纸印刷业。四川所涉工业行业有10个，其中工厂数占比最高的是纺织工业、服用品制造业和造纸印刷业。此外，广西、山东、陕西、安徽、察哈尔及浙江，工厂数集中度均在80.00%以上。但陕西、察哈尔所涉工业行业种类较少，陕西涉及工业行业6个，察哈尔涉及工业行业仅4个，且工厂均较少。广西、安徽所涉工业行业种类不足10个，分别为8个和9个。山东和浙江所涉工业行业分别为14个和12个，均超过10个。工厂数集中度在70.00%以上的有5个省，分别为河北、河南、江西、湖北和山西，其中河南（9个）、江西（8个）、山西（9个）工业行业种类均不足10个，而河北和湖北的工业行业种类均超过10个，分别为12个和13个。广东、福建、江苏工厂数集中度均较低，处于61%~68%，且工业行业种类均超过10个，其中福建为11个、广东为15个、江苏为16个，3个省份均位于东南沿海。

表9-8 近代中国地区行业集中度情况（1933年）

省份	工厂数（CR_3）/%	资本额（CR_3）/%	工人数（CR_3）/%
安徽	83.48	93.41	86.87
察哈尔	83.33	100.00	96.82
福建	66.75	86.90	69.10
广东	67.21	50.17	66.11
广西	87.40	82.47	78.51
河北	78.64	65.92	67.33
河南	78.35	95.32	91.91
湖北	72.95	66.08	83.12
湖南	93.13	82.95	70.50
江苏	61.90	68.52	75.97
江西	77.85	94.88	80.57
山东	85.22	76.34	74.56

续表

省份	工厂数（CR_3）/%	资本额（CR_3）/%	工人数（CR_3）/%
山西	72.88	90.72	84.06
陕西	84.62	73.16	70.99
四川	91.61	76.77	87.88
绥远	100.00	100.00	100.00
浙江	80.96	71.99	87.02

资料来源：刘大均．中国工业调查报告［Z］．经济统计研究所，1937.

注：工厂数集中度 CR_3 是指该省工厂数排名前 3 的行业之和/该省各行业工厂总数；资本额集中度 CR_3 是指该省资本额排名前 3 的行业之和/该省各行业资本总额；工人数集中度 CR_3 是指该省工人数排名前 3 的行业之和/该省各行业工人总数。

从地区行业的资本额集中度看，绥远省和察哈尔省的集中度均为 100%，绥远仅有 3 个行业，因此排名前 3 位的行业占比为 100%。察哈尔有 4 个行业，但是其中一个行业的资本额缺失，统计结果上存在一定的误差。资本额集中度在 90.00%以上的有 4 个省，分别是河南 95.32%、江西 94.88%、安徽 93.41%、山西 90.72%，几个省份均位于中部地区。资本额集中度与工厂数集中度略有不同，比如河南、江西和山西工厂数排名前 3 位的占比均为 70.00%~80.00%，但是资本额集中度则达到 90.00%以上，说明虽然这些省份的工厂数集中度不高，但是工业资本额依然存在很大程度上的集中。福建、湖南和广西资本额排名前 3 位的行业占比分别为 86.90%、82.95%和 82.47%，四川、山东、陕西、浙江占比稍低在 71%~77%，江苏、湖北和河北占比均低于 70.00%，广东资本额排名前 3 位的行业占比仅为 50.17%。

从工人数的集中情况看，工人数排名前 3 位的行业占比超过 90.00%的省份有 3 个，除绥远 100.00%外，察哈尔和河南所占比重分别为 96.82%和 91.91%。也就是说这些省 90.00%以上的工人从事 3 个行业的生产，而从事其他行业的工人不足 10.00%。占比达 80.00%以上（低于 90.00%）的省份有 6 个，分别为四川 87.88%、浙江 87.02%、安徽 86.87%、山西 84.06%、湖北 83.12%和江西 80.57%。占比在 70%以上（低于 80.00%）的省份有广西 78.51%、江苏 75.97%、山东 74.56%、陕西 70.99%、湖南 70.50%。占比不足 70%的省份分别是福建 69.10%、河北 67.33%以及广东 66.11%。

从以上数据可以看出，相较而言内陆地区的行业集中度更高，无论是工厂数、资本额还是工人数，沿海地区的行业集中程度相对较低。这在一定程度上可以解释为沿海地区的工业起步较早，并且经济发展水平较高，有较高的外向性特征，逐渐从单一行业或者若干行业发展为行业更加多样性的产业组合，甚至是向前或向后联系的行业发展。内陆地区工业起步较晚，大多数是基于地区的资源优势而发展起来的工业行业，同时囿于交通条件、消费水平等因素工业未能得以充分发展。

9.2 近代中国工业的集聚效应的实证分析

从近代中国工业的分布特征和集中度情况来看，在一定时期内，有的省份工业企业集中设立在一两个县，如湖南、江西。有的省份工业企业则分布范围较广，如河北、广东、江苏等。从理论上说，产业集聚可能产生两种效应：集聚效应与拥挤效应。若集聚效应占主导，则存在产业向某地集聚的可能；若拥挤效应占主导，则存在向周边地区扩散的可能。那么，近代中国工业的空间布局是否与产业集聚效应有关？接下来，本书对近代中国工业集聚效应进行实证分析。

9.2.1 理论基础与基本假设

（1）理论基础

对于产业空间的集聚现象，地理学家和经济学家早在 19 世纪末就开始关注，并分析产业关联和产业集聚所带来的经济效应。Marshall 首次使用“集聚”的概念来描述地域相近的企业或行业的集中现象并创立了外部经济理论。产业集聚是地区经济和工业发展中两种力量相互作用的结果，即集聚效应和拥挤效应。如果集聚效应占主导则可以促进产业发展，Marshall（1890）认为产业的地理集聚所产生的外部性经济驱动了产业的增长。Ciccone 和 Hall（1996）使用美国的数据得出产业集聚对劳动生产率具有促进作用。Ciccone（2002）使用法国、德国、意大利和西班牙 4 个国家的数据也得出相似结论。Henderson（2003）、Delkle 和 Eaton（1999）等通过实证分析证明了集聚经济能够提高劳动生产率。Marrocu 等（2013）对 1996—2007 年欧洲 276 个地区 13 个行业地理集聚与全要素生产率进行了实证分析，结果表明集聚对全要素生产率具有促进作用。如果拥挤效应占主导则对产业发展产生负面影响，随着企业数量的增多，集聚经济会产生竞争效应，从而产生集聚的外部不经济

（土地价格、运输成本、劳动力成本、生活成本上升，环境污染等），即扩散力（Krugman，1991；Fujita and Thisse，2002）。Henderson（1974）通过构建城市规模模型，认为城市规模的集聚效应存在拐点，当超过某一最优规模时，随着城市的扩大集聚效应会减弱。Martinez-Galarraga 等（2008）通过对西班牙 1860—1999 年经济密度与劳动生产率关系进行实证分析发现，集聚效应的作用呈现倒 U 形，1986—1999 年已经出现拥挤效应大于集聚效应。Rizov 等（2012）使用荷兰的数据实证分析了集聚与 TFP 增长率的关系，结果表明集聚对 TFP 增长率产生负向影响，即拥挤效应。Brakman 等（2001）认为拥挤效应会使企业从集聚区向周边地区转移。

（2）基本假设

近代中国新式工业是随着口岸开放、对外贸易的发展而产生，具有明显的外生性。最开始设立的民族工业基本以对外贸易为主或为对外贸易服务，因而具有对外贸易优势的地区成为企业的首选。口岸地区由于发达的对外贸易吸引了企业的设立和工业投资，而国内贸易的发展则促进工业向内陆地区发展与延伸。在近代经济发展过程中，因为某些地区的区位优势而产生集聚现象，而产业集聚又可以产生促进或抑制工业发展的两种效应——集聚效应与拥挤效应，从而对企业的区位选择产生影响。

通过对近代中国工业集中度的分析可以看出，区域集聚效应的特点不同，表 9-9 是不同省份设立工业企业的县（市）数量及设立工业企业最多的县（市）情况。

表 9-9 近代中国各省有工业企业设立的县（市）数量（1933 年）

省份	有工业企业设立的县（市）的数量（个）	设立工业企业数量最多的县（市）
安徽	4	芜湖县
察哈尔	1	万全县
福建	3	闽侯县
广东	11	广州市
广西	4	南宁县
河北	16	天津市、北平市
河南	12	开封县
湖北	7	汉口市
湖南	2	长沙县

续表

省份	有工业企业设立的县（市）的数量（个）	设立工业企业数量最多的县（市）
江苏	28	上海市
江西	2	南昌县
山东	16	青岛市
山西	9	阳曲县
陕西	2	长安县
四川	6	成都县
绥远	3	归绥县
浙江	19	杭县

资料来源：刘大均．中国工业调查报告［Z］．经济统计研究所，1937.

整体来看，近代中国工业发展中虽然有一定的产业集聚，比如向江苏、河北、广东、浙江等集聚，同时不同省份存在向不同县（市）集聚的情况，比如江苏的上海、河北的天津、浙江的杭县等，但同时存在一定的扩散现象。比如江苏除上海外，还有吴县、武进、南京、镇江等 27 个县（市）有工业企业的设立；浙江除杭县外，有永嘉、鄞县、嘉兴等 18 个县（市）有工业企业设立。因此，本书的第一个基本假设是随着近代工业的发展，产业在集聚的同时，出现了拥挤效应，使得工业企业向周边县（市）扩散。

此外，从表 9-9 可以看出，不同省份设立工业企业的县（市）数量不同，江苏、浙江、河北、山东、河南、广东设立工业企业的县（市）的数量均较多，说明存在明显的扩散效应。以江苏为例，上海是设立工业企业数量最多的地区。上海由于其区位优势，是最早开埠的通商口岸之一，为长江出海口，还可以通过内河航运连接京杭大运河，并有多条铁路经过。因此，上海的工业企业数量是最多的，并产生集聚效应，吸引了更多企业进入。随着上海工业的发展，其对周边各县产生了一定的影响，比如松江、南汇、嘉定、青浦均有工业企业设立，浙江、河北等省份也有类似现象。说明这些省份可能是产业集聚的拥挤效应占主导地位，从而促使工业企业向周边扩散。

然而，有的省份设立工业企业的县（市）数量非常少，如陕西省、湖南省、江西省、绥远省、四川省、安徽省等，且较多地集中于其中的一两个县，这可能是由于工业发展所产生的集聚效应引起。比如陕西省有 2 个县设有工业企业，分别是长安县和咸阳县，其中长安县设立数量为 100 家，而咸阳仅有4家，存在明显的向长安县集聚的趋势。再如江西省设有工业企业的县有南昌县和九江县，而南昌县所设数量达276家，九江县仅有13家。这说明这些省份产业的集聚效应占据主导地位。

本书的第二个假设是不同省份的产业集聚所产生的效应存在明显的差异。表现在工业发展较好的东部沿海地区，产业集聚过程中已经开始产生拥挤效应，存在明显的空间扩散趋势；而中部及西部地区集聚效应占主导，因此工业发展中存在明显的空间集聚趋势。

由此，本书进一步验证以上两个假设：①近代中国工业发展过程中，存在产业集聚的拥挤效应，使得工业发展中存在空间扩散趋势。②产业集聚的效应存在一定的地区差异，工业较发达的沿海省份，拥挤效应占主导；而内陆省份集聚效应占主导。

9.2.2 模型设定与数据来源

（1）模型设定与变量选择

根据以上分析，本书通过考察产业集聚、区位条件对工业发展的影响，分析近代产业集聚与空间扩散的关系，设定计量模型如下：

$$y_{ij}=\alpha+\beta_1 agg_{ij}+\beta_2 D_{ij}+\beta_3 X_{ij}+\delta_i+\eta_j+\varepsilon_{ij} \quad (1)$$

其中，y_{ij}为i地区j行业的发展情况；agg_{ij}是产业集聚指标；D_{ij}表示地区的区位条件；X为影响工业发展的其他因素，包括劳均资本$lnpercap_{ij}$、行业规模$lnlabor$、市场规模$lnpep$。δ_i、η_j分别为地区和行业的固定效应，ε_{ij}表示误差项。

被解释变量。y_{ij}为地区工业发展情况，本书使用人均产值即i地区j行业产品总价值与i地区j行业工人数量比值的对数表示。使用这一指标的原因：本书要研究产业集聚对工业发展是否产生集聚效应或拥挤效应，在实证研究中学者多使用产业集聚与劳动生产率或全要素生产率的关系来判断，一般认为产业集聚产生的集聚效应可以促进生产率的提高，而拥挤效应则会抑制生产率。范剑勇（2006）与刘修岩（2010）曾使用非农产业劳动生产总值/非农产业总就业量作为劳动生产率，分析地区集聚经济对劳动生产率的影响。孙浦阳等（2013）区分工业劳动生产率和服务业劳动生产率，使用工业及服务业国内生产总值及相对应的就业人数总量比值来表示。本书主要分析不同地区各行业集聚程度对劳动生产率的影响，因此使用不同地区各行业产品总价值与相对应的就业人数的比值来表示。

主要解释变量。产业集聚agg_{ij}，产业集聚指标有很多种，有学者使用密度指标，Ciccone 和 Hall（1996）、Ciccone（2002）使用就业密度，即单位面积上的就业人数来表示产业集聚程度，国内学者范剑勇（2006）、刘修岩（2010）等也使用过就业密度来考察产业集聚对劳动生产率的影响。但是，由于就业密度指标采用就业人数除以地区面积，对于近代而言，大部分土地为农田，而工业大都建于城市中心区，使用就业密度指标会影响某些地区的产业集聚程度。此外，有学者使用绝对量指标，如就业人数、企业数量等（范剑勇等，2009）。本书使用相对指标，即地区某行业企业数占行业全部企业数的比重来进行分析，所占比重越大，说明在该地区的行业企业数量越多，产业集聚程度越高。

区位条件。包括口岸（port），如果是口岸则记为1，不是则记为0；铁路（rail），如果该地区有铁路经过则记为1，否则记为0。可以通过影响地区的区位条件，进而影响贸易及工业的发展。

其他变量。劳均资本，即为 i 地区 j 行业资本额与 i 地区 j 行业工人数量之比的对数。行业规模，以不同地区各行业的工人数对数值来代替；市场规模，本书使用各地区人口总数的对数值来表示。

（2）数据来源

本书数据主要来自刘大均的《中国工业调查报告》，该报告的调查时间为1933年至1934年，共有合于标准[①]的工厂1206家。采用这一数据主要有以下几个方面原因：①这一时期全国政局较为稳定。近代工业布局受政治因素影响较大，选择这一时期可以避免这一问题，可较为准确地识别区位优势、产业集聚对工业发展的影响。②该资料调查范围广泛，且具有较强的可信度。反映近代工业发展状况的数据资源缺乏，此前曾有机构对近代工业进行调查，但是调查范围或为某行业或为某些地区，缺乏全国范围的综合调查数据。该报告中的调查数据包括全国21个省市[②] 16个行业劳动力、资本额、产品价值、工厂数等171项内容，是当时最权威、可靠的工业调查数据。本书采用《中国工业调查报告》中146个县（市）的工厂数、资本、劳动力、产品价值等数据。

是否为开埠口岸，本书根据王铁崖的《中外旧约章汇编（第1册）》、严中平等的《中国近代经济史统计数据资料选辑》、张洪祥的《中国近代通商口岸与租界》，及复旦大学历史地理研究中心、韩国仁荷大学韩国学研究所编

---

① 根据当时的规定，指工人在30人以上并且使用动力的工厂。

② 21个省市包括江苏等17个省及南京、上海、北平、青岛4个特别市。

《海洋·港口城市·腹地：19 世纪以来的东亚交通与社会变迁》所提供信息综合考虑而得，具体可见本书第 5 章相关内容。

是否有铁路，本书结合马里千等编《中国铁路建筑编年简史（1881—1981）》、严中平等的《中国近代经济史统计数据资料选辑》、谭其骧的《简明中国历史地图集》（八）及郭利民的《中国近代史地图集》而得，样本地区 1933 年已通铁路地区设置为 1，否则设置为 0。具体可见本书第 6 章相关内容。

是否沿海、沿河，本书结合谭其骧的《简明中国历史地图集》（八）及郭利民的《中国近代史地图集》，具体可见本书第 7 章相关内容。各地区人口数据见 1935 年的《全国各市县土地人口调查》及胡焕庸（1935）的《中国人口之分布——附统计表与密度图》。此外，本书分样本回归还区分了东部、中部、西部及其他地区 3 类。东部地区包括所属山东、江苏、浙江、福建、广东各县和河北沿海县（市）（天津、唐山）。中部地区包括所属河北（除天津、唐山外）、安徽、河南、湖北、湖南、江西各县（市）。西部及其他地区包括所属绥远、察哈尔、山西、陕西、四川、广西各县（市）。同时，在数据使用上，需要说明的是：①本书剔除了行业分类不明确的数据；②剔除了产品价值缺失的数据。表 9-10 为本书主要变量的描述性统计。

表 9-10 主要变量的描述性统计

变量	*n*	*mean*	*sd*	min	max
劳动生产率 ln*prod*	581	7.057	1.212	3.201	11.067
是否为口岸 *port*	581	0.472	0.500	0	1
是否有铁路 *rail*	581	0.613	0.488	0	1
产业集聚 *agg*	581	0.020	0.005	0.0001	0.719
劳均资本 ln*percap*	576	5.813	1.440	1.896	10.968
行业规模 ln*labor*	581	5.404	1.825	0.693	11.767
市场规模 ln*pep*	580	13.076	0.752	10.748	15.052

资料来源：（1）工厂数、资本、劳动力、产品价值等数据来自刘大均（1937）《中国工业调查报告》。（2）各地区人口数据见 1935 年的《全国各市县土地人口调查》及胡焕庸（1935）《中国人口之分布——附统计表与密度图》。（3）是否有铁路本书结合马里千等编（1983）《中国铁路建筑编年简史（1881—1981）》、严中平等（1955）《中国近代经济史统计数据资料选辑》、谭其骧《中国历史地图集》（八）及郭利民《中国近代史地图集》。（4）是否为开埠口岸见王铁崖编（1957）《中外旧约章汇编（第 1 册）》、严中平等（1955）《中国近代经济史统计数据资料选辑》、张洪祥（1993）《中国近代通商口岸与租界》及吴松弟《“自东向西、由边向内”：中国近代经济变迁的空间进程》、复旦大学历史地理研究中心和韩国仁荷大学韩国学研究所编《海洋·港口城市·腹地：19 世纪以来的东亚交通与社会变迁》所提供信息综合考虑而得。

9.2.3 实证结果分析

（1）产业集聚对劳动生产率影响的回归结果

表9-11是产业集聚对劳动生产率影响的回归结果，本书使用OLS回归，所有的回归都控制了区位条件、劳均资本、行业规模、地区人口数等有可能影响劳动生产率的因素及地区固定效应和行业固定效应。对全样本、东部以及内陆（中西部及其他）地区的回归分析结果表明，在全样本下，产业集聚对劳动生产率的影响为负，说明近代中国工业在发展过程中产生了拥挤效应，促使工业的空间扩散，但是结果不显著，可能是由于产业集聚效应的地区差异所引起。因此，进一步区分东部和内陆来进行分析。

从回归结果来看，当对东部地区及内陆地区分别进行回归时，产业集聚对东部地区劳动生产率的影响显著为负，说明东部地区工业发展中产生了明显的拥挤效应。内陆地区回归的结果为正，说明内陆地区工业发展中集聚效应占主导，但是影响不显著。

接下来看区位条件，从全样本来看，不管是口岸还是铁路均不显著。东部地区的回归结果则显示，口岸地区显著地促进了劳动生产率的提升，内陆地区则不显著。铁路对东部地区劳动生产率的影响显著为负，对内陆地区的影响为正，且在1%的水平上显著。这在一定程度上可以解释为以口岸为代表的对外贸易显著促进了东部口岸地区工业发展，而内陆地区由于铁路连接带动了国内贸易发展，并显著促进了内陆地区工业劳动生产率的提高。通过以上分析，在一定程度上证明近代具有工业区位优势的地区，可以促进工业企业的建立与集聚。

对于其他变量而言，无论是全样本还是分样本劳均资本均显著促进了劳动生产率的提高。以行业工人数对数来指代的行业规模对劳动生产率的影响显著为负，也就是说行业工人数越多劳动生产率越低，较符合一般事实。从以地区人口数对数指代的市场规模看，东部地区人口数越多劳动生产率越低，而内陆地区人口数越多劳动生产率越高。由于不同地区的区位条件、经济发展情况不同，内陆地区需要更大的市场规模来促进工业的发展。

表 9-11 产业集聚对劳动生产率的影响

变量	全样本	东部	内陆
产业集聚	-0.653 (0.794)	-1.360* (0.782)	2.619 (1.692)
口岸（是=1）	0.422 (1.092)	2.960*** (0.763)	0.573 (0.750)
铁路（是=1）	-0.147 (0.987)	-1.566*** (0.115)	1.459*** (0.478)
劳均资本	0.439*** (0.040)	0.435*** (0.053)	0.488*** (0.072)
行业规模	-0.068* (0.038)	-0.035 (0.050)	-0.121* (0.062)
市场规模	-0.090 (0.668)	-2.948*** (0.727)	1.217** (0.476)
行业固定效应	控制	控制	控制
地区固定效应	控制	控制	控制
n	575	351	224
R^2	0.694	0.687	0.736

注：括号内为稳健标准误；*、**、***分别表示显著性水平为10%、5%和1%。

通过以上分析可知，产业集聚对不同地区的效应存在一定差异。对东部地区而言，产业集聚显著地降低了劳动生产率，产业集聚程度越高，劳动生产率越低，产生了明显的拥挤效应。拥挤效应可以使产业向邻近地区扩散，东部地区存在明显的工业扩散现象，在一定程度上可以用产业集聚的拥挤效应来解释。内陆（中西部及其他）地区产业集聚对劳动生产率的影响则不明显。

（2）不同区位条件下产业集聚对劳动生产率的影响

通过表 9-11 可以看出，产业集聚对东部地区劳动生产率的影响显著为负，即存在拥挤效应，而产业集聚对内陆地区劳动生产率的影响为正，处于12%的水平上。为了更准确地研究产业集聚在不同区位条件下的影响效应，本书进一步分析不同区位条件下产业集聚与劳动生产率的关系，见表 9-12。本书使用 OLS 回归，同时控制劳均资本、行业规模、地区人口数、是否有铁路等可能影响劳动生产率的因素及地区固定效应和行业固定效应。对东部、中部、西部及其他地区回归分析结果表明，东部地区产业集聚对劳动生产率的回归系数为-1.475，并且在10%的水平上显著，说明东部地区产业集聚对劳动生产率的影响显著为负；中部、西部及其他地区的回归结果在5%的水平上显著为正，即这些地区的产业集聚显著地提升了劳动生产率。东部地区拥挤效应显著，产业具有向外转移扩散的动力，而中部、西部及其他地区集聚效应显著具有吸引产业进入的动力，因而这一时期具有产业由东部地区向内陆扩散和转移的趋势。

进一步，本书继续考察了口岸及沿海地区产业集聚与劳动生产率的关系。从回归结果来看，口岸和沿海县（市）产业集聚对劳动生产率的影响显著为负，因而这些地区产业的扩散及转移可以用拥挤效应来解释。

表9-12　不同区位产业集聚对劳动生产率的影响

变量	东部	中部	西部及其他	口岸	沿海
产业集聚	-1.475* (0.772)	7.363** (2.770)	4.485** (2.003)	-1.840*** (0.618)	-1.324** (0.526)
控制变量	是	是	是	是	是
行业固定效应	控制	控制	控制	控制	控制
地区固定效应	控制	控制	控制	控制	控制
n	333	115	65	272	203
R^2	0.697	0.750	0.866	0.666	0.703

注：括号内为稳健标准误；*、**、***分别表示显著性水平为10%、5%和1%。

本书通过对产业集聚与劳动生产率关系的实证分析，得出产业集聚在不同区位条件下对劳动生产率的影响存在差异。在具有区位优势的地区集聚并不一定会促进产业发展，过度集中会降低地区的区位优势。

9.3 进一步分析

本书上一节分析了近代中国工业的产业集聚对劳动生产率的影响，并得出产业集聚对不同地区的集聚效应存在明显的差异。接下来，本书进一步从工业发展路径看不同地区产业集聚效应的差异。

首先，从口岸及沿海地区工业发展路径看，上海和广州等最先开埠通商的口岸受到外国资本和工业品的冲击，在资本积累及市场需求的刺激下开始出现新式工业企业，外生的制度优势和优越的商业环境，进一步吸引企业家在这些地方设厂。随着工业的发展，产业集聚可以产生外部经济（共享技术劳动力、知识外溢等）以降低产品的生产成本；同时，这些地区工业的发展、劳动力工资上升进而吸引更多的劳动力向这些地区迁移，于是扩大了这些地区的市场规模。区位优势以及规模报酬递增所产生的力量，进一步提高了这些地区的产业集聚水平。"欧战"期间，进口工业的下降，扩大了本国产品的市场需求，各个行业的发展极为迅速。但是由于北洋政府时期战乱较多，出于安全考虑，工业企业多数选择在租界设厂。如《海关十年报告》所言："与过去十年的工业发展密切相关的因素是内地动乱不安，那里的工厂经常遭到骚扰。这就形成了工业集中于上海的趋势。许多本应迁出或开设在原料产地的工厂也都在沪设厂。虽然运费成本有所增加，但在上海特别是租界内，可在一定程度上免受干扰。"① 由此可见，沿海通商口岸地区工业之所以呈现过度集聚现象，一方面是由于商品贸易市场的扩大推动了工业发展；另一方面是由于内陆地区不利的外部环境阻碍了工业的扩散，从而加剧了工业在东部沿海及口岸地区的拥挤。

其次，为什么20世纪二三十年代会出现工业向内陆地区快速扩散发展的现象？本书认为，一方面，内陆地区的工业在很大程度上是由国内贸易的发展推进的，由于交通阻滞以及战乱等，国内贸易水平较低，从而工业品与技术的扩散相对较少；另一方面，内地缺乏工业资本积累，以及购买力较低，工业发展较慢。20世纪初，随着铁路的建立，国内市场逐渐扩大，推动了具有相对贸易优势地区的工业发展。但是北洋政府时期的战乱，阻碍了内地工业的发展。随后，国内局势变得相对稳定，以及相关经济政策出台，推动了商品贸易的发展。随着贸易规模的扩大，以及内陆地区劳动力、原材料、土地等生产要素优势的凸显，进一步推动了企业的设立，从而产生了促进产业发展的集聚效应，加速了工业向内地的扩散与发展。

一般而言，区位优势是工业区位选择的重要因素，吸引了工业企业的设立。近代中国工业是随着贸易的扩大而发展起来的，因而贸易发达地区成为这一时期工业发展的优势区位。但是贸易优势下的区位分布，是建立在自由贸易及工业企业自由设立的基础上。我国民族工业企业在开埠通商后近30年才设立，一个重要的原因是清政府对华商兴办企业的限制。清政府实行新政，

① 徐雪筠，等. 上海近代社会经济发展概况（1882—1931）——《海关十年报告》译编［M］. 上海：上海社会科学院出版社，1985：277-278.

鼓励兴办实业后，我国民族工业才有了明显的发展。从20世纪初到20世纪30年代，政治因素对工业影响的弱化也是工业迅速发展的前提。

最后，对于一个地区而言，贸易的便利性是非常重要的因素，贸易发达地区具有工业发展的区位优势，比如口岸地区的国际贸易优势显著地促进了工业发展，而铁路的修建强化了地区间的联系，促进了国内贸易的发展，并显著促进内陆地区工业的发展。由于口岸地区和铁路经过地区的区位优势，吸引了工业企业的设立。随着工业企业的设立与集聚，进而产生集聚效应，这是因为地区商品贸易的发展一方面可以为工业发展提供资本积累，另一方面可以增加劳动力需求、劳动者收入，提高地区购买力水平，从而促进工业发展。产业的过度集聚会降低工业的区位优势，促使产业向集聚区外扩散。近代中国工业发展过程中东部尤其是沿海省份在一定程度上产生了产业的过度集聚，使得工业空间扩散明显；而中、西部地区处于产业集聚的发展阶段，集聚效应占主导，从而出现工业企业过多地集中于某地的情况。

9.4 本章小结

本章分析了近代中国工业发展中的集聚和扩散效应，主要从三个方面进行探讨：一是使用《中国工业调查报告》对近代中国工业发展中的集聚现象进行分析；二是运用相关数据对近代中国工业的集聚效应进行实证分析；三是从工业发展路径方面探讨了不同地区产业集聚效应的差异。

对近代中国工业发展中的集聚现象的分析，主要包括两个方面：一是近代中国工业的地区和行业分布情况。首先，分别从省域范围和县（市）范围对近代中国工业地区分布情况进行了分析。从省域范围看，不同省份工业占比情况存在较大差异，且有明显的集聚现象，尤其是江苏省，无论是工厂数占比、资本额占比还是工人数占比均是最高的。其次，对近代中国不同行业的发展情况进行分析。近代中国工业发展中不同行业存在较大差异，存在高度集中的现象。无论是从工厂数占比、资本额占比还是工人数占比情况看，纺织工业所占比重均较高，近代中国工业高度集中于纺织工业。

二是近代中国工业发展的集中度分析。首先，对近代中国工业发展的地区集中度进行分析，发现存在明显的地区集中现象，高度集中于若干个省份，如江苏省、河北省、浙江省等，或者若干个县（市），如上海市、天津市、北平市等。其次，从行业集中度看，也存在高度集中的现象，饰物仪器制造业、建筑材料业等若干行业高度集中于某几个省份。最后，从地区行业集中度看，不同省份存在高度集中于某些行业的情况。沿海省份行业集中度相对较低，而中、西部省份行业集中度较高。

对近代中国工业的集聚效应进行实证分析。首先，提出研究的理论基础。其次，进行模型设定与数据来源汇总。最后进行实证结果分析。从结果来看，不同地区的产业集聚效应存在差异，东部及口岸或沿海地区拥挤效应明显，可以解释其工业空间扩散的趋势。中、西部地区存在显著的集聚效应，工业有向某地区进一步集聚的趋势。

从工业发展路径方面探讨不同地区产业集聚效应的差异。①国际贸易显著地促进了东部口岸地区的工业发展，而国内贸易促进了内陆地区工业的发展。②产业集聚水平的提高显著抑制了口岸或沿海及东部地区工业的发展，但是对中部地区工业的发展具有促进作用。③本书认为地区的贸易优势可以成为工业发展的区位优势，吸引企业的设立与集聚，这是因为地区商品贸易的发展一方面可以为工业发展提供资本积累，另一方面可以增加劳动力需求、劳动者收入，提高地区购买力水平，从而促进工业发展。但产业的过度集聚会降低工业的区位优势，促使产业向集聚区外扩散。

本章利用20世纪30年代中国工业调查数据，从产业集聚效应和区位优势的角度实证分析了近代产业集聚与扩散的原因。研究表明，不但具有贸易优势的地区对工业发展产生影响，产业集聚效应也是影响工业发展及区位分布的因素之一。

第 10 章 结论与启示

近代中国正处于由传统农业社会向近代工业社会转变的转型期，由于各地在资源禀赋、交通布局、经济基础等方面存在差异，转型过程中地区间产生了巨大差异，并在 20 世纪 30 年代形成了近代中国的经济地理格局。近代中国经济发展的空间差异性或多或少地影响了当前中国经济的区域不平衡。一般认为，现代化因素经过口岸，并通过各种途径向内地扩散，但已有文献对不同地区空间扩散路径、扩散动力等鲜有探讨。只有对这些问题进行分析才能对当前区域经济发展不平衡的根源有更加深入的理解，为缩小区域间差距提供政策启示。因此，本书致力于探讨近代中国工业化进程中空间扩散的动力机制。

本书系统梳理了国内外相关研究成果，有关近代中国工业史的研究文献非常丰富（工业史料、专著、行业史，在棉纺织业、缫丝业、面粉业、机器工业等方面均有系统论著，企业史方面也有丰富的研究成果）。早期对于近代中国工业空间布局的研究虽然多是描述性的，但为进一步分析近代工业空间布局提供了重要资料。新中国成立后，关于近代工业布局的研究更加深入，不仅对近代工业布局有深入的探讨，同时对区域工业布局、行业布局的研究均有涉及。从已有的研究成果来看，更多地认为近代中国工业分布不均衡，过多地集中于沿海、沿江的大城市。对近代中国工业布局的影响因素研究，逐渐从意识形态角度，转向经济方面的探讨，更加关注扩散路径和扩散动力。对相关文献进行梳理，成为本书的研究起点，奠定了本书的理论基础。

近代中国工业经历了从无到有的过程，要深入分析近代中国工业空间扩散的动力，需对近代中国工业发展的历史演进有清晰的认识。因此，本书首先探讨了近代中国工业发展的基本情况，简要回顾了近代中国工业的演进历程，并运用统计数据分析了近代中国工业的基本特征，包括地区特征和行业特征。这为分析近代中国工业的空间扩散，提供了基本资料。进一步，本书分4个时间段考察近代不同时期中国工业的空间分布情况，并从省域扩散、省内扩散、行业扩散和扩散中的集聚4个方面分析了近代中国工业扩散的基本特征。为深入分析近代中国工业扩散的动力，本书选定，河北地区、江苏省和广东省3个区域为研究重点，探讨近代中国工业空间扩散的情况。在此基础上，从扩散路径、扩散模式和扩散动力3个角度分析3个区域的扩散特征。

通过系统分析近代中国工业的扩散特征，并将扩散动力集中在口岸、铁路、水运交通、矿产资源等4个方面。接下来，进一步从这4个方面分别探讨了其对近代中国工业空间扩散的影响。首先，简要回顾了近代通商口岸开埠的历程；分析了不同阶段各区域通商口岸开埠与新式工业企业设立的关系；对通商口岸开埠与近代中国工业发展及空间扩散的相关性进行分析，主要基于空间布局、简单的OLS分析和散点图进行探讨；从3个方面分析了通商口岸对近代工业发展的作用机制。其次，将近代中国铁路的发展历程分为4个阶段进行了简要回溯；分析了不同阶段各区域铁路修建与新式工业企业设立的关系；对铁路修建与近代中国工业发展及空间扩散的相关性进行分析，主要基于空间布局、简单的OLS分析和散点图进行探讨；从4个方面分析了通商口岸对近代工业发展的作用机制。再次，分析了近代河北地区、江苏省、广东省海运及内河航运与新式工业企业设立的关系；从空间布局角度分析了不同区域水运交通与工业企业设立的相关性，并分析了产生区域差异的原因；从4个方面分析了水运交通对近代工业发展的作用机制。最后，分析了矿产资源对近代工业空间扩散的影响。

在对近代中国工业空间扩散动力进行分析的基础上，进一步构建了统计数据集并对扩散动力进行了实证分析。首先，构建回归模型，对实证分析中所用的主要变量、数据来源和数据特征进行了简要说明；其次，对数据进行描述性统计和相关性分析；最后，进行回归分析，并分阶段、分区域做进一步检验。

近代中国工业发展存在扩散中集聚的现象，产业的集聚效应进一步影响企业的选址，进而影响工业的空间布局。本书进一步使用《中国工业调查报告》数据对近代中国工业发展中的集聚现象进行分析，并运用相关数据对近代中国工业的集聚效应进行实证分析。首先，从省域范围和县（市）范围对近代中国工业地区分布情况和行业情况进行分析；其次，对近代中国工业发展的集中度进行探讨，包括地区集中度、行业集中度和地区行业集中度；再次，对近代中国工业的集聚效应进行实证分析；最后，对实证结果进行分析，并从工业发展路径角度探讨不同地区产业集聚效应的差异。

10.1 主要结论

通过分析得出以下结论：

（1）近代中国工业的发展经历了萌芽和起步、缓慢发展、加速发展的过程，在发展过程中产生了地区差异和行业差异

从近代中国工业空间布局看，存在明显的扩散现象，不仅有省域扩散，同时也存在区域内扩散，并在扩散也出现集聚现象。不同区域的扩散路径、扩散模式和扩散动力均有所差异，近代河北地区存在明显的“点—轴”扩散路径，以廊道扩散为主；江苏省存在明显的“点—轴—面”扩散路径，廊道扩散和邻近扩散均较为明显；广东省则存在明显的“点—面—轴”扩散路径，以邻近扩散为主。

为了分析近代中国工业的扩散动力，本书首先对晚清至1937年近代中国工业发展历程及特征进行了分析。将这一工业发展时段分为4个阶段：第一阶段是1840—1894年，清政府签订了一系列不平等条约后，外国资本开始在一些开埠通商的口岸开设工厂。清政府在“自强求富”的口号下，创办了一些军事工业企业和民用企业。这期间也有民族资本的身影，但是较少。总体而言，这一时期中国新式工业发展相对缓慢。第二阶段是1895—1911年，对于近代工业而言，一般学者认为从1895年后我国民族工业开始发展并超过前期，尤其是1905年后，中国工业发展出现了一个短暂高潮。第三阶段是1912—1926年，尤其是“一战”期间，近代中国工业进一步发展壮大。民族工业在这一时期释放出活力，出现了较大增长。第4阶段是1927—1937年，这一时期近代新式工业有加速增长的势头，1931年后由于内忧外患，近代中国工业发展受到影响。

通过数据对近代工业发展的地区特征和行业特征进行分析，可以看出：①近代中国工业发展存在明显的地区差异，从地区分布来看，近代中国工业基本上集中于沿海各省，江苏省、山东省、河北省、浙江省、广东省均有较多新式工业企业设立，而西部地区的新疆、西藏、青海、宁夏等省份所设新式工业企业数量非常少。②从行业来看，近代中国工业的发展存在较大的行业差异。棉纺织业、航运业、水电业、面粉业、火柴业等均有较多企业设立，

一些行业的企业设立数量相对较少。

通过对近代中国工业空间演变的分析可以看出，近代中国工业萌芽与起步阶段工业企业设立数量较少，分布范围也较小。随着近代工业的发展，分布范围逐渐扩大，到 1927—1937 年这一阶段，中国广大地区均有新式工业企业设立。总体来看，近代中国工业空间上存在明显的扩散现象。通过对近代中国工业空间分布特征的分析可以发现，随着近代中国工业的发展，存在以下几个特征：①省域间存在明显的扩散现象，从 1840—1880 年的 7 个省，扩大到 1927—1937 年的 29 个省，并且逐渐从沿海省份向中部及西部省份扩散。②各省内也存在明显的扩散现象，尤其是东部沿海省份，扩散现象更加明显。③行业也存在扩散现象，比如棉纺织业、面粉业、水电业等，工业发展初期仅在个别省份的个别县（市）有设立，随着工业的发展行业分布的范围逐渐扩大。④在扩散的同时存在集聚现象。从统计数据来看，近代中国工业集中在上海、天津、广州、汉口、青岛等城市，这几个城市所占的比重较大，尤其是上海，几乎占据近代工业的一半。

以近代河北地区、江苏省和广东省为重点区域，对其工业空间演变和扩散特征进行了深入探讨，可以看出不同的省份工业空间演变和扩散特征存在一定差异。

首先，随着工业的发展，近代河北地区工业企业数量有明显增加的趋势，地域范围上的扩散较为明显，并且行业种类更加多样并趋于完善。在扩散路径上，近代河北地区工业空间扩散路径呈现明显的“点—轴”扩散特征，初期以点状扩散为主，较为分散地分布于几个县；呈逐渐轴线带状分布特征，并且随着工业的发展轴线扩散路径特征更加明显。在扩散模式上，近代河北地区工业呈现跳跃扩散、廊道扩散和邻近扩散 3 种模式，并以廊道扩散模式为主。在扩散动力上，近代河北地区的铁路修建、地区经济发展水平、自然资源尤其是矿产资源的分布以及产业集聚效应均对空间扩散产生较大影响。

其次，近代江苏省工业空间扩散趋势较为明显，地域范围不断扩大。在扩散路径上，近代江苏省工业空间扩散路径呈现明显的“点—轴—面”扩散特征，初期以点状扩散为主，较为分散地分布于 4 个县，并逐渐呈轴线带状分布。同时，出现了片状分布。在扩散模式上，近代江苏省工业呈现廊道扩散、邻近扩散和跳跃扩散 3 种模式，并以廊道和邻近扩散为主。在扩散动力上，近代江苏省工业发展中的口岸开埠、水运及铁路交通、产业集聚效应等均对空间扩散产生较大影响。

最后，近代广东省工业空间扩散较为明显，但在行业种类上除个别县外仍较为单一。在扩散路径上，近代广东省工业空间扩散路径呈现明显的“点—面—轴”扩散特征，初期以点状分布为主，较为集聚地分布于 6 个县；在发展过程中集聚式的点开始扩展为面，并逐渐呈沿海和沿江的带状分布。在扩散模式上，近代广东省工业呈现邻近扩散、跳跃扩散、廊道扩散等模式，并以邻近扩散为主。在扩散动力上，近代广东省工业发展中的口岸开埠、水运交通、扩散效应及矿产分布等均对空间扩散有较大影响。

（2）通商口岸、铁路修建、水运交通等均在一定程度上影响了近代中国工业的空间扩散，但不同区域扩散动力的影响存在一定差异

通商口岸对近代江苏省和广东省工业空间扩散的影响较为明显，但是对河北地区的影响不明显。铁路修建在很大程度上决定了近代河北地区工业空间扩散的路径，对江苏省工业空间扩散路径也产生一定的影响，但是对广东省工业空间扩散路径的影响不明显。水运交通对江苏省、广东省工业空间扩散影响较大，但是对河北地区工业空间扩散影响不明显。

为了分析不同扩散动力对近代中国工业空间扩散的影响，本书分别对通商口岸、铁路修建、水运交通与近代中国工业空间布局的关系进行了详细分析。

首先，口岸的开埠对于近代河北地区而言，一定程度上促进了口岸城市发展和工业化，然而未能充分解释其工业空间扩散的现象。近代江苏省、广东省开埠口岸较多，随着口岸的开埠，工业企业相继设立，在一定程度上解释了其工业空间扩散的现象。基于空间布局可以看出，近代江苏省和广东省有口岸开埠的县工业企业设立数量均较多。近代河北地区口岸数量少，未能充分体现工业的空间扩散。通过简单的 OLS 分析和散点图均得到口岸开埠与工业企业设立数量的正向关系。通商口岸对近代中国工业发展的作用机制主要包括 3 个方面：①口岸开埠带来制度成本的下降，一方面，口岸开埠有限地提供了一个相对和平、安定的局部经济环境；另一方面，口岸开埠引入西方制度和特权，这些制度和特权被用于中国的经济活动与工业发展，一定程度上降低了制度成本。②口岸城市的金融业发展带来融资成本的下降，为工业的发展提供了资金支持。一方面，口岸城市金融业的发展为工业化提供了资金支持；另一方面，口岸金融业的繁荣，一定程度上降低了贷款利息，降低了近代中国工业发展中的融资成本。③口岸开埠促进国际贸易的迅速增长，并带动了相关产业的发展。口岸开埠直接加强了与西方的联系，对外贸易发

展起来，贸易的迅速增长带来了相关产业的发展，推动了工业化的进程。

其次，近代河北地区的铁路建设与新式工业企业的设立数量有高度的一致性，近代河北地区新式工业企业的设立基本上沿铁路线而扩散。对于近代河北地区而言，铁路的开通影响着工业化的空间格局。江苏省铁路沿线上，也均有较多新式工业企业设立，在一定程度上能够解释其工业空间扩散的现象。近代广东省工业企业的设立与铁路的修建关联性不高，铁路对近代广东省工业空间格局的影响有限。从空间布局上可以看出相似结论，从简单的OLS分析及散点图也可以得到铁路修建与新式工业企业设立数量的正向关系。铁路修建对近代工业发展的作用机制主要包括4个方面：①近代铁路修建缩短了运输时间，降低了运输风险。②近代铁路的修建提高了运输效率，促进了地区间贸易。一方面，铁路运输效率的提升，大大扩大了运输规模；另一方面，运输规模的提升，也促进了地区间的贸易规模扩大，从而带动了工业化发展。③近代铁路的修筑拓宽了经济辐射面，重组了空间格局。一方面，近代中国口岸的开埠增强了与西方国家的贸易联系，同时使口岸城市的经济腹地得以扩大；另一方面，铁路的开通使得铁路沿线地区融入更大的贸易体系中，而非沿线城市则相对衰落，重组了经济的空间格局。④铁路的开通改善了地区的区位条件，影响了区域的工业布局。铁路可以通过影响铁路经过地区的空间距离，改善地区的区位条件，从而影响区域的工业布局。

再次，近代河北地区工业分布未呈现明显的沿海、沿江扩散趋势，也就是说水运交通对近代河北地区工业空间扩散的影响不大。近代江苏省工业企业沿海、沿江、沿河扩散的趋势明显，可见水运交通对江苏省工业空间布局影响巨大。近代广东省工业企业沿海、沿江、沿河扩散的趋势较为明显，尤其是沿海和珠江三角洲地带，可见水运交通对广东省工业空间布局影响较大。基于空间布局可以看出，近代江苏省和广东省沿海、沿江各县工业企业设立数量均较多，水运交通在一定程度上促进了近代广东省工业的空间扩散。近代河北地区新式工业企业沿海、沿江扩散的趋势并不明显，可见近代河北地区工业空间布局与水系网络相关性不高。通过对水运交通与近代新式工业企业设立进行简单的OLS分析，发现沿海、沿河可以显著地促进近代工业的发展。其作用机制主要包括4个方面：①轮船运量大，贸易量增加明显。随着海运大轮船的发展，内河各航线小轮船开始兴起，轮船的巨大运量，推动了对外贸易及内河航运贸易的增长。②航运业的发展降低了运输成本。运输成本的降低，改变了工业发展的外部环境条件，影响工业布局。③航运线路多，加强了地区间的经济联系。航运将不同线路沿线的地区联系起来，随着航线的延伸，更多的区域融入贸易中，在很大程度上提高了市场整合程度，促进地区的经济变迁和工业发展。④航运业带动了相关产业的发展。航运业的发展一方面带动了沿线地区的商业繁荣，另一方面带动了与航运业相关行业的兴起，随着人口的集聚，进一步促进了消费品行业发展和基础设施的建立。

最后，近代河北地区矿业资源和新式工业企业的设立有一定的相关性，尤其在近代工业发展起步阶段，工业企业基本上设立在矿产资源丰富的地区；而近代江苏省矿产资源与工业空间分布的关联度不高，矿业企业也未严格设立在矿产资源分布地；近代广东省所设立的矿业企业基本位于矿产资源所在地，但是数量相对较少，无法确定其对工业空间扩散的影响。

(3) 通过对近代中国工业空间扩散的动力进行实证分析，可知不同因素对近代工业的影响存在一定差异

口岸和铁路能够显著促进近代工业的发展，而矿产资源丰富的地区则显著降低了近代工业的发展水平，水运交通对近代工业发展水平的影响不显著。通过分阶段、分区域回归分析，结果发现各因素的影响存在差异。

为了明确不同因素对近代中国工业发展的影响，本书运用计量方法，将口岸、铁路、水运交通和矿产资源等因素对近代工业发展的影响进行回归分析，结果表明口岸和铁路能够显著促进近代工业的发展，而矿产资源丰富的地区显著降低了近代工业的发展水平，水运交通对近代工业发展水平的影响不显著。不同因素的影响可能存在时间差异，因此进一步对样本分阶段处理，考察不同阶段各因素对近代中国工业发展的影响，结果表明 1895 年前，口岸、铁路、水运交通和矿产资源对工业发展的影响均不显著；1895—1911 年，口岸和铁路的影响显著为正，而水运交通和矿产资源的影响均不显著；1912—1926 年，口岸和铁路的影响依然显著为正，而矿产资源的影响显著为负，水运交通的影响不显著。1927—1937 年，仅有口岸的影响显著为正，其他因素均不显著。接下来，进一步进行分区域回归分析，结果发现各因素的影响存在地区差异。近代河北地区口岸、铁路对工业发展的影响均显著为正；近代江苏口岸和铁路对工业发展的影响显著为正；而近代广东口岸、铁路和水运交通的影响均为正，但并不显著。剔除天津、上海和广州后，分区域来看不同因素的影响也存在差异。对近代河北地区而言，铁路对工业发展的影响显著为正；近代江苏省口岸和铁路均对其工业发展产生显著的正向影响；而近代广东省水运交通的影响显著为正。

不同动力对近代工业发展影响的差异与地区的区位禀赋有较大联系。口岸和铁路对近代江苏省的影响均为正，在很大程度上是由于江苏省开埠的口岸以及铁路经过的地区大多自身经济发展较好，人口密度较高，口岸的开埠和铁路的修筑进一步强化了这些地区的区位优势，从而促进了该地区工业的发展。铁路对近代河北地区的影响显著为正，很大一部分原因是天津开埠推动了对外贸易发展，带动了国内商品市场的繁荣，而近代河北地区铁路的修筑成为地区间沟通联系的重要通道，从而带动了铁路沿线各县贸易的增加和工业的发展。水运交通对近代广东省工业发展有显著的促进作用。广东省水网密集，水运交通发达，不仅有利于对外贸易，同时发达的水网增强了地区间的贸易水平，从而促进了工业的发展。

（4）近代中国工业空间扩散中存在明显的集聚效应，集聚效应是影响近代中国工业空间布局的重要因素

通过对刘大均的《中国工业调查报告》数据进行分析，可以看出近代中国工业发展中存在明显的地区集聚现象。工业高度集中于江苏、河北、浙江等沿海省份，尤其是高度集中于上海市、天津市、北平市等若干大城市。同时，从行业来看也存在高度集中的现象，饰物仪器制造业、建筑材料业等若干行业高度集中于某几个省份。此外，不同省份工业的发展也存在高度集中于某些行业的情况。总体来看，沿海省份行业集中度相对较低，而中西部省份行业集中度较高。

对近代中国工业发展的产业集聚效应进行实证分析，从结果来看，不同地区的产业集聚效应存在差异，东部及口岸或沿海地区拥挤效应明显，可以解释其工业空间扩散的趋势。中西部地区则存在显著的集聚效应，工业有向某地区进一步集聚的趋势。进一步从工业发展路径角度探讨不同地区产业集聚效应差异：①国际贸易显著促进了东部口岸地区的工业发展，而国内贸易可以促进内陆地区工业的发展。②产业集聚水平的提高显著抑制了口岸沿海及东部地区工业的发展，但是对中部地区工业的发展具有促进作用。

10.2 启示

进入新时代，推进区域协调发展不仅是贯彻新发展理念的必然要求，也

是构建新发展格局的必要举措。[①] 改革开放以来，东南沿海地区一跃成为新的增长点。然而，在取得经济成就的同时，也发生了地区发展不平衡、收入差距扩大等现象。为了推动要素由发达地区向欠发达地区转移，实现区域平衡发展，20世纪90年代末，我国开始实施一系列区域平衡发展战略，缩小区域发展差距。当前中国正在推行的国家战略中，包括京津冀协同发展（2014年）、长江经济带发展（2016年）、长三角一体化发展（2018年）、粤港澳大湾区建设（2019年），以及西部大开发（2000年）、振兴东北老工业基地战略（2003年、2014年）等。已有文献对我国区域平衡发展战略的效果进行检验，结果发现这些政策对区域平衡发展的作用效果具有地区异质性。在一定程度上说明地区可能存在某种内在差异从而导致了政策效果的异质性，而厘清区域平衡发展政策异质性的根源，可以放到历史的视野来，今天的空间格局在很大程度上是近代中国经济地理格局的延续。因此，本书通过对近代中国工业空间扩散动力的研究，得出以下几点启示：

（1）促进工业空间扩散的动力可能存在一定的地区差异和阶段性差异，在制定区域平衡发展战略前应充分考察影响不同区域经济发展的因素，做到因地制宜、因时制宜

通过本书的分析，可以发现促进近代工业空间扩散的动力存在一定的地区差异。通过对近代河北地区、江苏省和广东省的分析，可知各区域空间扩散路径略有不同。近代河北地区工业空间扩散路径呈现明显的“点—轴”特征，通过实证分析也发现铁路对近代河北地区工业发展具有显著的正向影响。近代江苏省工业空间扩散路径呈现明显的“点—轴—面”特征，通过实证分析发现，除铁路对其工业发展有显著的正向影响外，沿海地区工业集聚过程中存在明显的拥挤效应，从而呈现向邻近区域扩散的现象。近代广东省空间扩散路径上，呈现明显的“点—面—轴”特征，通过分析同样发现近代广东省产业集聚中存在明显的拥挤效应。基于工业空间扩散的动力存在一定的地区差异，应充分考察影响区域经济发展的因素，以制定出更有效的区域平衡发展政策。

此外，不同发展阶段促进区域工业扩散的动力存在差异，通过对近代中国工业空间扩散的动力研究，可以发现不同阶段对工业发展的影响不同。例

① 尉煜桐，等．省域空间发展结构多中心演化与区域均衡发展［J］．经济地理，2022，42（11）：74-86.

如1895—1911年，口岸和铁路的影响显著为正；1912—1926年，口岸和铁路的影响依然显著为正。1927—1937年，仅有口岸的影响显著为正。因此，在不同发展时期应采取具有阶段性特征的区域发展政策，以最大限度促进区域的经济发展。

（2）贸易的发展可以成为地区工业发展的区位优势，从而带动地区的工业发展和经济增长

对于一个地区而言，贸易的便利性是非常重要的因素，贸易发达地区具有工业发展的区位优势，具有贸易优势的地区可以直接参与本地贸易或转口贸易。比如，上海是近代中国最大的工商业中心，除上海本地产品进出口外，其他地区，如无锡、南通等地的产品输入与输出也需要经过上海，从而进一步提高了上海的贸易水平。

通过本书的分析可知，近代贸易发达的地区工业劳动生产率显著提高，从而具有工业发展的区位优势。这是因为：第一，贸易的发展促进了商业资本积累，为商业资本向工业资本转化奠定了基础。对于资本短缺的近代中国而言，要发展工业首先要有充足的资本进行工业生产，而商业贸易可以为工业发展进行资本积累。贸易越发达则商业资本积累水平越高，商业资本向工业资本转化的程度越高。第二，贸易的发展带动了各类新式工业企业的设立和发展。贸易的发展可以衍生出对其他工业的需求，比如对外贸易推动了对交通运输业的需求，从而船舶业开始发展，进而衍生了机械维修业。又如棉纺织贸易的扩大，则进一步促进分工，衍生出织布业、针织业、染织业等。第三，贸易的发展及其推动的工业增加了对劳动力的需求，进而提高了人们的收入与购买力水平，扩大了商品需求的多样化，进一步推动工业的发展。因而，在对外贸易和国内贸易的带动下，工业发展呈现在口岸集聚并沿海、沿江或沿铁路线向内陆延伸的趋势。例如，石家庄的发展在很大程度上就是由于京汉铁路的建设，改善了其区位条件，缩短了地区间的运输时间，降低了运输成本，从而使石家庄获得了地区经济发展的区位优势，促进了地区的工业发展。

因此，在制定区域平衡发展战略时，应充分考虑地区贸易发展所带来的工业区位条件的改善，在产业转移中应首先考虑具有贸易优势的地区，发达的贸易是工业持续稳定发展的动力。

（3）在工业发展中存在普遍的集聚现象，从而拉大地区的发展差距，然而产业的过度集聚也会产生拥挤效应，促进经济要素向邻近区域扩散

集聚经济理论认为要素集聚导致差距拉大，然而在动态演化过程中，集聚程度达到较高水平时导致的过度拥挤会引发负外部性，进而使得经济要素向邻近区域扩散，形成具有空间关联性的区域，经济活动趋向分散化、多中心分布，从而有利于缩小地区差距。① 本书通过对近代中国工业发展中的集聚现象进行分析，发现近代中国工业空间扩散的同时也存在明显的集聚现象，并且产业集聚所产生的效应存在一定的地区差异。近代中国工业发展过程中东部尤其是沿海省份在一定程度上产生了产业的过度集聚，产业的过度集聚会降低工业的区位优势，促使产业向集聚区外扩散，从而产生明显的工业空间扩散现象；而中、西部地区处于产业集聚的发展阶段，集聚效应占主导，从而表现为工业向某地区进一步集聚的特征。

由于中国是一个区域发展差异较大的超大规模经济体，在经济高速发展时期必然伴随着区域发展不平衡的动态变化，从而显示了区域发展不平衡的时空异质性。就我国区域发展而言，东、中、西部发展的不平衡，导致产业过度集中在东部沿海地区。产业的过度集聚会产生拥挤效应，从而向邻近区域扩散。因此，在制定产业政策时应充分结合各地区产业集聚效应存在的差异性，因势利导，创造产业向邻近地区扩散的条件，使得相关产业有序转移，实现区域经济的平衡发展。

因此，在制定区域平衡发展战略时，应充分考虑地区差异和阶段性差异，充分考虑提升地区贸易优势的措施，改善地区的区位条件，促进贸易的增长。地区的贸易优势可以成为工业发展的区位优势，吸引企业的设立与集聚。这是因为地区商品贸易的发展一方面可以为工业发展提供资本积累，另一方面可以增加劳动力需求、劳动者收入，进而提高地区购买力水平，从而促进工业发展。但是，产业的过度集聚会降低工业的区位优势，促使产业向集聚区外扩散。从而可以因势利导，促进产业有序转移，实现区域平衡发展。

---

① WILLIAMSON J G. Regional inequality and the process of national development：A description of the patterns［J］. Economic Development and Cultural Change，1965，13（4）：1-84.

附　录

附表1　近代各工业行业空间分布情况

棉纺织业	
时间	县（市）
1895年前	上海、武昌
1895—1911年	广州、三水、揭阳、梅县、北京、天津、宝坻、新安、清苑、饶阳、南通、崇明、常熟、太仓、吴县、江阴、无锡、松江、如皋、广宁、辽阳、杭县、萧山县、鄞县、平湖、永嘉、汉口、武昌、重庆、闽侯、汾阳、祁县、亳州、池州、铜陵、芜湖、休宁、清江、安阳
1912—1926年	广州、汕头、顺德、佛山、北京、宝坻、唐山、石家庄、天津、清苑、文安、常熟、崇明、东台、海门、南通、如皋、上海、太仓、无锡、武进、盐城、松江、泰县、灌云、江都、铜山、吴县、丹徒、南京、沈阳、营口、阿城、长春、杭县、宁海、嘉兴、金华、湖州、萧山、济南、青岛、历城、烟台、汉口、沙市、武昌、铜梁、福州、长沙、榆次、大同、忻县、芜湖、九江、南昌、卫辉、武陟、郑县、淮阳、遵义
1927—1937年	广州、天津、宝坻、上海、常熟、崇明、嘉定、上海、太仓、无锡、武进、吴县、丹徒、丹阳、营口、杭县、永嘉、湖州、济南、青岛、潍县、沙市、武昌、汉口、重庆、晋江、龙海、厦门、常德、长沙、南县、新绛、榆次、祁县、太原、芜湖、九江、安阳、彰德、武陟、临潼、西安、兴义、贵阳、桐梓、乌鲁木齐
面粉业	
时间	县（市）
1895年前	天津、北京、上海
1895—1911年	广州、北京、天津、通县、淮安、灌云、南通、宿迁、泰州、无锡、高邮、丹徒、阿城、吉林、宁安、双城、富拉尔基、杭县、鄞县、汉口、长寿、芜湖、安阳、滑县、卫辉、赤峰、张家口
1912—1926年	广州、北京、沧县、唐山、邯郸、清苑、石家庄、天津、淮阴、南汇、南京、南通、上海、无锡、武进、铜山、丹徒、开源、阿城、吉林、宁安、双城、五常、依兰、长春、瑷珲、安达、昂昂溪、拜泉、富锦、富拉尔基、海伦、黑河、呼兰、佳木斯、齐齐哈尔、绥化、杭县、德县、济南、济宁、历城、青岛、烟台、汉口、老河口、沙市、浠水、重庆、常德、长沙、衡阳、大同、太原、九江、安阳、开封、新乡、许昌、昆明、万全、包头

续表

面粉业	
时间	县（市）
1927—1937 年	顺德、清苑、北京、磁县、邯郸、天津、灌云、江都、南京、上海、无锡、武进、丹徒、宾县、扶余、阿城、依兰、长春、瑷珲、安达、拜泉、富锦、海伦、克山、密山、纳河、依安、满洲里、绥化、杭县、鄞县、济南、青岛、泰安、枣庄、汉口、沙市、成都、重庆、泉州、大同、榆次、平遥、临汾、蚌埠、安阳、漯河、许昌、郾城、彰德、宝鸡、渭南、西安、庆城、包头、宁夏
火柴业	
时间	县（市）
1895 年前	南海、天津、上海、重庆、太原
1895—1911 年	广州、佛山、天津、丹徒、沈阳、杭县、鄞县、济宁、潍县、汉口、成都、重庆、泸县、福州、长沙、太原、开封、东川、嵩明、昭通、西安、宁羌
1912—1926 年	佛山、广州、江门、清远、汕头、顺德、四会、台山、滦县、南皮、清苑、石家庄、天津、江都、涟水、南汇、南通、上海、吴县、沈阳、营口、珲春、吉林、齐齐哈尔、丽水、绍兴、黄县、即墨、济南、济宁、胶州、聊城、青州、潍县、烟台、长山、汉口、成都、涪陵、广元、合川、江北、乐山、泸县、渠县、遂宁、万县、重庆、资中、南台、闽侯、大同、汾阳、平遥、新绛、凤阳、芜湖、九江、开封、临漳、洛阳、温县、新乡、梧州、建水、昆明、南郑、西安、兰州、皋兰、富兰、静宁、贵阳
1927—1937 年	潮安、广州、三水、汕头、北京、交河、上海、铜山、吴县、武进、阿城、吉林、呼兰、绍兴、吴兴、永嘉、诸暨、菏泽、黄县、即墨、济南、济宁、胶州、临清、青岛、日照、威海、潍县、汉口、重庆、涪陵、富顺、广安、合川、宜宾、永川、长寿、太原、新绛、芜湖、开封、洛阳、新乡、昆明、西安、华县、天水、西宁
水电业	
时间	县（市）
1895 年前	广州
1895—1911 年	广州、汕头、北京、天津、南京、南通、奉贤、吴县、无锡、丹徒、牛庄、沈阳、铁岭、营口、义县、吉林、齐齐哈尔、海宁、杭县、嘉兴、鄞县、济南、青岛、烟台、汉口、武昌、成都、重庆、福州、厦门、湘潭、长沙、太原、安庆、怀宁、芜湖、南昌、开封
1912—1926 年	宝安、潮州、东莞、佛山、高要、广州、合浦、惠阳、江门、清远、琼州、曲江、三水、汕头、顺德、台山、新会、兴宁、阳江、中山、北京、宝坻、沧县、唐山、高阳、临榆、南宫、清苑、天津、通县、辛集、邢台、宝山、宝应、常熟、崇明、川沙、丹阳、东海、东台、奉贤、高邮、灌云、海门、淮安、淮阴、嘉定、江都、江阴、金坛、昆山、溧阳、六合、闵行、南汇、南京、南通、青浦、如皋、上海、松江、吴县、太仓、泰县、泰兴、无锡、吴江、武进、兴化、铜山、盐城、江都、仪征、宜兴、丹徒、凤凰城、盖平、锦县、辽阳、瓦房店、辽源、东宁、公主岭、阿城、珲春、吉林、农安、双辽、延吉、长春、黑河、安吉、常山、慈溪、德清、定海、奉化、海宁、海盐、杭县、黄岩、嘉善、嘉兴、建德、金华、兰溪、丽水、临海、龙泉、南浔、平湖、衢县、瑞安、绍兴、桐庐、

续表

水电业	
时间	县（市）
	桐乡、吴兴、象山、萧山、永嘉、永康、余杭、余姚、长兴、镇海、博山、菏泽、黄县、济宁、临清、临沂、蓬莱、泰安、威海、潍县、烟台、长山、淄川、邹县、汉阳、监利、老河口、沔阳、沙市、武昌、武穴、宜昌、成都、合川、泸县、大田、福清、建瓯、晋江、龙海、龙溪、龙岩、莆田、沙县、厦门、永春、漳州、常德、衡阳、会同、澧县、湘潭、益阳、岳阳、长沙、大同、平定、平遥、太谷、榆次、蚌埠、贵池、合肥、大通、寿县、无为、宣城、赣县、吉安、景德镇、九江、临川、铅山、安阳、洛阳、商丘、新乡、信阳、郑县、梧州、西安、赤峰、张家口、怀安、乌鲁木齐、归化
1927—1937年	宝安、广州、揭阳、曲江、顺德、四会、台山、增城、北京、定县、丰润、交河、临榆、天津、通县、邢台、东台、丰县、淮安、淮阴、嘉定、江浦、昆山、南汇、南京、南通、青浦、上海、松江、太仓、泰县、铜山、无锡、吴江、吴县、武进、盐城、宜兴、滨江、桦甸、九台、同宾、五常、永吉、德清、东阳、富阳、海宁、海盐、杭县、嘉兴、金华、乐清、临海、平湖、青田、绍兴、嵊县、桐乡、吴兴、萧山、新昌、义乌、鄞县、余杭、长兴、镇海、博山、高密、济南、牟平、青岛、青州、荣成、威海、潍县、文登、汉阳、江陵、武昌、应城、灌县、富顺、合江、华阳、江北、江津、金堂、乐山、绵竹、南充、内江、万县、新都、重庆、资中、建瓯、金门、晋江、南平、顺昌、厦门、同安、永安、长乐、常德、益阳、醴陵、湘乡、桃源、大同、太谷、祁县、新绛、贵池、含山、歙县、舒城、桐城、休宁、南昌、鄱阳、清江、婺源、永修、安阳、洛阳、贺县、苍梧、贵县、桂林、柳州、龙州、南宁、梧州、武威、张家口、包头、宁夏、拉萨、康定

机器工业	
时间	县（市）
1895年前	上海
1895—1911年	广州、天津、宝坻、南通、丹徒、大连、济南、汉口、汉阳、宜昌、福州、永定、怀宁、梧州
1912—1926年	广州、天津、唐山、南京、上海、无锡、武进、沈阳、阿城、吉林、杭县、济南、青岛、潍县、汉口、汉阳、沙市、宜昌
1927—1937年	天津、上海、武进、无锡、吴县、济南、青岛、潍县、重庆、湘潭、长沙

金属/燃料采掘业	
时间	县（市）
1895年前	磁县、唐山、临城、铜山、中山、昌江、沈阳、依兰、延吉、漠河、烟台、牟平、平度、淄川、峄县、武昌、大冶、广济、荆门、汉口、池州、贺县、贵县、东川、平泉、滦平、镇远
1895—1911年	合浦、迁安、磁县、井陉、滦县、曲阳、天津、句容、南京、铜山、通化、抚顺、锦西、辽阳、磐石、敦化、吉林、漠河、呼兰、嫩江、桐庐、宁阳、峄县、汉口、大冶、阳新、冕宁、彭县、犍为、江北、重庆、宁德、安溪、邵武、政和、安化、常宁、桂阳、平江、新华、益阳、沅陵、长沙、芷江、宁乡、绛县、晋城、平定、平陆、寿阳、广德、贵池、怀远、宿县、芜湖、赣州、景德镇、萍乡、南昌、余干、安阳、沁阳、武安、禹县、贵县、梧州、蒙自、延安、朝阳、张北、宣化

续表

金属/燃料采掘业	
时间	县（市）
1912—1926 年	防城、钦县、北京、大兴、唐山、井陉、临榆、天津、宛平、上海、东海、无锡、东台、江宁、句容、宿迁、盐城、丹徒、鞍山、抚顺、复县、黑山、吉林、延吉、东宁、延吉、伊通、诸暨、定海、建德、长兴、博山、宁阳、泰安、章丘、淄川、大冶、鄂城、汉口、竹山、阳新、应城、重庆、南平、宁德、福州、凤凰、新化、长沙、宁乡、湘潭、太原、大同、怀仁、平定、当涂、繁昌、凤阳、贵池、休宁、怀远、宁国、宿县、宣城、乐平、吉安、鄱阳、渑池、陕县、武安、修武、禹县、个旧、昆明、宜良、蒙自、宁远、朝阳、凌源、宣化
1927—1937 年	电白、广州、钦县、曲江、北京、磁县、房山、天津、宛平、遵化、六合、南京、上海、萧县、复县、辽源、东宁、敦化、蛟河、洮安、杭县、长兴、博山、济南、宁阳、青岛、新泰、烟台、章丘、淄川、大冶、汉口、阳新、应城、秭归、合川、江北、彭县、铜梁、重庆、屏山、赤田、醴陵、宁乡、慈利、祁阳、桃源、湘潭、永兴、长沙、大同、太原、平定、怀仁、当涂、怀远、吉安、萍乡、鄱阳、宜章、登封、临汝、武安、宜阳、禹县、南丹、平南、呈贡、凤仪、个旧、会泽、开远、昆明、易门、宜良、铜川、白水

资料来源：杜恂诚．民族资本主义与旧中国政府（1840—1937）［M］．上海：上海社会科学院出版社，1991．

杜恂诚．中国的民族资本主义（1927—1937）［M］．上海：上海财经大学出版社，2019．

附表 2　近代各县工业占比情况

地区	工厂数	资本额	工人数	地区	工厂数	资本额	工人数	地区	工厂数	资本额	工人数
芜湖县	2.67%	0.35%	0.76%	确山县	0.03%	0.01%	0.02%	潍县	0.11%	0.08%	0.13%
凤阳县	0.60%	0.24%	0.14%	陕县	0.01%	0.09%	0.01%	济宁县	0.02%	0.09%	0.08%
怀宁县	0.66%	0.03%	0.11%	洛阳县	0.01%	0.00%	0.01%	泰安县	0.02%	0.01%	0.06%
铜陵县	0.10%	0.01%	0.01%	汉口市	2.65%	1.87%	3.18%	即墨县	0.01%	0.01%	0.03%
万全县	0.03%	0.00%	0.06%	武昌县	1.17%	2.36%	2.60%	胶县	0.02%	0.02%	0.03%
龙溪县	0.15%	0.01%	0.04%	汉阳县	0.39%	0.20%	0.37%	博山县	0.03%	0.02%	0.03%
闽侯县	1.88%	0.55%	0.48%	江陵县	0.14%	0.20%	0.21%	威海卫	0.04%	0.00%	0.01%
厦门市	0.11%	1.13%	0.09%	大冶县	0.03%	0.61%	0.06%	黄县	0.04%	0.01%	0.01%
广州市	5.18%	2.31%	3.92%	黄陂县	0.01%	0.32%	0.02%	高密县	0.02%	0.00%	0.01%
顺德县	2.65%	0.16%	1.68%	宜昌县	0.08%	0.01%	0.01%	德县	0.01%	0.00%	0.01%
南海县	0.19%	0.25%	0.86%	岳阳县	0.02%	0.03%	0.01%	阳曲县	0.31%	1.69%	0.86%
汕头市	1.05%	0.47%	0.58%	长沙县	1.24%	1.03%	0.83%	新绛县	0.24%	0.61%	0.34%
新会县	0.22%	0.11%	0.12%	上海市	18.8%	40.50%	31.38%	榆次县	0.03%	0.88%	0.28%
惠阳县	0.26%	0.01%	0.11%	无锡县	1.70%	2.99%	8.15%	祁县	0.01%	0.06%	0.10%

续表

地区	工厂数	资本额	工人数	地区	工厂数	资本额	工人数	地区	工厂数	资本额	工人数
台山县	0.12%	0.07%	0.06%	南汇县	2.21%	0.92%	1.74%	平定县	0.01%	0.15%	0.09%
中山县	0.21%	0.16%	0.06%	南通县	0.36%	1.59%	1.59%	大同县	0.02%	0.03%	0.02%
三水县	0.01%	0.01%	0.06%	南京市	3.66%	1.59%	1.26%	平遥县	0.02%	0.02%	0.01%
曲江县	0.05%	0.01%	0.02%	武进县	0.53%	0.67%	1.16%	临汾县	0.01%	0.02%	0.00%
东莞县	0.04%	0.01%	0.02%	吴县	1.51%	0.83%	1.07%	运城	0.01%	0.00%	0.00%
南宁县	0.24%	0.07%	0.10%	江阴县	0.34%	0.36%	1.02%	咸阳县	0.02%	0.00%	0.01%
苍梧县	0.21%	0.30%	0.09%	松江县	0.33%	0.04%	0.79%	长安县	0.54%	0.03%	0.19%
马平县	0.11%	0.03%	0.02%	镇江县	1.82%	1.00%	0.61%	成都县	7.70%	0.46%	3.04%
桂林县	0.13%	0.02%	0.01%	海门县	0.01%	0.66%	0.43%	重庆县	2.22%	1.54%	1.65%
天津市	6.60%	5.15%	4.44%	常熟县	0.35%	0.07%	0.38%	泸县	1.22%	0.04%	0.36%
北平市	6.37%	2.77%	2.29%	启东县	0.01%	0.42%	0.30%	嘉定县	0.12%	0.12%	0.34%
唐山	0.04%	3.98%	1.04%	崇明县	0.08%	0.34%	0.26%	万县	0.03%	0.03%	0.08%
获鹿县	0.16%	0.68%	0.44%	太仓县	0.01%	0.20%	0.26%	江北县	0.02%	0.03%	0.03%
宛平县	0.01%	0.33%	0.16%	昆山县	0.22%	0.08%	0.18%	包头县	0.03%	0.08%	0.02%
宁河县	0.02%	0.94%	0.15%	东海县	0.54%	0.04%	0.13%	丰镇	0.02%	0.04%	0.03%
高阳县	0.32%	0.04%	0.15%	丹阳县	0.10%	0.02%	0.12%	归绥县	0.04%	0.09%	0.02%
昌平县	0.01%	0.21%	0.11%	江浦县	0.02%	0.37%	0.12%	杭县	2.17%	1.78%	1.88%
清苑县	0.11%	0.15%	0.07%	江都县	0.28%	0.06%	0.12%	永嘉县	0.83%	0.19%	1.22%
邢台县	0.21%	0.01%	0.05%	奉贤县	0.02%	0.02%	0.07%	鄞县	1.11%	0.53%	0.99%
邯郸县	0.01%	0.04%	0.02%	淮安县	0.19%	0.00%	0.07%	吴兴县	1.72%	0.10%	0.79%
丰润县	0.01%	0.04%	0.01%	句容县	0.02%	0.60%	0.07%	绍兴县	2.12%	0.13%	0.68%
滦县	0.01%	0.01%	0.01%	铜山县	0.06%	0.05%	0.04%	嘉兴县	0.18%	0.23%	0.56%
正定县	0.01%	0.00%	0.01%	川沙县	0.11%	0.01%	0.03%	德清县	0.07%	0.05%	0.46%
宁晋县	0.01%	0.00%	0.01%	青浦县	0.01%	0.01%	0.02%	海宁县	0.31%	0.04%	0.41%
沧县	0.02%	0.00%	0.00%	淮阴县	0.02%	0.02%	0.01%	余姚县	0.56%	0.06%	0.35%
郑县	0.09%	0.99%	0.62%	泰县	0.01%	0.05%	0.01%	萧山县	0.08%	0.17%	0.35%
汲县	0.04%	0.43%	0.24%	九江县	0.07%	1.04%	0.54%	奉化县	0.17%	0.02%	0.26%
安阳县	0.04%	0.06%	0.22%	南昌县	1.49%	0.13%	0.32%	嘉善县	0.12%	0.02%	0.10%
开封县	0.56%	0.13%	0.16%	青岛市	0.76%	3.75%	1.21%	海盐县	0.05%	0.05%	0.10%

续表

地区	工厂数	资本额	工人数	地区	工厂数	资本额	工人数	地区	工厂数	资本额	工人数
新乡县	0.22%	0.14%	0.10%	济南市	0.60%	1.82%	1.19%	丽水县	0.01%	0.05%	0.09%
郾城县	0.02%	0.02%	0.08%	长山县	2.38%	0.05%	0.68%	瑞安县	0.13%	0.01%	0.04%
信阳县	0.33%	0.01%	0.06%	临朐县	0.55%	0.04%	0.65%	富阳县	0.01%	0.01%	0.03%
武陟县	0.01%	0.02%	0.05%	福山县	0.31%	0.80%	0.38%	诸暨县	0.01%	0.01%	0.03%
许昌县	0.02%	0.01%	0.05%	益都县	0.05%	0.04%	0.16%	临海县	0.08%	0.01%	0.01%
定海县	0.01%	0.00%	0.01%								

资料来源：刘大均．中国工业调查报告［Z］．经济统计研究所，1937.

参考文献

图书、学位论文

［1］蔡谦．粤省对外贸易调查报告［M］．上海：商务印书馆，1939.

［2］陈为忠．转型与重构：上海产业区的形成与演化研究（1843—1941）［M］．上海：复旦大学，2014.

［3］陈真，姚洛．中国近代工业史资料［M］．北京：生活·读书·新知三联书店，1961.

［4］陈振汉．社会经济史学论文集［C］．北京：经济科学出版社，1999.

［5］车松虎．长春市产业布局演变研究［D］．长春：吉林大学，2010.

［6］戴鞍钢．港口·城市·腹地——上海与长江流域经济关系的历史考察（1843—1913）［M］．上海：复旦大学出版社，1998.

［7］戴鞍钢．中国近代经济地理（第二卷）·江浙沪近代经济地理［M］．上海：华东师范大学出版社，2014.

［8］丁日初．上海近代经济史（第 2 卷）［M］．上海：上海人民出版社，1997.

［9］董鉴泓．中国城市建设史（第 3 版）［M］．北京：中国建筑工业出版社，2004.

［10］杜恂诚．民族资本主义与旧中国政府（1840—1937）［M］．上海：上海社会科学院出版社，1991.

［11］杜恂诚．中国的民族资本主义（1927—1937）［M］．上海：上海财经大学出版社，2019.

［12］樊如森．中国近代经济地理（第七卷）·华北与蒙古高原近代经济地理［M］．上海：华东师范大学出版社，2015.

［13］范西成，陆保珍．中国近代工业发展史（1840—1927）［M］．西安：陕西人民出版社，1991.

［14］方书生．中国近代经济地理（第五卷）·华南近代经济地理［M］．

上海：华东师范大学出版社，2015.

[15] 方显廷．中国之棉纺织业［M］．北京：商务出版社，2011.

[16] 费成康．中国租界史［M］．上海：上海社会科学院出版社，1991.

[17] 复旦大学历史地理研究中心，韩国仁荷大学韩国学研究所．海洋·港口城市·腹地：19 世纪以来的东亚交通与社会变迁［A］．上海：上海人民出版社，2014.

[18] 龚骏．中国都市工业化程度之统计分析［M］．上海：商务印书馆，1933.

[19] 龚骏．中国新工业发展史大纲［M］．上海：商务印书馆，1933.

[20] 谷书堂．天津经济概况［M］．天津：天津人民出版社，1984.

[21] 郭利民．中国近代史地图集［Z］．北京：星球地图出版社，2015.

[22] 郭孝义主编．江苏航运史（近代部分）［M］．北京：人民交通出版社，1990.

[23] 洪懋熙．最新中华形势一览图［Z］．上海：东方舆地学社，1936.

[24] 湖北省档案馆．汉冶萍公司档案史料选编［M］．北京：中国社会科学出版社，1994.

[25] 胡焕庸．经济地理［M］．南京：正中书局，1948.

[26] 黄华平．国民政府铁道部研究［M］．合肥：合肥工业大学出版社，2011.

[27] 侯风云．传统、机遇与变迁——南京城市现代化研究（1912-1937 年）［M］．北京：人民出版社，2010.

[28] 姜新．苏北近代工业史［M］．徐州：中国矿业大学出版社，2001.

[29] 金士宣，徐文述．中国铁路发展史（1876—1949）［M］．北京：中国铁道出版社，1986.

[30] 孔军．近代安徽矿业地理初探（1840—1945）［D］．合肥：安徽大学，2016.

[31] 李必樟．上海近代贸易经济发展概况：英国驻上海领事贸易报告汇编（1854—1898）［M］．上海：上海社会科学院出版社，1993.

[32] 李维清．（民国）上海乡土地理志［M］．上海：著译堂印书局，1927.

[33] 李伟红．河南近代工业布局与影响因素分析［D］．开封：河南大学，2016.

［34］李文海．民国时期社会调查丛编（二编）·社会组织卷[M]．福州：福建教育出版社，2009.

［35］刘大均．中国工业调查报告［Z］．经济统计研究所，1937.

［36］刘大钧．工业化与中国工业建设［M］．上海：商务印书馆，1946.

［37］刘佛丁．中国近代经济发展史［M］．北京：高等教育出版社，1999.

［38］刘静．空间人文学视角下的中国近代工业基本空间特征研究［D］．天津：天津大学，2019.

［39］罗澍伟．近代天津城市史［M］．北京：中国社会科学出版社，1993.

［40］罗玉东．中国厘金史［M］．北京：商务印书馆，2010.

［41］马里千，陆逸志，王开济．中国铁路建筑编年简史（1881—1981）［M］．北京：中国铁道出版社，1983.

［42］茅伯科．上海港史：古、近代部分［M］．北京：人民交通出版社，1990.

［43］茅家琦．中国旧海关资料史料（1859—1948）［M］．北京：京华出版社，2001.

［44］宓汝成．帝国主义与中国铁路（1847—1949）［M］．上海：上海人民出版社，1980.

［45］南开大学经济研究所．启新洋灰公司史料［M］．北京：生活·读书·新知三联书店，1963.

［46］内政部统计司．全国各市县土地人口调查［Z］．内政部统计司，1935 年．

［47］倪红．上海市档案馆馆藏近代上海港建设档案概况·上海档案史料研究（第 1 辑）［M］．上海：上海古籍出版社，2005.

［48］聂宝璋．中国近代航运史资料（第 1 辑）［M］．上海：上海人民出版社，1983.

［49］潘君祥，沈祖炜．近代中国国情透视——关于近代中国经济、社会的研究［M］．上海：上海社会科学院出版社，1992.

［50］漆树芬．经济侵略下之中国［M］．北京：生活·读书·新知三联书店，1954.

［51］森时彦．中国近代棉纺织业史研究［M］．北京：社会科学文献出版社，2010.

[52] 上海机器工业史料组．上海民族机器工业 [M]. 北京：中华书局，1979.

[53] 上海粮食局．中国近代面粉工业史 [M]. 北京：中华书局，1987.

[54] 上海社会科学院经济研究所．大隆机器厂的产生发展和改造 [M]. 上海：上海人民出版社，1980.

[55] 上海社会科学院经济研究所．荣家企业史料 [M]. 上海：上海人民出版社，1980.

[56] 上海社会科学院经济研究所．刘鸿生企业史料 [M]. 上海：上海人民出版社，1981.

[57] 上海市纺织工业局．永安纺织印染公司 [M]. 北京：中华书局，1964.

[58] 上海市工商行政管理局．上海民族橡胶工业 [M]. 北京：中华书局，1979.

[59] 上海市工商行政管理局毛纺史料组，等．上海民族毛纺织工业 [M]. 北京：中华书局，1963.

[60] 申报年鉴社．申报年鉴全编 [M]. 北京：国家图书馆出版社，2010.

[61] 孙毓棠．中国近代工业史资料（1840—1895）[M]. 北京：科学出版社，1957.

[62] 谭其骧．中国历史地图集（八）[Z]. 北京：中国地图出版社，1982.

[63] 田永秀．近代四川沿江中小城市研究 [D]. 成都：四川大学，1999.

[64] 汪敬虞．中国近代工业史资料（1895—1914）[M]. 北京：科学出版社，1957.

[65] 王国斌．大分流之外：中国和欧洲经济变迁的政治 [M]. 南京：江苏人民出版社，2021.

[66] 王铁崖．中外旧约章汇编（第 1 册）[M]. 北京：生活·读书·新知三联书店，1957.

[67] 魏心镇．工业地理学：工业布局原理 [M]. 北京：北京大学出版社，1982.

[68] 翁春萌．武汉近代工业发展与城市形态变迁研究（1861—1937）

[D]. 武汉：武汉大学，2017.

[69] 吴承明. 中国企业史近代卷［M］. 北京：企业管理出版社，2004.

[70] 吴焕良. 近代上海棉纱业空间研究（1889—1936）[D]. 上海：复旦大学，2011.

[71] 吴松弟. 中国近代经济地理第一卷·绪论和全国概况［M］. 上海：华东师范大学出版社，2014.

[72] 谢俊美. 翁同龢集［M］. 北京：中华书局，2005.

[73] 徐新吾. 中国近代缫丝工业史［M］. 上海：上海人民出版社，1990.

[74] 徐雪筠，等. 上海近代社会经济发展概况（1882—1931）——《海关十年报告》译编［M］. 上海：上海社会科学院出版社，1985.

[75] 许涤新，吴承明. 中国资本主义发展史［M］. 北京：人民出版社，1990.

[76] 许绍李. 谈谈我国工业的地理分布［M］. 上海：上海人民出版社，1956.

[77] 许维雍，黄汉民. 荣家企业发展史［M］. 北京：人民出版社，1985.

[78] 天津社会科学院历史研究所. 天津历史资料［A］. 天津社会科学院历史研究所，1982.

[79] 严艳. 陕甘宁边区经济发展与产业布局研究（1937—1950）[D]. 西安：陕西师范大学，2005.

[80] 严中平，等. 中国棉纺织史稿（1289—1937）[M]. 北京：科学出版社，1955.

[81] 严中平，等. 中国近代经济史统计资料选辑［M］. 北京：科学出版社，1955.

[82] 杨东煜. 近代长江三峡地区工矿业发展分布研究［D］. 重庆：西南大学，2012.

[83] 杨敬敏. 中国近代棉纺织进口替代工业的发展及其空间分布研究（1867—1936）[D]. 上海：复旦大学，2014.

[84] 杨勇刚. 中国近代铁路史［M］. 上海：上海书店出版社，1997.

[85] 杨荫溥. 杨著中国金融论［M］. 上海：黎明书局，1946.

[86] 姚洪卓. 近代天津对外贸易（1861—1948）[M]. 天津社会科学院

出版社，1993.

［87］姚贤镐．中国近代对外贸易史资料 1840—1895（第 3 册）［M］．北京：中华书局，1962.

［88］尤欢．全面抗战时期浙江工业布局的变迁［D］．杭州：杭州师范大学，2017.

［89］袁为鹏．聚集与扩散：中国近代工业布局［M］．上海：上海财经大学出版社，2007.

［90］张洪祥．近代中国通商口岸与租界［M］．天津：天津人民出版社，1993.

［91］章开沅，等．苏州商会档案丛编（第 1 辑）［M］．武汉：华中师范大学出版社，1991.

［92］张美岭．近代中资银行业与工业发展关系研究（1897—1936）［D］．北京：中国人民大学，2017.

［93］张其昀．中国经济地理［M］．上海：商务印书馆，1929.

［94］张雨才．中国铁道建设史略（1876—1949）［M］．北京：中国铁道出版社，1997.

［95］赵晶晶．1840 年以来武汉工业扩散驱动郊区城镇化的空间过程［D］．武汉：华中师范大学，2013.

［96］郑志忠．民国时期关中地区工业发展与布局研究［D］．西安：陕西师范大学，2012.

［97］中国第二历史档案馆，等．中国旧海关史料（1859—1948）［M］．北京：京华出版社，2001.

［98］中国史学会．中国近代史资料丛刊洋务运动（六）［M］．上海：上海人民出版社，1961.

［99］中国科学院经济研究所，中央工商行政管理局资本主义经济改造研究室．旧中国机制面粉工业统计资料［M］．北京：中华书局，1966.

［100］中国科学院上海经济研究所，等．南洋兄弟烟草公司史料［M］．上海：上海人民出版社，1958.

［101］中国科学院上海经济研究所，等．恒丰纱厂的发生发展和改造［M］．上海：上海人民出版社，1958.

［102］中国人民银行上海市分行．上海钱庄史料［M］．上海：上海人民出版社，1960.

[103] 朱新繁．中国资本主义之发展 [M]．上海：上海联合书店，1930.

[104] 祝慈寿．中国近代工业史 [M]．重庆：重庆出版社，1989.

[105] [德] 阿尔弗雷德·韦伯．工业区位论 [M]．李刚剑，等译．北京：商务印书馆，1997.

[106] [美] 鲍德威．中国的城市变迁：1890—1949 年山东济南的政治与发展 [M]．张汉，等译．北京：北京大学出版社，2010.

[107] [美] 道格拉斯·C. 诺思．制度、制度变迁与经济绩效 [M]．杭行，译．上海：格致出版社，生活·读书·新知三联书店，上海人民出版社，2012.

[108] [美] 罗威廉．汉口：一个中国城市的冲突和社区（1796~1895）[M]．鲁西奇，罗杜芳，译．中国人民大学出版社，2008.

[109] [美] 罗兹·墨菲·上海——现代中国的钥匙 [M]．上海社会科学院历史研究所，编译．上海：上海人民出版社，1986.

[110] [美] 施坚雅．中国农村的市场和社会结构 [M]．史建云，徐秀丽，译．北京：中国社会科学出版社，1998.

[111] [美] 泰勒·丹涅特．美国人在东亚 [M]．姚曾廙，译．北京：商务印书馆，1959.

[112] [美] 藤田昌久，保罗·克鲁格曼，安东尼·J. 维纳布尔斯．空间经济学：城市、区域与国际贸易 [M]．梁琦主，译．北京：中国人民大学出版社，2013.

[113] [英] 亚当·斯密．国富论 [M]．郭大力，王亚南，译．北京：商务印书馆，2014.

[114] BAS V. L., ROBIN C. M. Philips and Erik Buyst (eds.). An Economic History of Regional Industrialization [M]. NewYork: Routledge, 2021.

[115] BRAKMAM S., GARRETSE H., MARREWIJK C. An Introduction to Geographical Economics [M]. Cambridge: Cambridge University Press, 2001.

[116] EN-SAI T. Treaty Ports in China [M]. New York: Columbia University Press, 1918.

[117] FAIRBANK J. K. Trade and Diplomacy on the China Coast: The Opening of the Treaty Ports 1842-1854 [M]. Cambridge: Harvard University Press, 1956.

[118] FUJITA M, THISSE J. The Economics of Agglomeration [M]. Cam-

bridge: Cambridge University Press, 2002.

[119] MORSE H. B.. The International Relations of Chinese Empire [M]. New York: Klis-osie Press, 1910.

[120] LOSCH A. The Economics of Location [M]. New Haven: Yale University Press, 1959.

[121] MARSHALL A. Principles of Economics [M]. London: MacMillan, 1890.

期刊

[1] 陈钊，陆铭．教育、人力资本和兼顾公平的增长——理论、台湾经验及启示 [J]. 上海经济研究，2002 (1): 10-14.

[2] 戴鞍钢，阎建宁．中国近代工业地理分布、变化及其影响 [J]. 中国历史地理论丛，2000 (1): 139-161.

[3] 戴建兵，侯林．近代天津与内河水运 (1860~1937)[J]. 城市史研究，2013 (0): 136-151.

[4] 樊百川．二十世纪初期中国资本主义发展的概况与特点 [J]. 历史研究，1983 (4): 11-24.

[5] 樊如森．天津——近代北方经济的龙头 [J]. 中国历史地理论丛，2003, 21 (2): 40-50.

[6] 樊如森．近代华北经济地理格局的演变 [J]. 史学月刊，2010 (9): 87-96.

[7] 樊如森．近代环渤海经济一体化及其动力机制 [J]. 学术月刊，2011, 43 (7): 131-143.

[8] 范剑勇．产业集聚与地区间劳动生产率差异 [J]. 经济研究，2006 (11): 72-81.

[9] 范剑勇，石灵云．产业外部性、企业竞争环境与劳动生产率 [J]. 管理世界，2009 (8): 65-72, 187.

[10] 方书生．近代岭南商埠格局的变迁 (1843—1939)[J]. 中国历史地理论丛，2004, 19 (2): 33-42.

[11] 方书生．近代中国的经济增长——基于长江三角洲地区的验证 [J]. 上海经济研究，2012, 24 (9): 118-126.

[12] 方书生．地理、市场与规制：两宋以降南中国外贸港口偏移分析 [J]. 上海经济研究，2017 (5): 120-129.

[13] 顾朝林．中国城市经济区划分的初步研究［J］．地理学报，1991（2）：129-141.

[14] 胡焕庸．中国人口之分布——附统计表与密度图［J］．地理学报，1935（2）：33-74.

[15] 季宏．天津近代城市工业格局演变历程与工业遗产保护现状［J］．福州大学学报（自然科学版），2014，42（3）：439-444.

[16] 江沛，熊亚平．铁路与石家庄城市的崛起：1905—1937 年［J］．近代史研究，2005（3）：170-197.

[17] 孔庆泰．1921 年前中国已开商埠［J］．历史档案，1984（2）：54-63.

[18] 李发根．论近代上海对外贸易中心的形成——以战争契机与口岸制度为视角［J］．上海经济研究，2016（9）：122-129.

[19] 李嘉楠，代谦，庄嘉霖．开放、市场整合与经济空间变迁：基于近代中国开埠的证据［J］．世界经济，2019，42（9）：27-51.

[20] 李书源，徐婷．铁路与近代东北区域经济差异：1898—1931［J］．江西师范大学学报（哲学社会科学版），2014，47（4）：114-119.

[21] 梁若冰．口岸、铁路与中国近代工业化［J］．经济研究，2015，50（4）：178-191.

[22] 刘晖．铁路与近代郑州城市空间结构变动及功能演变［J］．安徽史学，2015（4）：95-103.

[23] 刘健．近代工矿业城市发展模式与意义——以开滦煤矿和唐山市古冶区为例［J］．唐山学院学报，2014，27（1）：7-10.

[24] 刘修岩．集聚经济、公共基础设施与劳动生产率——来自中国城市动态面板数据的证据［J］．财经研究，2010，36（5）：91-101.

[25] 马义平．近代铁路与华北内陆农村经济的分化与重组——以 1906~1937 年间豫北地区为中心的分析［J］．郑州大学学报（哲学社会科学版），2012，45（1）：108-112.

[26] 欧阳峣，易思维．近代铁路、新式教育与经济发展——中国近代铁路影响经济发展的实证研究［J］．湘潭大学学报（哲学社会科学版），2020，44（5）：58-67.

[27] 乔晓楠，李欣，郝嘉鹏．区际贸易、价值转移与区域平衡发展：一个政治经济学的视角［J］．数量经济技术经济研究，2022，39（11）：

157-178.

[28] 覃成林，张华，张技辉．中国区域发展不平衡的新趋势及成因——基于人口加权变异系数的测度及其空间和产业二重分解［J］. 中国工业经济，2011（10）：37-45.

[29] 任美锷．工业区位的理论与中国工业区域［J］. 地理学报，1944（1）：15-24.

[30] 任云英．民国时期古都西安产业空间转型研究［J］. 西北大学学报（自然科学版），2010，40（1）：131-135.

[31] 苏全有．近代中国铁路的另面影响——论 20 世纪初我国铁路对内河航运的冲击［J］. 石家庄铁道大学学报（社会科学版），2011，5（4）：82-86.

[32] 孙浦阳，韩帅，许启钦．产业集聚对劳动生产率的动态影响［J］. 世界经济，2013，36（3）：33-53.

[33] 王辉，刘冲，颜色．清末民初铁路建设对中国长期经济发展的影响［J］. 经济学报，2014，1（3）：1-20.

[34] 王列辉．长三角相邻港口空间关系研究——以近代上海、宁波两港为中心［J］. 杭州师范大学学报（社会科学版），2012，34（1）：76-83，111.

[35] 王尚义，李玉轩，马义娟．地理学发展视角下的历史流域研究［J］. 地理研究，2015，34（1）：27-38.

[36] 王小鲁，樊纲．中国地区差距的变动趋势和影响因素［J］. 经济研究，2004（1）：33-44.

[37] 王哲，吴松弟．中国近代港口贸易网络的空间结构——基于旧海关对外—埠际贸易数据的分析（1877—1947）［J］. 地理学报，2010，65（10）：1299-1310.

[38] 尉煜桐，夏昕鸣，周绍杰．省域空间发展结构多中心演化与区域均衡发展［J］. 经济地理，2022，42（11）：74-86.

[39] 吴宝晓．清末华北铁路与经济变迁［J］. 历史档案，2001（3）：102-106.

[40] 吴松弟．港口—腹地：现代化进程研究的地理视角［J］. 学术月刊，2007（1）：121-124.

[41] 武强．近代中国港城关系变迁简析（1916~1936）——以相对集中系数为例的分析［J］. 中国历史地理论丛，2012，27（2）：70-81.

［42］武强，王权坤．近代中国机器进出口贸易与区域工业差异的分析［J］．云南大学学报（社会科学版），2017，16（1）：74-84.

［43］武强，和一楠．基于空间相互作用模型的近代中国经济区域划分研究［J］．历史地理研究，2020，40（4）：100-118，150.

［44］向玉成，杨天宏．中国近代军事工业布局的发展变化述论［J］．四川师范大学学报（社会科学版），1997，24（2）：137-144.

［45］向玉成．江南制造局的选址问题与迁厂风波［J］．乐山师专学报（社会科学版），1997（4）：41-46.

［46］向玉成．论洋务派对大型军工企业布局的认识发展过程——以江南制造局与湖北枪炮厂的选址为例［J］．西南交通大学学报（社会科学版），2000，1（4）：31-36.

［47］谢放．抗战前中国城市工业布局的初步考察［J］．中国经济史研究，1998（3）：96-105.

［48］谢放．中国近代民用工业在城市的分布状况（1840—1927）［J］．城市史研究，2000（Z1）：56-69.

［49］熊亚平，张利民．华北铁路沿线县城工商业的“差异化发展”（1905~1937）［J］．南开史学，2020（2）：223-247，306.

［50］徐毅，庄紫理．20世纪30年代全国制造工厂的区域布局——兼论后发大国工业化的空间及规模质量提升进程［J］．近代史研究，2022（1）：114-128.

［51］阎建宁．海州自开商埠的历史考察［J］．重庆科技学院学报（社会科学版），2009（7）：143-144.

［52］杨天宏．近代中国自开商埠的研究述论［J］．四川师范大学学报（社会科学版），2001（6）：88-95。

［53］易宜曲．广州与香港［J］．旅行天地，1949，1（3）：42-43.

［54］袁为鹏．甲午战后晚清军事工业布局之调整——以江南制造局迁建为例［J］．历史研究，2016（5）：71-88，191-192.

［55］张美岭．近代中国的产业集聚与扩散——基于20世纪30年代工业调查数据的实证分析［J］．财经研究，2016，42（10）：179-189.

［56］张卫东．粤汉铁路与近代湖南城市变迁——以城市地价变动及市区布局变化为例［J］．湖北社会科学，2018（11）：85-98.

［57］朱从兵．铁路与社会经济发展的关系［J］．广西右江民族师专学

报，1998（4）：18-20.

［58］朱荫贵．清代木船业的衰落和中国轮船航运业的兴起［J］．安徽史学，2014（6）：5-17.

［59］邹逸麟．我国古代经济区的划分原则及其意义［J］．中国史研究，2001（4）：157-165.

［60］CHRISTIAN H. Regeneration and mobility：the spatial dynamics of industries in wartime Shanghai［J］. Journal of Historical Geography，2012，38（2）：167-180.

［61］CHRISTIAN H. The impact of war on Shanghai's industrial structure：a GIS-based analysis of the Shanghai industrial surveys（1935-1940）［J］. Annals of GIS，2012，18（1）：45-55.

［62］CHRISTIAN H. Shanghai industries in the civil war（1945-1947）［J］. Journal of Urban History，2017，43（5）：744-766.

［63］CICCONE A，Hall R E. Productivity and the density of economic activity［J］. American Economic Review，1996，86（1）：54-70.

［64］CICCONE A. Agglomeration effects in Europe［J］. European Economic Review2002，46（2）：213-227.

［65］DRKLE R，Eaton J. Agglomeration and land rents：evidence from the prefectures［J］. Journal of Urban Economics，1999，46（2）：200-214.

［66］HENDERSON V J. The sizes and types of cities［J］. American Economic Review，1974，64（4）：640-656.

［67］HENDERSON V J. Marshall's scale economics［J］. Journal of Urban Economics，2003，53（1）：1-28.

［68］JIA R. The legacies of forced freedom［J］. Review of Economics and Statistics，2014，96（4）：596-608.

［69］KRUGMAN P. Increasing returns and economic geography［J］. Journal of Political Economy，1991，99（3）：483-499.

［70］EMANUELA M，RAFFAELE P，STEFANO U. Productivity Growth in the Old and New Europe：The role of agglomeration externalities［J］. Journal of Regional Science，2013，53（3）：418-442.

［71］MARTINEZ-GALARRAGA J，PALUZIE E and PONS J. Agglomeration and labor productivity in Spain over the longe term［J］. Cliometrica，2008，2

(3)：195-212.

[72] MARIANR，ARIE O，PANL W. Is there a limit to agglomeration? evidence from productivity of Dutch firms [J]. Regional Science and Urban Economics，2012，42 (4)：595-606.

[73] WILLIAMSON J G. Regional inequality and the process of national development：A description of the patterns [J]. Economic Development and Cultural Change，1965，13 (4)：1-84.

重要术语索引

后 记

书稿经过反复修改，终于定稿，本书可谓笔者个人学术生涯的一个阶段性总结。自攻读博士学位开始，笔者就致力于近代中国工业转型和经济变迁的学习和探索，关注近代中资银行业与工业发展关系，探讨现代金融体系是否以及如何促进近代中国工业化发展。

在对近代中国工业的研究中，笔者发现其在空间扩散过程中存在一定的地区差异，且有可能具有不同的扩散动力，从而导致地区工业发展的不平衡，在一定程度上奠定了我国区域经济发展的基础。探讨近代中国工业空间扩散的路径及动力是本书的研究初衷，并最终形成了 20 余万字的文稿，可算笔者几年学习和探索的一个小成果。

在释然的同时也有一些遗憾，本书内容上尚存在一些不足。比如在探讨近代中国工业空间扩散的动力方面，难免有遗漏。近代中国工业转型和经济变迁过程中掺杂着许多非经济因素，人文、政治、文化、民俗、历史等均可能间接影响近代区域经济发展的时空进程，囿于篇幅及水平无法尽数清晰表达。研究方法上也存在一些不足，本书虽尽量引入现代经济学的研究方法，如计量回归分析，但是在分析过程中仍存在回归方法过于简单的问题。空间研究方法上虽广泛应用 GIS 技术，也尽量展现工业空间扩散的进程，但是在方法使用上仍有不妥之处。这些不足是笔者今后努力完善的方向。

本书为笔者 2019 年承担的河北省社会科学基金项目（项目编号：HB19LS016）的研究成果。项目可以顺利完成，要归功于研究团队成员的鼓励和帮助。同时项目得到河北经贸大学学术著作出版基金的资助，在此一并表示感谢。

张美岭

2022 年 12 月 28 日